Stimmen zu vorangegangenen Auflagen:

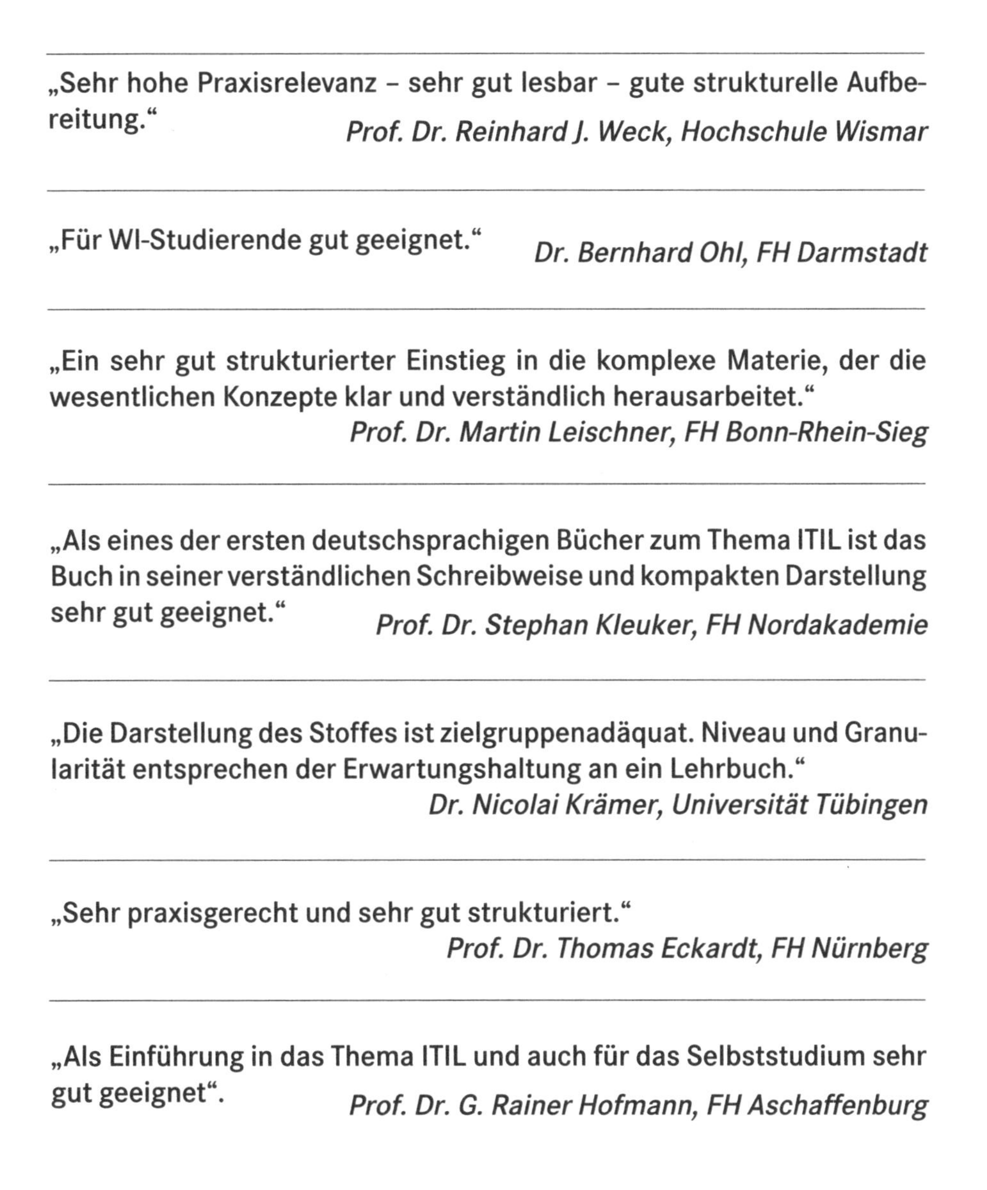

„Sehr hohe Praxisrelevanz – sehr gut lesbar – gute strukturelle Aufbereitung.“

Prof. Dr. Reinhard J. Weck, Hochschule Wismar

„Für WI-Studierende gut geeignet.“

Dr. Bernhard Ohl, FH Darmstadt

„Ein sehr gut strukturierter Einstieg in die komplexe Materie, der die wesentlichen Konzepte klar und verständlich herausarbeitet.“

Prof. Dr. Martin Leischner, FH Bonn-Rhein-Sieg

„Als eines der ersten deutschsprachigen Bücher zum Thema ITIL ist das Buch in seiner verständlichen Schreibweise und kompakten Darstellung sehr gut geeignet.“

Prof. Dr. Stephan Kleuker, FH Nordakademie

„Die Darstellung des Stoffes ist zielgruppenadäquat. Niveau und Granularität entsprechen der Erwartungshaltung an ein Lehrbuch.“

Dr. Nicolai Krämer, Universität Tübingen

„Sehr praxisgerecht und sehr gut strukturiert.“

Prof. Dr. Thomas Eckardt, FH Nürnberg

„Als Einführung in das Thema ITIL und auch für das Selbststudium sehr gut geeignet“.

Prof. Dr. G. Rainer Hofmann, FH Aschaffenburg

Alfred Olbrich

ITIL kompakt und verständlich

Effizientes IT Service Management – Den Standard für IT-Prozesse kennenlernen, verstehen und erfolgreich in der Praxis umsetzen

3., verbesserte und erweiterte Auflage

Mit 173 Abbildungen

Bibliografische Information Der Deutschen Bibliothek
Die Deutsche Bibliothek verzeichnet diese Publikation in der Deutschen Nationalbibliografie; detaillierte bibliografische Daten sind im Internet über <http://dnb.ddb.de> abrufbar.

Höchste inhaltliche und technische Qualität unserer Produkte ist unser Ziel. Bei der Produktion und Auslieferung unserer Bücher wollen wir die Umwelt schonen: Dieses Buch ist auf säurefreiem und chlorfrei gebleichtem Papier gedruckt. Die Einschweißfolie besteht aus Polyäthylen und damit aus organischen Grundstoffen, die weder bei der Herstellung noch bei der Verbrennung Schadstoffe freisetzen.

1. Auflage 2004
2. Auflage 2004
3., verbesserte und erweiterte Auflage Juli 2006

Lektorat: Günter Schulz / Andrea Broßler

Der Vieweg Verlag ist ein Unternehmen von Springer Science+Business Media.
www.vieweg.de

Umschlaggestaltung: Ulrike Weigel, www.CorporateDesignGroup.de
Druck und buchbinderische Verarbeitung: Wilhelm & Adam, Heusenstamm
Gedruckt auf säurefreiem und chlorfrei gebleichtem Papier.
Printed in Germany

ISBN-10 3-8348-0144-5
ISBN-13 978-3-8348-0144-9

Vorwort

Vor gut sechs Jahren kam ich im Rahmen der Umorganisation eines deutschen Großunternehmens das erste Mal mit ITIL in Berührung. Im Großkundenumfeld sind Umorganisationen, auch in größerem Stil, nichts Ungewöhnliches, und so schien auch ITIL zunächst nicht mehr zu sein als ein temporärer Modebegriff der IT, der, wie viele zuvor, mit der nächsten Änderung dann wieder verschwunden sein würde.

Mittlererweile wird ITIL nahezu über alle Branchen hinweg in vielen groß- und mittelständischen Unternehmen bereits erfolgreich angewendet oder man ist im Begriff, ernsthaft darüber nachzudenken. Angesichts des gesamtwirtschaftlichen Drucks kann es sich heute kein Unternehmen mehr leisten, ungenutzte Potentiale brach liegen zu lassen.

Während man in der Produktion schon immer nach Optimierungsmöglichkeiten gesucht hat und viel Zeit und Geld in Forschungs- und Testreihen investiert, stehen die Bereiche der Organisationsstrukturen und Prozesse bisher immer etwas hinten an. Durch ITIL wird vielerorts das Bewusstsein geweckt, welch enormes Optimierungspotential gerade in diesen Bereichen steckt und wie es am effektivsten umgesetzt werden kann. ITIL erfährt daher gerade eine wahre Renaissance und wird sich als IT-Standard zunehmend weiter etablieren.

Ungeachtet dessen, ob Sie als Consultant, als operative Fachkraft oder in leitender Funktion in der IT tätig sind, ist es sicherlich lohnenswert, sich mit dieser Materie näher vertraut zu machen und sich auf diesem Gebiet weiterzubilden und zu qualifizieren. An vielen Hochschulen ist ITIL jetzt auch Stoff einschlägiger Vorlesungen, was die fachliche und inhaltliche Bedeutung für die Zukunft von ITIL weiter unterstreicht.

Der Erfolg von ITIL liegt jedoch nicht in der Theorie, sondern in der praktischen Umsetzung! Und dazu ist Erfahrung durch nichts zu ersetzten als durch mehr Erfahrung.

Dieses Buch soll Ihnen helfen, die Grundlagen des IT Servicemanagements nach ITIL kennen zu lernen, zu verstehen und einige Anhaltspunkte für die praktische Umsetzung zu finden. Benutzen Sie es als fachlichen Einstieg, zur Vorbereitung und Vertiefung in der Aus- und Weiterbildung sowie als praxisbegleitendes Nachschlagewerk.

Ich möchte mich bei allen Lesern und Leserinnen herzlich bedanken, die mir Ihre Anregungen und Kritikpunkte mitgeteilt haben, und freue mich weiterhin über jede Art konstruktiver Kritik.

Trotz größter Sorgfalt und Bemühungen können Fehler in dieser sowie in den vorausgegangenen Auflagen nicht völlig ausgeschlossen werden. Unter **www.itil-online.de.vu** finden Sie dann gegebenenfalls die entsprechenden Korrekturen sowie weitere aktuelle Informationen rund um ITIL.

Aschaffenburg, im März 2006

Alfred Olbrich

Inhaltsverzeichnis

1 Einführung

ITIL steht für Information Technology Infrastructure Library – ein wahrer Zungenbrecher! - und ist ein eingetragenes Warenzeichen der OGC (Office of Government Commerce).

1989 hat die Britische Regierung die CCTA (Central Computer and Telecommunications Agency), die heutige OGC, mit einer Studie beauftragt, die aktiven Geschäftsprozesse in der IT ganzheitlich zu analysieren und zu beschreiben. Es wurden umfangreiche Befragungen und Ist-Aufnahmen in repräsentativen IT-Dienstleistungsunternehmen, Rechenzentren, bei Kunden und Lieferanten durchgeführt. Das Ergebnis wurde 1989 erstmals veröffentlicht und umfasste einige Hundert Bücher, die als „IT Infrastructure Library" dem Ganzen den Namen ITIL gab. Nach einigen Konsolidierungsläufen schrumpfte das Werk auf etwa 70 Bücher zusammen, von denen heute in der Praxis vorwiegend ein Kern von sechs Büchern verwendet wird. Alle Bücher der OGC über ITIL sind öffentlich zugänglich. Darüber hinaus werden die Inhalte durch vielfältige Trainings- und Coaching-Maßnahmen vermittelt.

ITIL ist keine verbindliche Norm, wie etwa die ISO 9000. ITIL ist ein Hersteller-unabhängiger „Best Practice"-Leitfaden, der bewährte, aus der Praxis gewonnene Erkenntnisse, Modelle und Architekturen beschreibt, die als Richtlinie zum systematischen Aufbau und zum Betrieb einer durchgängig abgestimmten professionellen IT-Servicestruktur benutzt werden kann. ITIL geht dabei vordergründig darauf ein, **WAS** zu tun ist, welche Prozesse, Rollen, Aufgaben und Anhängigkeiten abzubilden sind, jedoch nicht, **WIE** dies konkret im Einzelnen umzusetzen ist. ITIL liefert weder Implementierungsvorschriften oder Formularvorlagen, noch werden irgendwelche Tools bestimmter Hersteller favorisiert.

Die praktische Umsetzung muss den jeweiligen unternehmensspezifischen Anforderungen und Bedürfnissen gerecht werden. Dabei spielen soziale, politische und kulturelle Belange eine ebenso wichtige Rolle wie die technischen Anforderungen. Die

Ziele müssen realistisch und klar formuliert sein und müssen allen Beteiligten auch verständlich vermittelt werden.

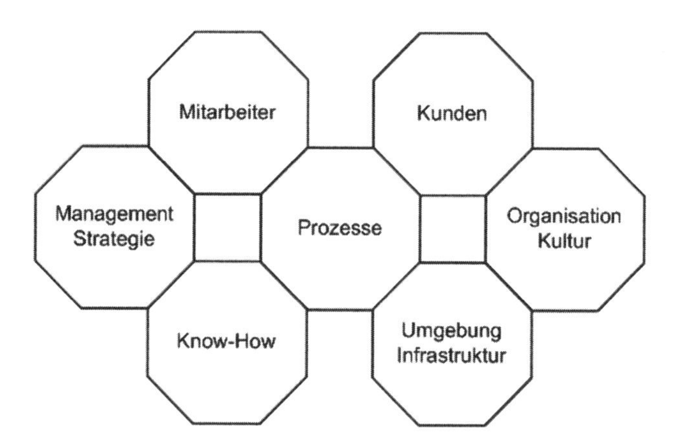

Abb. 1-1 Wichtige Einflussfaktoren im IT Service Management

Neben ITIL sind in der Welt des IT Service Managements noch zahlreiche andere Methoden und Modelle vorhanden.

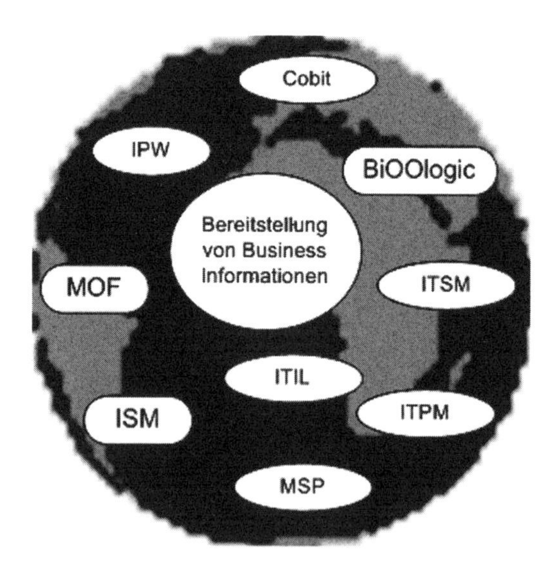

Abb. 1-2 Die Welt des IT Service Managements

ITIL —Der Kunde wird König!

Seit Jahren findet in der bislang primär technisch orientierten IT-Welt, wie in vielen anderen Wirtschaftsbranchen auch, ein deutlicher Wandel in Richtung Dienstleistung statt. Outsourcing ist der zentrale Begriff, der in diesem Zusammenhang die Geschäftswelt durchzieht. Zunehmend werden Leistungen, die bisher mit eigenen Ressourcen selbst realisiert wurden, bedarfsgerecht von spezialisierten externen Dienstleistern bezogen. Es entstehen so Geschäftsbeziehungen, in denen die Dienstleistung (Service) als Interaktion zwischen Kunde (Customer) und Dienstleister (Provider) immer stärker in den Mittelpunkt rückt. Der enge Kontakt zwischen den Geschäftspartnern spielt dabei die zentrale übergeordnete Rolle. Vielfältige Vereinbarungen über den Leistungsumfang, die Qualität und die Vergütung, etc. müssen einvernehmlich getroffen werden. Was bekommt der Kunde? Wie bekommt er es? Welcher Mehrwert entsteht dem Kunden? Wie wird mit Problemen umgegangen? Zu all diesen Fragen müssen beide Partner in einem stetigen Dialog stehen, um das gleiche Verständnis in der Sache zu erlangen. Vom Dienstleister wird dabei eine ausgeprägte Kundenorientierung in allen Unternehmensschichten, vom Management bis hin zum einzelnen Mitarbeiter, erwartet. Hier hat zum Teil ein regelrechter „Kulturwandel" eingesetzt. An vielen Stellen ist dazu ein Umdenken mit zum Teil gravierenden Änderungen unumgänglich.

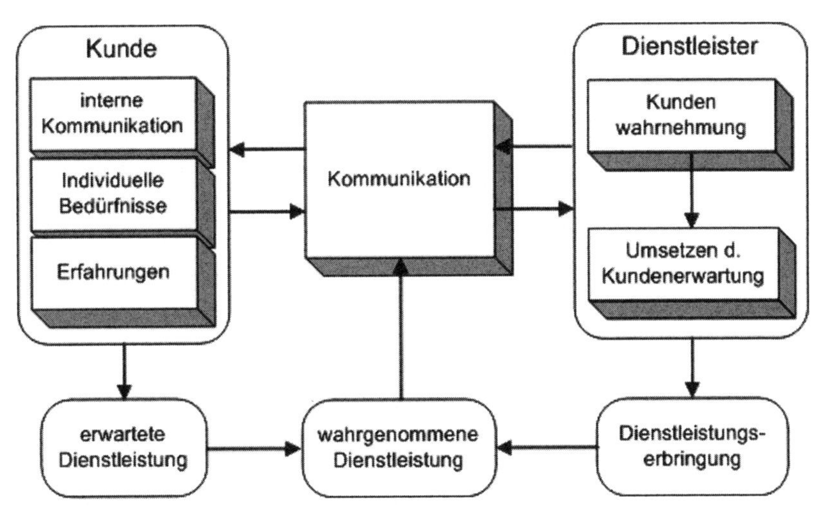

Abb. 1.3 Kommunikationsfluss

ITIL bildet diese Kundenorientierung als **IT Service Management** ab. Das Ziel sind klar definierte Schnittstellen mit konkreten Ansprechpartnern, Zuständigkeiten und Verantwortlichkeiten, um ein Höchstmaß an Qualität und Kundenzufriedenheit sicherzustellen. Eine Dienstleistung nach ITIL ist weit mehr, als die bloße Erbringung einer Leistung.

ITIL bewirkt eine effektive zielorientierte Gestaltung von Prozessen, Rollen und Aufgaben und unterstützt die Entscheidungsträger bei der „Weichenstellung“.

Durch ITIL wird eine größere Flexibilität und Handlungsfreiheit bei sich verändernden Marktsituationen erreicht.

Die praktische Umsetzung wird beschleunigt und optimal an den jeweiligen Businessanforderungen ausgerichtet. Dies leistet einen wichtigen Beitrag zur Zukunftssicherung des Unternehmens.

Der Fokus von ITIL liegt auf dem ganzheitlichen Nutzen für Kunden und Unternehmen. Servicekosten werden gesenkt.

Die Kommunikation nach innen und nach außen wird verbessert. Durch den erhöhten Informationsfluss können Probleme und Bedarfsänderungen proaktiv erkannt werden. Laufzeiten werden verkürzt.

ITIL bringt Transparenz über die gesamten Arbeitsabläufe und schafft damit eine qualitätsgesicherte Leistungserbringung. Die Zufriedenheit der Kunden und Mitarbeiter wird dadurch maßgeblich erhöht.

Verbesserung der IT-Service-Qualität.

ITIL sorgt für ein einheitliches „Wording“. Missverständnisse auf Grund von unterschiedlich interpretierbaren Begrifflichkeiten werden minimiert. Wenn z.B. von „Problemmanagement“ oder „CI“ gesprochen wird, dann wissen alle, die nach ITIL arbeiten, genau was damit gemeint ist.

Von entscheidender Bedeutung ist, dass Dienstleistungsprozesse nach ITIL keine „Black Box“ sind. Alle Beteiligten werden stets aktiv einbezogen, denn nur eine durchgängige Kommunikation führt zu einem erfolgreichen und beständigen Geschäftsbetrieb.

Nicht nur für die Großen!

Zugegeben, auf den ersten Blick ist man geneigt, ITIL mit seinem komplexen Aufbau eher im Umfeld von Großunternehmen zu sehen. Inhaltlich ist ITIL durchweg aber auch für mittelständische und kleine aufstrebende Unternehmen interessant. ITIL in Small Units liefert dazu Ansätze für ein vereinfachtes Modell.

1.1 ITIL-Rahmenstruktur

Die Rahmenstruktur von ITIL setzt sich im Wesentlichen aus sechs Kernblöcken zusammen, in denen die verschiedenen Aufgabenbereiche zwischen „Unternehmen“ und „Technologie“, abgebildet werden.

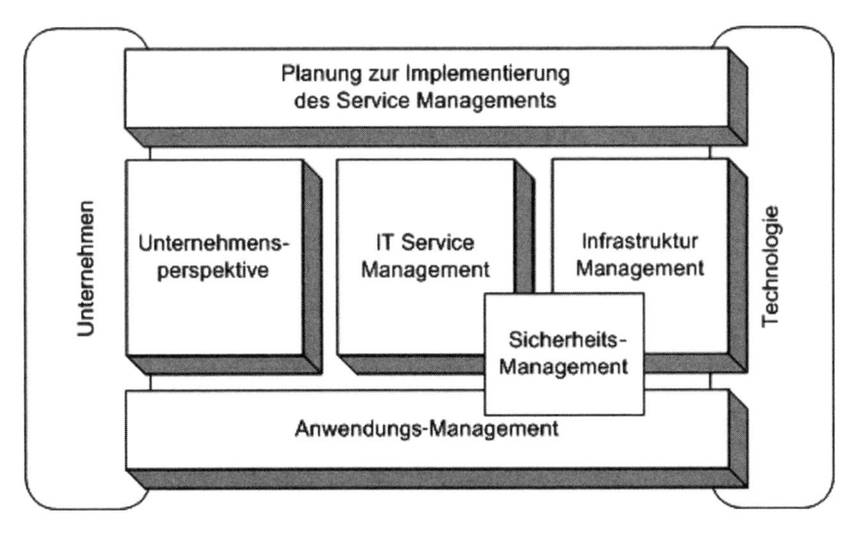

Abb. 1-4 ITIL-Rahmenstruktur

- Planung zur Implementierung des Service Managements (Planning to Implement Service Management)
- Unternehmensperspektive (Business Perspective)
- Service Management (Service Management)
- Infrastruktur Management (Infrastructure Management)
- Sicherheitsmanagement (Security Management)
- Anwendungsmanagement (Application Management)

1.2 Planung zur Implementierung des IT Service Managements

Auf keinen Fall soll mit ITIL das Rad wieder neu erfunden werden, aber man sollte darum bemüht sein, dass es leicht und rund läuft. In bestehenden Organisationen kann davon ausgegangen werden, dass zumindest Teile von funktionsfähigen Prozessstrukturen eines IT Service Managements bereits vorhanden sind. Insofern besteht dann die Aufgabe vordergründig in der Optimierung und in der Ergänzung der bestehenden Abläufe.

- Definitionen (Ziele, Ist-Zustand, Rollen, Zuständigkeiten)
- Kommunikation (Informationen, Schulung, Seminare)
- Planung (Anforderungen, Ressourcen, Kosten/Nutzen)
- Implementierung (Entwicklung, Test, Doku, Betrieb)
- Review und Audit (Auswertung, Controlling, Bewertung)

Die IT Service Management-Prozesse können sowohl sequentiell als auch parallel implementiert werden. Jeder Prozess beinhaltet für sich eine Reihe von bestimmten Aktivitäten.

Jeder Implementierungsvorgang ist ein iterativer dynamischer Prozess, in dessen Verlauf immer wieder geprüft werden muss, wo man steht und wo noch Verbesserungspotentiale vorhanden sind. Die somit aktuell gewonnenen Erkenntnisse bestimmen den Fortgang der weiteren Aktivitäten und den geregelten Einsatz von Ressourcen. Die Gefahr, über das Ziel hinaus zu schießen oder dass etwas unerwartet plötzlich aus dem Ruder läuft, kann somit nahezu ausgeschlossen werden. Externe und interne Einflussfaktoren können von einer Minute auf die andere völlig neue Tatsachen schaffen, die grundlegende Änderungen im Gesamtsystem nach sich ziehen. Die Entwicklung einer IT-Strategie darf also kein statisches Konstrukt sein, das einmal festgelegt und danach nicht mehr verändert werden kann.

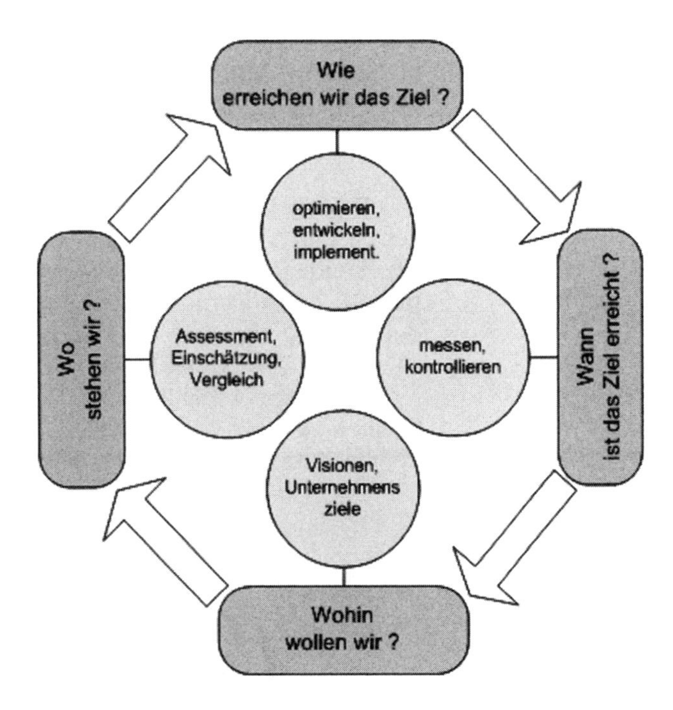

Abb. 1-5 IT-Strategie-Zyklus

- **Strategische Analyse - Wo steht man gerade?**
  Die strategische Analyse untersucht, inwieweit die IT die bestehenden Geschäftsziele unterstützen kann, und bewertet technologische Entwicklungen und Neuerungen für die Umsetzung der strategischen Ziele.
- **Strategieauswahl - Wo will man hin?**
  Anhand der Ergebnisse aus den strategischen Analysen beschreibt die Strategieauswahl die Ziele der IT und setzt Prioritäten und Schwerpunkte.
- **Strategieumsetzung - Wie erreicht man das Ziel?**
  Die Strategieumsetzung definiert die Maßnahmen, die Vorgehensweise und den Aufwand, der zum Ziel führt.
- **Strategiekontrolle - Wann ist das Ziel erreicht?**
  Messung der Zielerreichung, z.B. mit Hilfe von Scorecards.

2 IT Service Management

Das IT Service Management (ITSM) nach ITIL befasst sich mit den Prozessen und Vorgehensweisen, um IT-Dienstleisungen zielgerichtet, kundenfreundlich und kostenoptimiert zu erbringen, zu planen, zu steuern und zu überwachen. Das Ziel ist dabei, durchgängig ein Höchstmaß an Qualität und Zufriedenheit sicher zu stellen. Dies erfordert eine ganzheitliche Sicht auf die Strukturen und Betriebsabläufe eines Unternehmens. Die Informationstechnologie unterstützt dabei, als Mittel zum Zweck, die operative Abwicklung der Geschäftsprozesse.

Abb. 2-1 Aufgaben des IT Service Managements

Um die Unternehmensziele „in Time and Budget“ durchzusetzen und zu erfüllen, ist ein professionelles Management gefragt, das entscheidungsfähig ist und die Aufgaben zur Organisation, zur

Planung, zur Steuerung und zur Kontrolle der Geschäftsprozesse wahrnimmt.

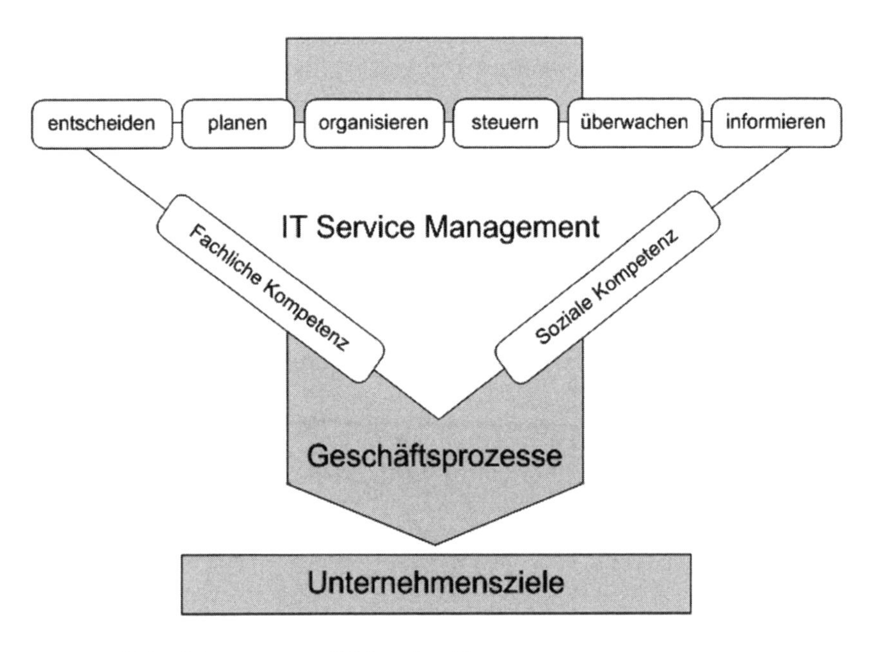

Abb. 2-2 IT Service Management

Allgemein ist ein Prozess als die chronologische Abfolge aller Schritte, die zur Erstellung eines Produkts erforderlich sind, definiert. Er ist an sich zeitlich unbegrenzt beliebig oft reproduzierbar.

Ein Produkt ist das materielle oder immaterielle Prozessergebnis in Form von Software, Hardware, Dienstleistungen oder einer beliebigen Kombination einzelner Bestandteile.

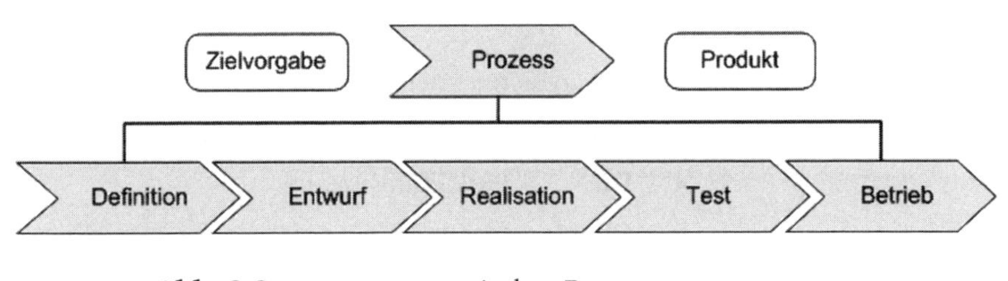

Abb. 2-3 generischer Prozess

Um Prozesse optimal entwickeln und implementieren zu können, sind klare Zielvorgaben und konkrete Vorstellungen bezüglich der Eingangsgrößen und der Ergebnisse erforderlich. Durch kontinuierliches Prüfen und Verbessern wird die Qualität stetig gesteigert.

In den 50er Jahren führte der amerikanische Professor W. Edwards Deming (1900-1993) das Deming-Kreis-Modell als einen der wirkungsvollsten Qualitätsverbesserungsmechanismen in Japan ein. In der Literatur sind dafür auch die Begriffe Deming-Rad, PDCA-Kreis (Plan-Do-Check-Act) oder Verbesserungszyklus gebräuchlich.

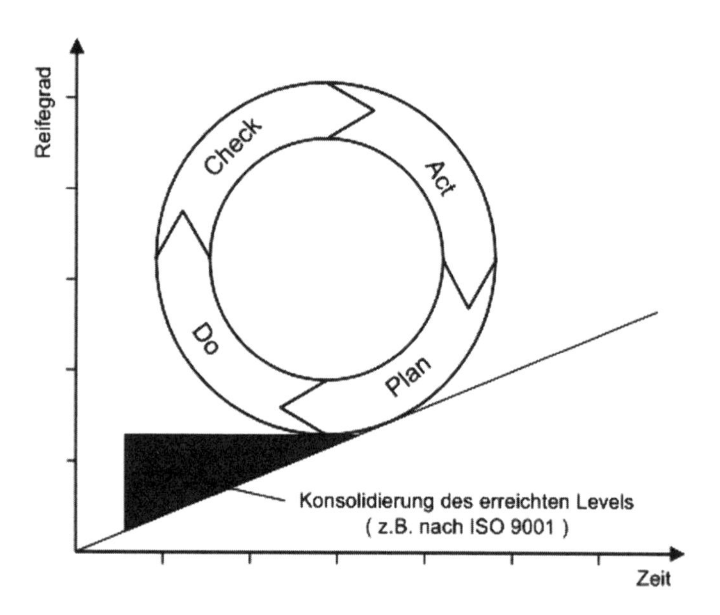

Abb. 2-4 PDCA-Zyklus

Das Prinzip an sich ist denkbar einfach:

- **Plan** - sorgfältige Projektplanung
- **Do** - Projektumsetzung
- **Check** - Überprüfung der Umsetungsergebnisse
- **Act** - Verbesserungsmaßnahmen ergreifen

Prozesse sind nur dann effektiv, wenn der **Qualitätskreis** (**Deming Cycle**) geschlossen ist und sich permanent weiterbewegt. Nur dann lassen sich schrittweise Verbesserungen kontrollierbar erzielen. Mit jeder Bewegung in Drehrichtung nimmt der Reifegrad zu, und man nähert sich der gesetzten IT-Geschäftszielsetzung (Business IT Alignment). Mit zunehmendem Reifegrad wird sich das Rad dabei aber immer langsamer fortbewegen, da die Aufwände zur Erzielung der Verbesserungen enorm ansteigen. Man sollte ein realistisches Gespür dafür entwickeln, wie weit man das Rad im Einzelnen wirklich drehen muss, sodass sich ein akzeptabler Reifegrad in einem wirtschaftlich vertretbaren Rahmen einstellt.

Es gibt noch eine ganze Reihe weiterer Ansätze und Methoden, die sich mit dem Thema Qualitätsverbesserung auseinandersetzen, wie z.B. die **Quality Triology** nach Joseph Juran, das **Total Quality Management** (**TQM**) von Crosby oder **Six Sigma**, um nur einige zu nennen.

Anmerkung: Abb. 2-4 wird immer wieder gerne in Bezug auf die Richtigkeit der Darstellung diskutiert. Die im Kreis angezeigten Pfeilrichtungen geben die korrekte Reihenfolge der Aktivitäten des Verbesserungszyklus „Plan-Do-Check-Act" wieder. Betrachtet man jedoch die Aktivitäten optisch in der sich damit ergebenden Drehrichtung, erscheint die Reihenfolge gegenläufig als „Plan-Act-Check-Do". Man sollte sich vom optischen Eindruck aber nicht weiter verwirren lassen.

IT Services

Dienstleistungen sind immateriell, unteilbar, zeitlich begrenzt, individuell, standortbezogen und können nicht zurückgerufen werden. Sie entstehen aus dem Zusammenwirken von Menschen, Prozessen und Technik. In diesem Spannungsbogen treffen stets viele unterschiedlich gelagerte Interessen aufeinander, die insbesondere zwischen Dienstleistern und Kunden in Einklang gebracht werden müssen. Im Optimalfall bilden die drei Komponenten Menschen, Prozesse und Technik ein gleichseitiges Dreieck.

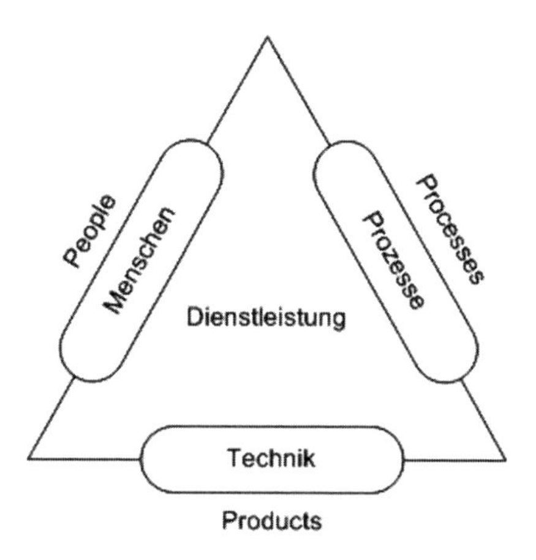

Abb. 2-5 Dienstleistungsdreieck

Da die menschlichen und technischen Komponenten stark variieren können, müssen die Prozesse so gestaltet sein, dass Menschen und Technik zum einen optimal eingesetzt werden und zum anderen Störeinflüsse so weit wie möglich vermieden oder bestmöglich kompensiert werden können. Nur so kann eine durchgängig effektive und qualitätsgesicherte Leistungserbringung gewährleistet werden.

Bei ITIL steht der Kunde mit seinen Bedürfnissen stets im Vordergrund. ITIL betrachtet den Kunden zum einen in der Rolle des Vertragspartners (Client/Sponsor) und zum anderen in der Rolle des Anwenders (User/Customer). Dies spiegelt sich auch in der Aufteilung des IT-Sevicemanagements in den Bereichen Service Support und Service Delivery wider.

Der Bereich Service Support ist dabei primär auf die operativen Prozesse ausgerichtet, während sich das Service Delivery mehr mit planungs-, entwicklungs- und bereitstellungsrelevanten sowie vertragsrechtlichen, strategischen und kostenseitigen Themen auseinandersetzt.

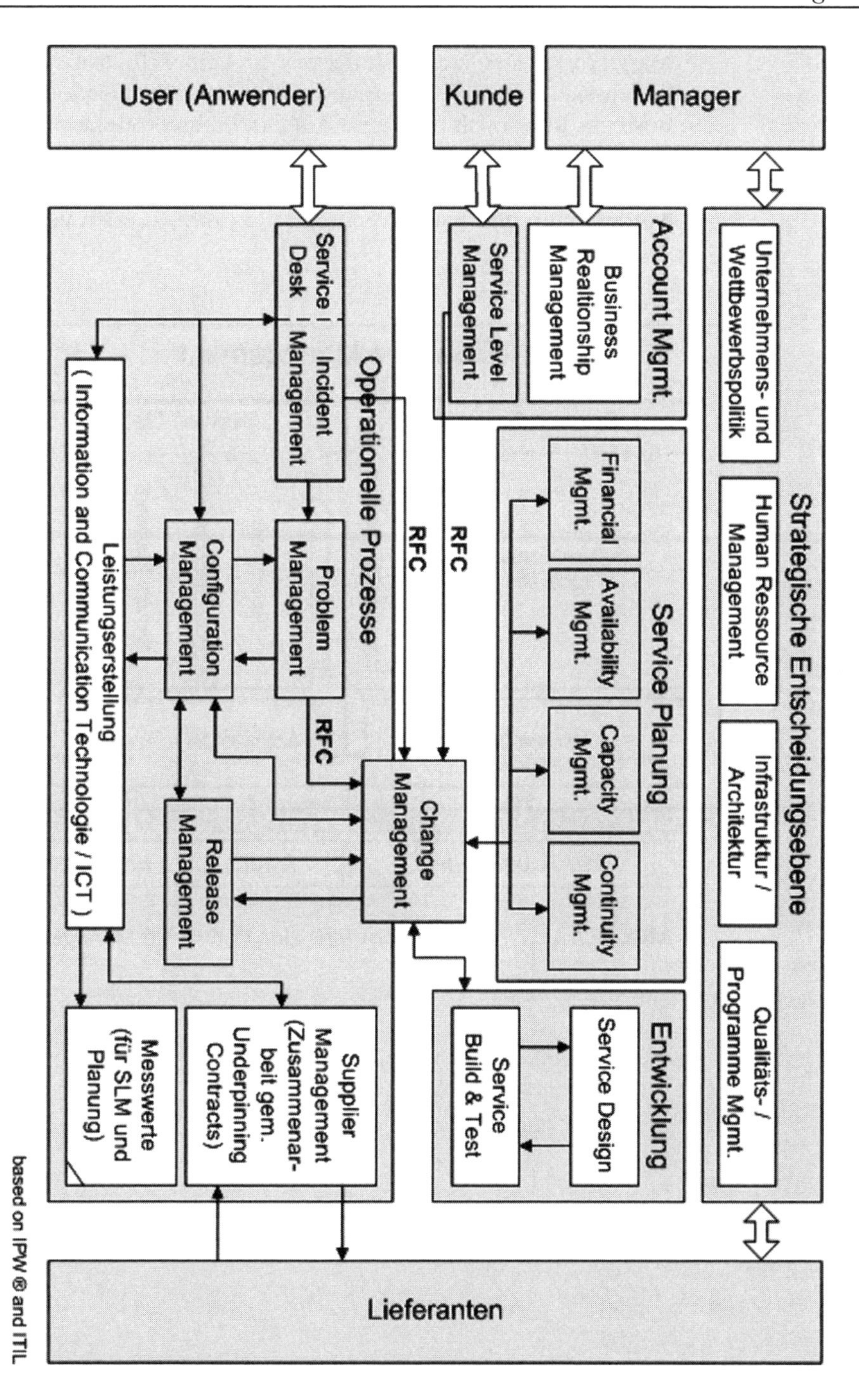

Abb. 2-6 IT Service Management Modell

<u>Anmerkung:</u> Das Account Management ist kein ITIL-Prozess, jedoch finden sich neben den Kernaufgaben Customer Relationship und Business Relationship weitere Aufgabenschwerpunkte im Service Level Management wieder. Die Abbildungen 2-6 und 2-7 zeigen, wie das Account Management im ITIL-Prozesskontext dargestellt werden kann und wie die Schnittstellen zum Kunden verlaufen.

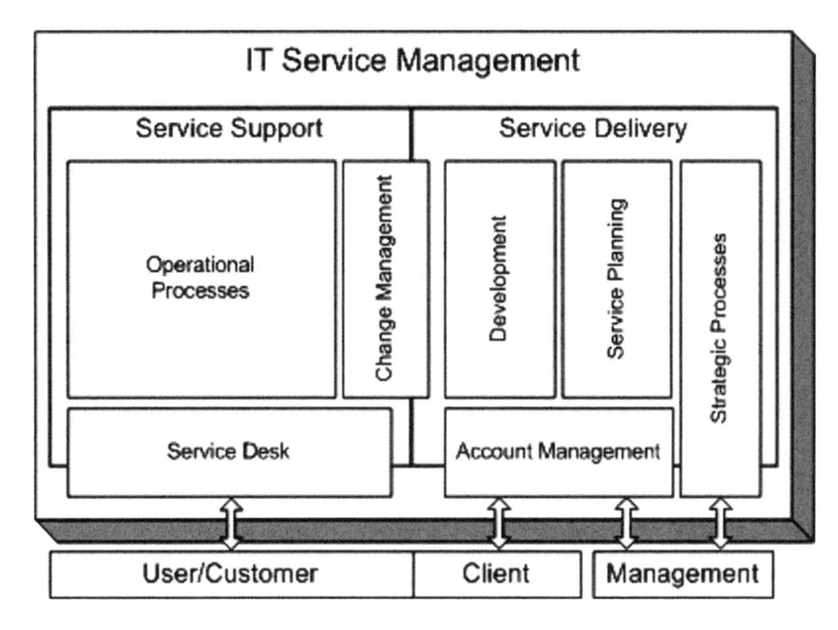

Abb. 2-7 Kernbereiche des IT Service Managements

2.1 Service Support

Der Service Support stellt alle Prozesse, Funktionen und Werkzeuge zur Verfügung, die für einen reibungslosen Betrieb und zur Aufrechterhaltung eines Leistungsgegenstands mittelbar und unmittelbar erforderlich sind.

Diese äußerst komplexe Aufgabe wird innerhalb des Service Supports auf fünf Kernbereiche verteilt.

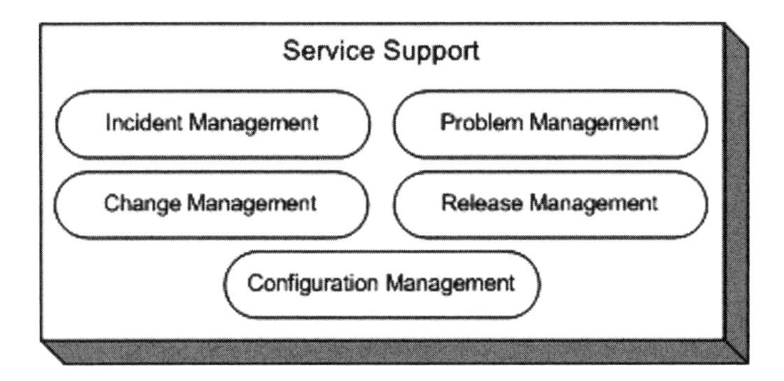

Abb. 2-8 Kernbereiche im Service Support

Der Aufgaben- und Verantwortungsbereich jedes einzelnen Bereichs ist klar definiert und abgegrenzt. Unterschiedliche Prozesse steuern und regeln die interne Zusammenarbeit, so dass nach außen der Kunde in seiner Rolle als Anwender (User) immer ein optimales Gesamtbild erhält.

2.1.1 Service Desk

Rund um jede Dienstleistung, und besonders in den Anwendungsbereichen, ergeben sich aus dem laufenden Betrieb heraus unterschiedliche Vorfälle (engl. Incident = Vorfall, Störung), wie z.B. Störungen, Änderungswünsche, Verbesserungsvorschläge, Rückfragen, Support- und Bestellanfragen, Beschwerden, etc., die möglichst schnell aufgenommen und bearbeitet werden müssen. Das hierdurch entstehende Kommunikationsaufkommen zwischen den Usern und dem IT-Management des Dienstleisters kann immens hoch sein und darf nicht unterschätzt werden.

Die Einrichtung einer qualifizierten Hotline oder eines Helpdesks, ist daher ein wichtiges Instrument der Qualitätssicherung mit unmittelbarer Außenwirkung. Der Helpdesk repräsentiert quasi die

Organisation gegenüber dem Kunden. Die Helpdesk-Mitarbeiter sollten daher nicht nur über eine gute fachliche Kompetenz verfügen, sondern auch über grundlegende rhetorische Methoden und Fähigkeiten in der Kundengesprächsführung, um besonders sensible Problemsituationen souverän meistern zu können. Der Einsatz von qualifiziertem Personal und eine gut durchdachte Organisations- und Infrastruktur, machen sich hier in vielerlei Hinsicht bezahlt.

SPOC —es kann nur einen geben!

ITIL sieht **für** diese wichtige Aufgabe einen so genannten Service Desk vor, der die zentrale und einzige operative Anlauf- und Kommunikationsschnittstelle (SPOC – Single Point of Contact) für alle Benutzer ist. Im Service Desk werden Teile des Incident Management Prozesses operativ abgebildet, weshalb der Service Desk als **Funktion** und nicht als Prozess innerhalb des IT Service Managements verstanden wird. Wie weit das im einzelnen gehen kann, hängt von der jeweiligen Implementierung des Service Desks ab.

Aufgaben des Service Desks

Einheitliche, zentrale Kommunikationsschnittstelle (SPOC) mit konkreten Ansprechpartnern
Aufnahme, Dokumentation und Auswertung aller Vorfälle
Unmittelbare Bearbeitung einfacher Sachverhalte im Rahmen eines 1st Level Supports
Ersteinschätzung von Vorfällen und eine entsprechende Weiterleitung an nachgelagerte Supportstellen. Koordination von 2nd Level Support und 3rd Level Support
Überwachung, Nachverfolgung und Eskalation von laufenden Supportvorgängen. Frühzeitiges Erkennen von Bedürfnissen und Problemsituationen

Überprüfung der Einhaltung des Dienstleistungsgegenstands anhand von SLAs

Reporting - Beauskunftung gegenüber den Usern (/Kunden) und dem Management. Informationen über den aktuellen Status von Vorgängen, geplanten Änderungen und verschiedenen Nutzungsmöglichkeiten

Überprüfen der Kundenzufriedenheit, Stärkung der Kundenbeziehung. Kontaktpflege. Aufspüren neuer Geschäftschancen

Anmerkung: Die Begriffe **Service Desk** und **Help Desk** sind an sich gleich bedeutend. ITIL verwendet jedoch den Begriff **Service Desk**, um den Dienstleistungsgedanken im weiteren Sinne stärker zu betonen. Ein **Call Center** hingegen nimmt Störungen lediglich auf und leitet sie dann unmittelbar an ein **Competence Center** weiter.

Alle Nachrichtenkanäle wie Telefon, E-Mail, Internet, Fax, etc. laufen bidirektional ausschließlich nur über den Service Desk. Auch technische Informationen von Monitorsystemen und Agenten, wie z.B. Log-Dateien oder Systemmessages, werden hier zentral mit eingebunden und verarbeitet.

Auf diese Weise ergibt sich eine ideale Möglichkeit, ein umfassendes leistungsstarkes Informationssystem aufzubauen, in dem alle Vorgänge eindeutig zugeordnet, nachverfolgt und ausgewertet werden können. Es gibt eine ganze Reihe von Softwaretools, die an dieser Stelle wertvolle Unterstützung und einen hohen Grad an Automatisierung bieten. Die Palette reicht von ganz einfachen Standardtools bis hin zu hochkomplexen spezialisierten Workflow- und Datenmanagementsystemen mit vielseitigen Anwendungsschnittstellen. Das hat dann natürlich auch seinen Preis.

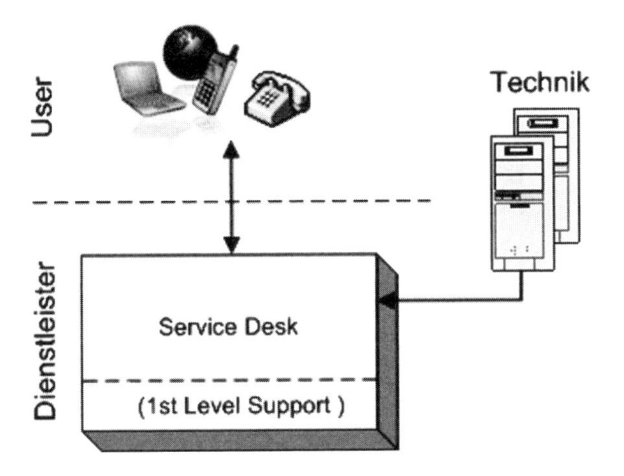

Abb. 2-9 Service Desk – „Single Point of Contact“

Vor der Implementierung sollte eine sorgfältige Planung erfolgen, um sich einiger grundlegender Punkte im Klaren zu werden.

- Mit welchem Datenaufkommen ist zu rechnen (Anzahl der User, Standorte). Der Service Desk darf nicht zum „Flaschenhals“ werden.
- welche Infrastruktur ist erforderlich (LAN, WAN, Telefonsysteme, Hardware, Software)
- welche Tools und Standards können eingesetzt werden
- welche Arbeitsweisen werden von den Anwendern bevorzugt. Wo liegen die Prioritäten des Anwenders.
- Welche Geschäftsprozesse sind kritisch
- Wie weit geht die Unterstützung durch das Management
- Kosten- / Nutzen- / Risiko-Analyse
- Akzeptanz beim Kunden und im eigenen Haus

Zur Implementierung eines Service Desks werden drei Architekturmodelle unterschieden.

Lokaler Service Desk

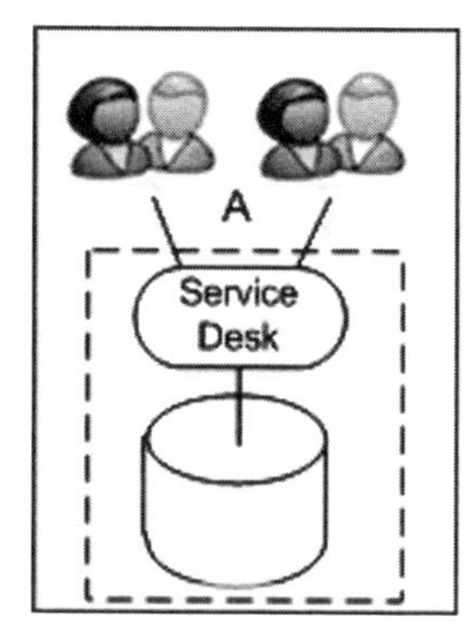

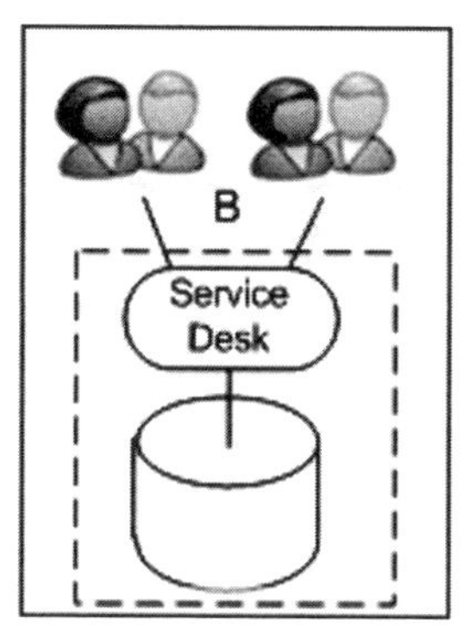

Abb. 2-10 Lokaler Service Desk

Es handelt sich hier um eine dezentrale Struktur. Jeder eigenständige Bereich, wie z.B. ein Standort oder ein Unternehmensbereich, hat seinen eigenen Service Desk, der optimal an die lokalen Prozesse und Anforderungen angepasst ist. Dies gewährleistet im Einzelnen kurze Reaktionszeiten und ermöglicht eine sehr kundennahe, ja nahezu individuelle Betreuung. Die Ressourcen sind redundant, da jeder Service Desk auch die nachgelagerten Supportstellen selbst bereitstellen muss. Die bereichsübergreifende Zusammenarbeit kann problematisch werden, insbesondere dann, wenn in den unterschiedlichen Bereichen unterschiedliche Systeme und Prozesse gefahren werden. Es empfiehlt sich daher, auf ein Mindestmaß an Kompatibilität zu achten und Standards zu verwenden.

Zentraler Service Desk

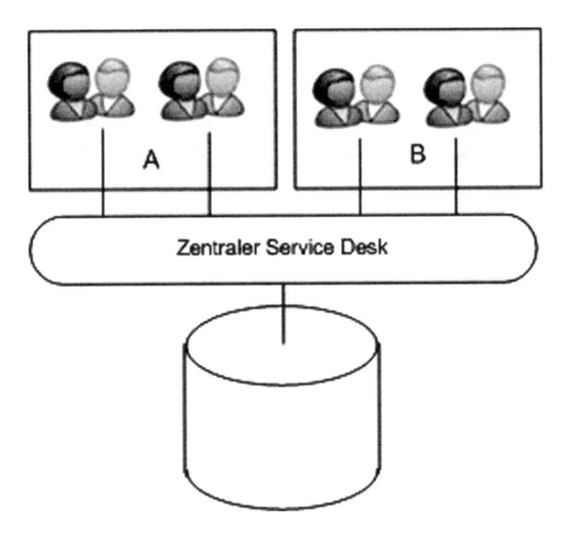

Abb. 2-11 Zentraler Service Desk

Der zentrale Service Desk ist übergeordnet für alle Bereiche gleichermaßen zuständig. Alle Prozesse und Abläufe gelten einheitlich für alle. Das zu bewältigende Kommunikationsaufkommen und die damit verbundene Datengewinnung sind sehr umfangreich, bieten andererseits aber auch ein Höchstmaß an Informationsmöglichkeiten. Mit zunehmender Größe ist eine kundennahe Betreuung jedoch immer schwieriger zu vermitteln. Im internationalen Umfeld müssen auch unterschiedliche Sprachen und Zeitzonen berücksichtigt werden. Der Verwaltungs- und Organisationsaufwand nimmt zu. Die Auslastung der Ressourcen hingegen kann besser optimiert werden, und die Betriebs- und Administrationskosten können gesenkt werden.

Virtueller Service Desk

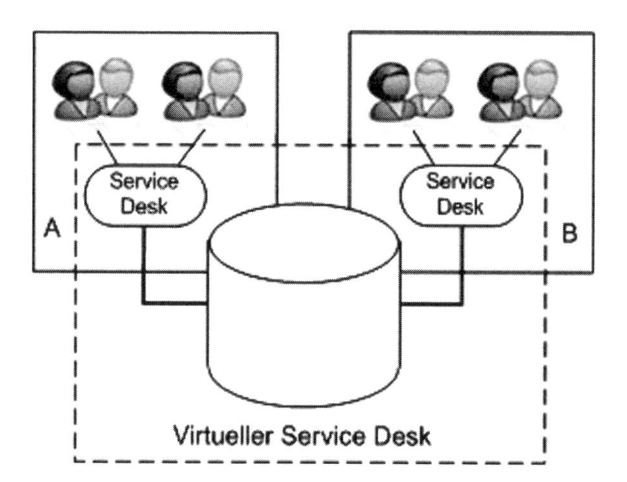

Abb. 2-12 Virtueller Service Desk

Diese Architektur versucht, die Vorteile der zentralen und dezentralen Service Desk-Architekturen zusammen zu führen. Die Kundenanfragen werden über einen zentral organisierten virtuellen Service Desk aufgenommen und registriert. Virtuell deshalb, weil sich die jeweiligen Annahmestellen durchaus dezentral an unterschiedlichen Standorten befinden können, die Daten aber alle zentral verwaltet werden. Für alle Standorte gelten dabei einheitliche Strukturen und Prozesse. Die operative Ausführung der Störungsbehebung wird von lokalen Support Teams vorgenommen, die über den virtuellen Service Desk zentral gesteuert werden. Gegenüber den vorhergehenden Modellen ist hierzu ein erheblicher Mehraufwand an Ressourcen und Organisation erforderlich.

(Andere Modelle wären hier ebenso denkbar, beispielsweise dezentrale Service Desks mit Vertrauensstellungen).

Die anderen Aufgabenbereiche innerhalb des Service Supports bauen bei der Durchführung ihrer Aktivitäten in weiten Teilen auf die vom Service Desk bereitgestellten und gepflegten Daten auf. Die Qualität und die Aktualität der Daten ist daher extrem wichtig.

Der Service Desk muss auch qualitativ stets in der Lage sein, die vertraglich zugesicherten Kundenanforderungen zu erfüllen. Dazu müssen geeignete Service-Desk-Ausprägungen gewählt werden. Die Qualität und auch die Kosten nehmen hier von links nach rechts zu.

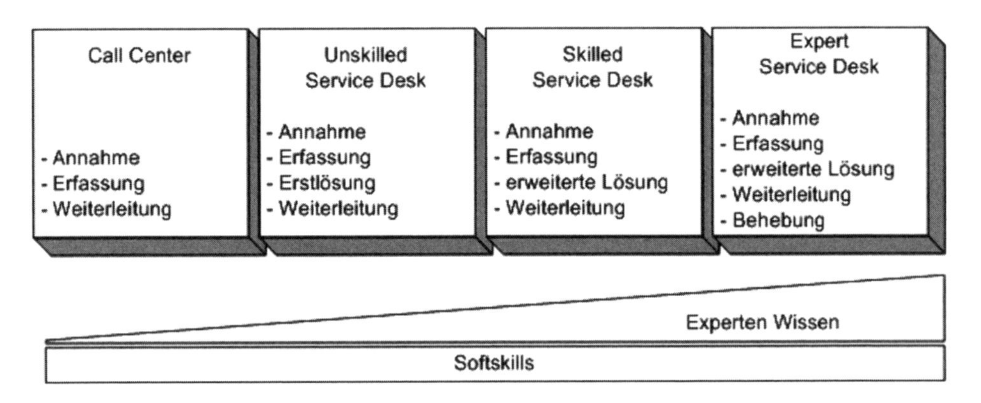

Abb. 2-13 Service-Desk-Ausprägungen

Unabhängig von der Implementierung muss eine funktionsfähige Organisationsstruktur dafür sorgen, dass die gestellten Anforderungen fachlich und disziplinarisch wirkungsvoll umgesetzt werden können. Die Qualität darf nicht von einzelnen Personen abhängen. Durch geeignete Rollenmodelle können die Zuständigkeit, die Aufgabenverteilung sowie die einzelnen Befugnisse abgebildet werden, wobei in einem kleinen Team eine Person auch mehrere Rollen in Personalunion ausüben kann (oder muss).

- klare Abgrenzung von Zuständigkeiten und Befugnissen
- Eskalations- und Konfliktmanagement
- Vertretungsregelungen
- Schulung des Personals
- Einsatz von Tools und Standards, hoher Automatisierungsgrad, vollelektronische Datenerfassung

Die Erstellung eines Handbuchs, das alle Aufgaben, Regeln, Prozesse, Schnittstellen und Strukturen vollständig beschreibt, erleichtert die Durchsetzung und die Nachvollziehbarkeit.

Merkmale eines gut implementierten Service Desks

hohe Erreichbarkeit, schnelle Reaktionszeiten
geringeres Störungsaufkommen
Vermeidung und Verringerung von Eskalationen
hohe Informationsqualität und Informationsstreuung
optimale Steuerung und Administration der Infrastruktur
effiziente Auslastung der Ressourcen
Senkung der Servicekosten
gutes Image, hohe Mitarbeiter- und Kundenzufriedenheit
„guter Draht" zum Kunden, hohe Akzeptanz

In der Praxis wird dem Benutzerservice und damit dem Service Desk in seiner Funktion oftmals eine viel zu geringe Priorität eingeräumt. Die Entscheidungsträger sind darauf zu wenig sensibilisiert, und entsprechend knapp fallen oft die Mittel aus. Die Betonung liegt meist auch viel zu sehr auf der Technik. Intern muss oft auch mit Widerstand gegen alte gewohnte Arbeitsabläufe gerechnet werden.

Risiken ohne Service Desk

Die Anwender wissen im Störungsfall nicht immer genau, wer nun zuständig ist. Bis ein Verantwortlicher gefunden ist, kann viel Zeit vergehen.

Das Fachpersonal steht ungefiltert in direktem Kontakt mit dem Kunden. (Dies kann auch eintreten, wenn der Service Desk nicht qualifiziert genug besetzt ist).

Vorfälle werden gar nicht oder nur lückenhaft erfasst und dokumentiert und können leicht ins „Leere" laufen. Im Konfliktfall ist die Nachweisführung dann sehr schwierig.

Sich wiederholende Störungen werden immer wieder von neuem und zum Teil in unterschiedlicher Vorgehensweise angegangen, da kein Knowledge Management zur Verfügung steht.

Kostenbetrachtung

Die Kosten setzen sich hier im Wesentlichen aus Implementierungskosten in Form von Anschaffungskosten für Hard- und Software, Aus- und Weiterbildungskosten der Mitarbeiter und Marketingkosten sowie aus Betriebskosten, wie z.B. Mietkosten, Telefonkosten und Wartungskosten, zusammen.

Der entscheidende Punkt liegt jedoch in der Steigerung der Effizienz des Unternehmens aufgrund der Implementierung eines Service Desks. Die standardisierte Erfassung von Meldungen und der Einsatz von effizienter Technik (CTI Ansagen, Anrufweiterleitung, Datenbanken, Monitoring- und Workflowtools, etc) helfen, die Gesamtkosten zu senken.

Die nachfolgende Grafik zeigt deutlich, wie die Kosten aufgrund eines gut implementierten Service Desks nachhaltig gesenkt werden.

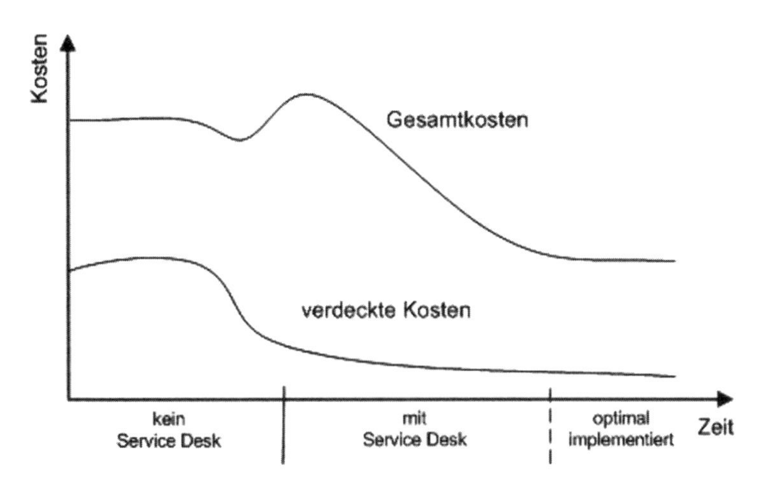

Abb. 2-14 Kostenverlauf

Zusammenfassung

Der Service Desk ist die zentrale Kontaktstelle zwischen Benutzern und IT Service Management. Es handelt sich dabei nicht um einen Prozess, sondern um eine Funktion innerhalb der IT Organisation, die integrale Teile des Incident Managements abbildet.
Der Service Desk repräsentiert das Unternehmen nach außen. Ziele sind eine möglichst hohe Erreichbarkeit, schnelle Reaktionszeiten und möglichst hohe Erstlösungsquoten bei Incidents.

Schlüsselbegriffe

Service Desk
Lokaler-, zentraler-, virtueller Service Desk

SPOC (Single Point Of Contact)
zentrale User- (/Kunden-)schnittstelle

Kritische Erfolgsfaktoren (CSF)

- Qualifizierung der Mitarbeiter
- Akzeptanz beim User (Kunden)
- Geeignete Toolunterstützung
- Definierte Zuständigkeiten und Aufgabenabgrenzung
- Ausreichende Mittel und Ressourcen

Leistungsindikatoren (KPI)

- Anzahl angenommener Calls pro Zeiteinheit
- Anzahl entgangener Calls pro Zeiteinheit
- Anzahl nicht vertragskonformer Incidents pro Zeiteinheit
- Durchschnittliche Bearbeitungszeit von Incidents
- Anzahl Erstlösungen pro Zeiteinheit
- Kundenzufriedenheitsindex (Befragung)

2.1.2 Incident Management

Störungen (engl.: incident = Störung, Vorfall) sind in erster Linie Ereignisse oder Vorfälle, die eine Minderung oder eine Unterbrechung des standardmäßigen Betriebs eines IT-Services verursachen, wie beispielsweise Fehlfunktionen oder der Ausfall von Hardware- und Softwarekomponenten. Aber auch Informationen und Anfragen zur Verbesserung oder zur Ausweitung von Serviceleistungen, so genannte **Service Requests**, werden hier gleich bedeutend wie Störungen aufgenommen und behandelt.

Das **Incident Management** ist dafür zuständig, die Verfügbarkeit der Services bestmöglich zu gewährleisten und im Störungsfall den normalen Servicebetrieb schnellstmöglich wieder herzustellen. Beeinträchtigungen des Geschäftsbetriebs sind dabei so gering wie möglich zu halten.

Die Hauptaufgaben des Incident Managements sind

Zuständigkeit (Ownership) für Incidents über den gesamten Incident Lifecycle wahrnehmen
Aufnehmen und vollständiges Dokumentieren von Incidents
Klassifizieren (= Kategorisieren und Priorisieren) von Incidents
Erstanalyse und Erstlösung im Rahmen des First Level Support
Eskalation bei schwierigen Störungen und bei Überschreitungen von Leistungsvereinbarungen (SLA-Verletzungen)
Schnellstmögliche Behebung einer Störung und Wiederherstellung des Service
Überwachung, Nachverfolgung und aktuelle Beauskunftung (Status) zur Störungssachlage
Abschluss von Incidentvorgängen. Reports und Auswertungen zur Verbesserung der Service-Qualität.

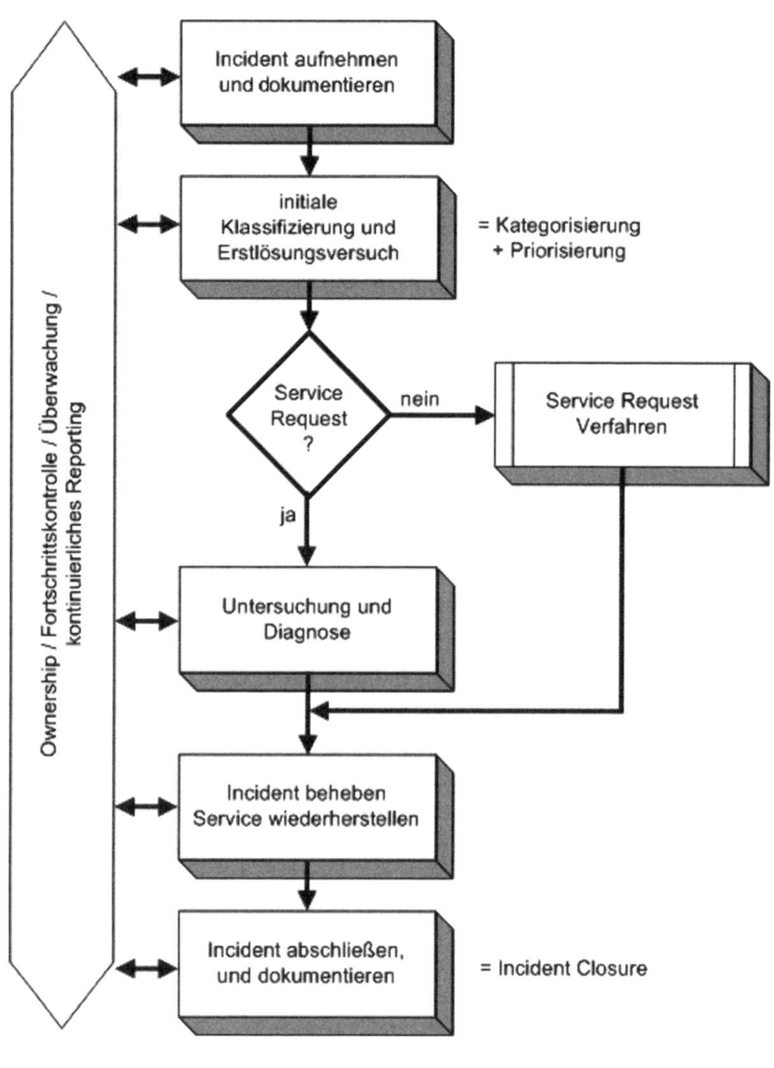

Abb. 2-15 Incident Lifecycle

Der Service Desk übernimmt als Funktion innerhalb des Incident Managements weitgehend die operative Steuerung und die Dokumentation der Aktivitäten der Incident-Bearbeitung. Alle Incidents werden in Form von Incident Records dokumentiert. Während des gesamten Incident-Lebenszyklus werden beispielsweise folgende Informationen erfasst, wobei grundsätzlich bei jeder Eintragung der Zeitpunkt und der Erfasser festgehalten werden sollten:

eindeutige Referenznummer (Ticket-ID)
Incident Klassifizierung
Erfassungszeitpunkt (Timestamp)
Person, die den Incident aufnimmt
Person, die den Incident meldet
Kontaktdaten (Adresse, Telefon, eMail, etc.)
Incident Beschreibung
Kategorie (meist als Haupt- und Unterkategorie)
Priorität (Auswirkung / Dringlichkeit)
Statusinformation (in Bearbeitung, geschlossen, etc.)
mit dem Incident verknüpfte CIs
Stelle, der der Incident zugewiesen wird
Beziehungen zu Problems oder Known Errors
Zeitpunkt der Lösung
Lösungskategorie
Zeitpunkt des Abschlusses (Incident Closure)

Ein virtuelles Team von Spezialisten bildet in der Regel eine dreistufige, im Spezialisierungsgrad gestaffelte Support Struktur, First Level Support, Second Level Support und Third Level Support. Alle erforderlichen Themenschwerpunkte werden damit parallel in unterschiedlichen fachlichen Tiefen abgebildet. Dies gewährleistet eine äußerst effiziente Störungsbearbeitung. Mit dem Begriff „Virtuelles Team“ soll zum Ausdruck gebracht werden, dass es sich dabei nicht zwingend um eine permanente Einrichtung im Sinne einer eigenen Abteilung voller Spezialisten handeln muss, sondern dass das Team durchaus flexibel und temporär, so zu sagen „On Demand“, beliebig aus internen und externen Fachkräften gebildet werden kann. Entscheidend ist dabei letztlich nur, dass der jeweils aktuell für die Lösung eines Problems benötigte Support Level verfügbar ist.

Der First Level Support dient als “erste Hilfe”-Maßnahme zur sofortigen Behebung einfacher Störungen und wird im Allgemeinen bereits im Rahmen des Service Desks erbracht. Kann die Störung an dieser Stelle nicht mit vertretbarem Aufwand behoben werden, wird sie zur weiteren Bearbeitung an den Second Level Support weitergeleitet.

Im Second Level Support wird dann mit tiefergehendem Fachwissen und entsprechender technischer Ausstattung, intensiv nach den Störungsursachen gesucht und Lösungsmöglichkeiten erarbeitet.

Sollte auch der Second Level Support nicht in der Lage sein, einen Vorfall im Rahmen seiner Möglichkeiten in den Griff zu bekommen, wird der Third Level Support hinzugezogen. Meist handelt es sich dabei um so schwer wiegende Fehler, die allein nur noch vom Produkthersteller selbst beseitigt werden können. In der Regel sind daher die Produkthersteller wichtiger Komponenten durch so genannte Underpinning Contracts (UC) direkt in den Third Level Support eingebunden.

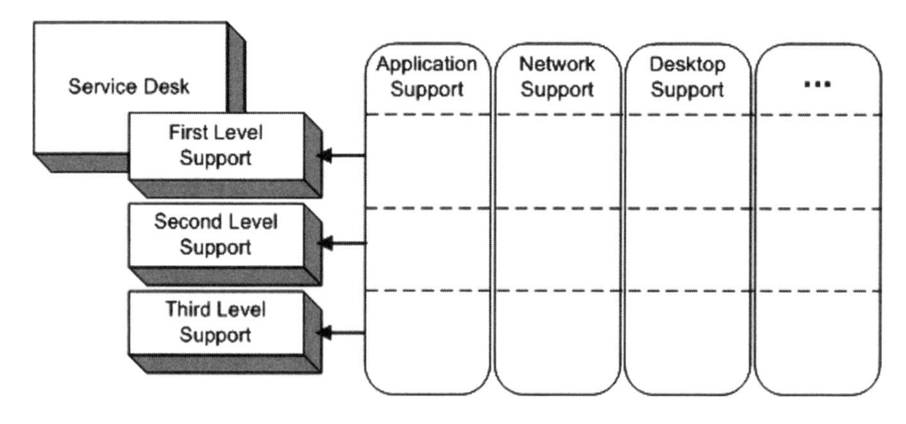

Abb. 2-16 Support Level Matrix

Grundsätzlich können beliebig viele Support-Level (n-Level) definiert werden. Mehr als drei sind jedoch selten.

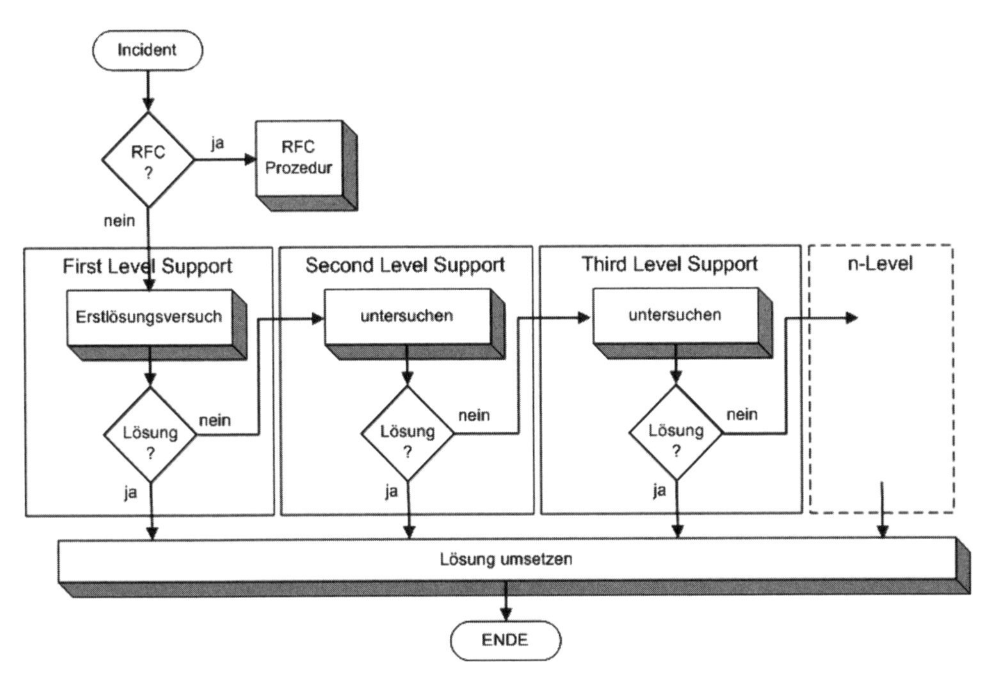

Abb. 2.17 Ablaufprinzip der Support-Struktur

Die Weiterleitung eines Störungsvorgangs von einem Support Level zum nächsten wird als fachliche Eskalation (oder horizontale Eskalation, funktionale Eskalation) bezeichnet. Überschreitungen von Leistungsvereinbarungen und nicht fachliche Eskalationsfälle werden als hierarchische Eskalation (oder vertikale Eskalation) an den Incident Manager gerichtet. Der Incident Manager ist für die reibungslose und effektive Funktionsfähigkeit des gesamten Incident Managements verantwortlich und leitet hierarchische Eskalationen ggf. an weitere davon betroffene Stellen weiter. Dies erfolgt in enger Zusammenarbeit mit dem Service Level Management.

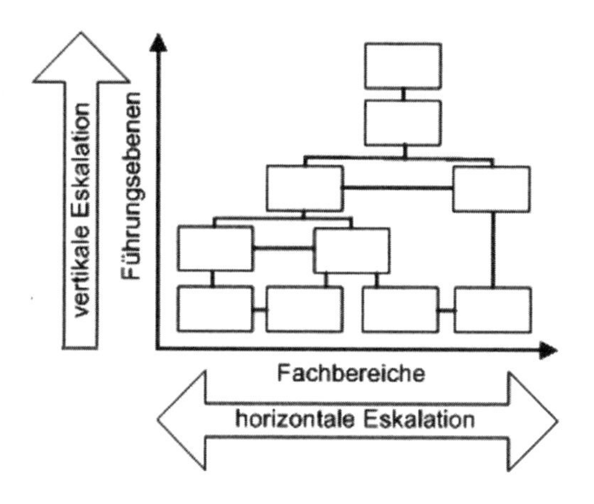

Abb. 2-18 Eskalationsstruktur

Für die qualitätsgerechte Umsetzung der Aufgaben im Incident Management müssen leistungsstarke Tools und stets aktuelle Daten vorhanden sein. Die Configuration Management Database (CMDB) spielt hier eine wichtige Rolle. Sie wird im Kapitel Configuration Management noch ausführlich beschrieben. Weiter muss ein schneller Zugriff auf verschiedene Dokumente und Support Informationen möglich sein, die für gewöhnlich in speziellen Dokumentenmanagementsystemen (DMS) und Wissensdatenbanken (Knowledge Database) verwaltet werden. Die möglichst automatisierte Zusammenführung von Informationen aus unterschiedlichen Datenquellen und eine übersichtliche Darstellung ist an dieser Stelle immer wieder aufs Neue eine komplexe Herausforderung.

Von ganz entscheidender Bedeutung ist die Störungseinschätzung nach der Kenntnisnahme einer Störung. Fehleinschätzungen können erhebliche Verzögerungen in der Störungsbeseitigung nach sich ziehen und damit erhebliche Qualitäts- und Produktionseinbußen verursachen. Zunächst gilt es eine Störung einzuordnen, d.h. zu klassifizieren. Man unterscheidet dabei grundsätzlich zwischen Bekannten Fehlern und Problemen.

Bekannte Fehler (Known Errors) sind Störungen, die in der Vergangenheit schon einmal aufgetreten sind und zu denen eine Lösungsbeschreibung oder ein Workaround existiert. Alle Known Error werden in einer eigenen Datenbank, der Known Error Database, abgelegt.

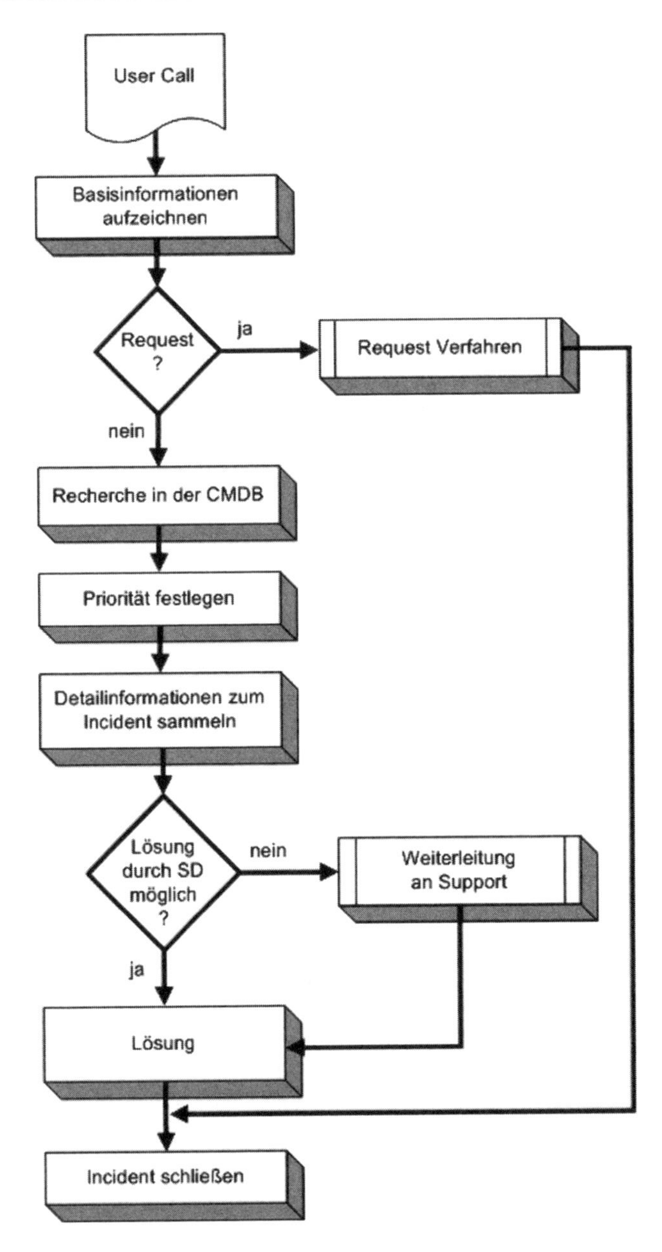

Abb. 2-19 Incident-Behandlung im Service-Desk

Störungen, deren Ursachen unbekannt sind oder die auffallend oft auftreten, werden als Problem (Unknown Error) bezeichnet. Es kann sich dabei um einen Vorfall in nur einer oder in mehreren

Komponenten (CI) handeln. Es wird dann ein Problem-Record erstellt und zur weiteren Untersuchung das Problem Management hinzugezogen. Bei besonders schweren Störungen leistet das Problem Management auch unmittelbare Unterstützung, um die Problemlösung gezielt zu forcieren. Jedoch können nicht immer alle Probleme gelöst werden. D.h. es kann auch vorkommen, dass ein Incident abgeschlossen wurde, das Problem aber weiter existiert. Wichtig ist, dass Incidents und Probleme stets getrennt betrachtet werden. Man spricht im Alltag oft von einem Problem („Ich hab da ein Problem ...“), meint aber einen Incident!

Alle Informationen über Vorfälle, Störungen, Bekannte Fehler und Probleme werden in erster Linie vom Service Desk in der CMDB dokumentiert und gepflegt.

Mit der Klassifizierung werden die Kategorie und die Priorität zu einem Incident (Vorfall) bestimmt.

Die Kategorisierung ist die Zuordnung zu einer fachlichen Gruppe wie z.B. Netzwerk, Host, Arbeitsplatz, Peripherie, etc.. und ist unternehmensabhängig unterschiedlich geartet.

Die Priorität wird als Summe aus Dringlichkeit und Auswirkung gebildet und ist damit das entscheidende „Sortierkriterium“ für die Abfolge der Störungsbearbeitung.

Priorität = Dringlichkeit + Auswirkung

Abb. 2-20 Definition der Priorität

Die Dringlichkeit ist das Maß für die Schnelligkeit, mit der eine Störung behoben werden muss oder anders ausgedrückt, wie lange kann eine Störung toleriert werden, bis es zu schmerzhaften Auswirkungen (Verlusten) kommt. Das Zeitverhalten spielt somit auch eine entscheidende Rolle. Es zeigt sich, dass auch ursächlich kleine Schäden, über einen längeren Zeitraum gesehen, an Bedeutung gewinnen.

Die Auswirkung beschreibt das Ausmaß einer Störung, also wer und was alles mittelbar und unmittelbar davon betroffen ist.

Mit Hilfe von Bewertungsmatrizen kann man das potentielle Schadensvolumen relativ schnell einschätzen und bewerten und verfügt damit über eine fundierte Entscheidungsgrundlage zur Festlegung der Prioritäten.

Die Schwierigkeit besteht jedoch darin, jeweils die richtigen Bewertungsmassstäbe zu finden und diese dann auf möglichst einfache und leicht verständliche Weise abzubilden. Neben betriebswirtschaftlichen und technischen Unterlagen sollten vor allem auch Erfahrungswerte aus dem laufenden Betrieb in die Bewertungen einfließen. Auch immaterielle Schäden, wie z.B. Imageverlust, sollten gegebenenfalls berücksichtigt werden.

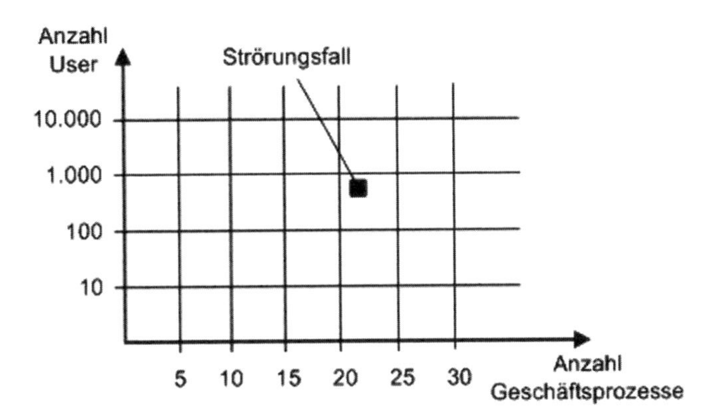

Abb. 2-21 Beispiel einer Bewertungsmatrix

Durch die Skalierung erhält man ein Raster, das eine abstrakte Klassifizierung, z.B. A, B, C, ermöglicht. Klassen sind überschaubarer als absolute Zahlenwerte und vereinfachen die Zuordnung. Je feiner man die Skalierung wählt, desto mehr Klassen ergeben sich. Bei zu grober Skalierung besteht die Gefahr, dass sich eine überproportionale Häufung in einer Klasse ergibt und dadurch das Urteilsvermögen eingeschränkt wird. Wie genau man letztlich sein muss, muss im Einzelfall entschieden werden. Es hängt sicher auch von der Komplexität des zu betrachtenden Gesamtsystems ab. Man sollte diesbezüglich nach Richtlinien im Unternehmen suchen. Die Erfahrungen in der Praxis zeigen, dass einfache Bewertungsmechanismen größere Akzeptanz und Wirkung zeigen, als hoch komplizierte Bestimmungsverfahren und Algorithmen.

In Bezug auf die Störungsbeseitigung sind mit den Prioritäten in der Regel immer bestimmte Wiederherstellungszeiten verbunden. Die genaue Festlegung sollte man in den entsprechenden SLAs bzw. OLAs vorfinden.

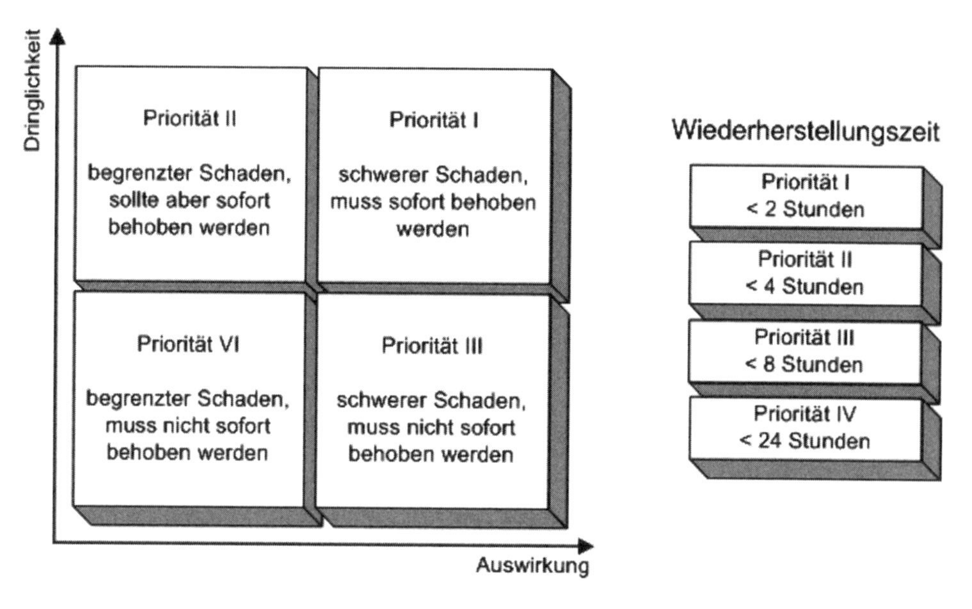

Abb. 2-22 einfaches Prioritätenprinzip

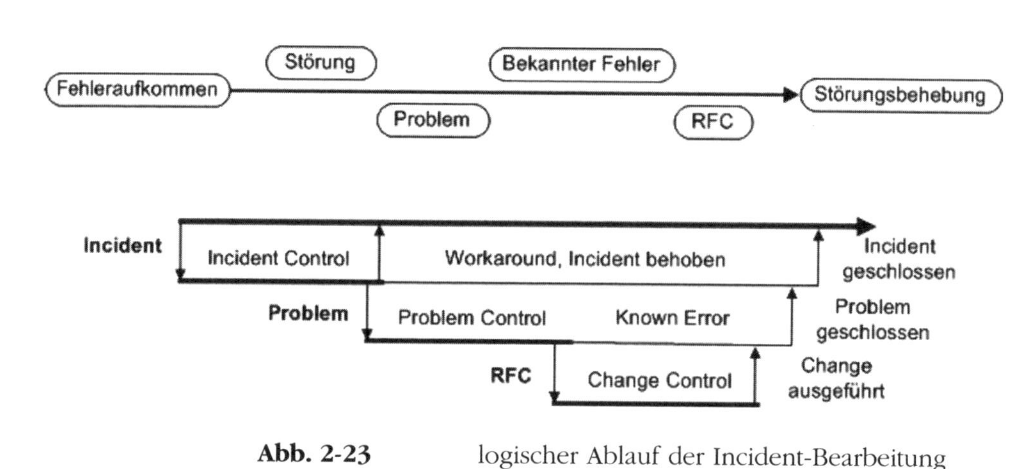

Abb. 2-23 logischer Ablauf der Incident-Bearbeitung

Zusammen mit dem Service Desk erbringt das Incident Management somit einen optimal auf die Belange der User des Kunden ausgerichteten Support Service.

Zeitaufwände zur Fehlerbehebung werden verkürzt und damit Verluste reduziert
Nachhaltige und aktuelle Daten zu Überwachungs-, Nachverfolgungs- und Informationszwecken.
Effiziente Bearbeitung durch strukturierte Abläufe
Verbesserte Einhaltung von Verträgen (SLAs)
Größere Zufriedenheit bei Mitarbeitern und Kunden

Die Wirksamkeit und die Produktivität des Incident Managements wird jedoch erheblich vermindert, wenn

grundlegende Vertragsgrundlagen (SLAs) fehlen oder unzureichend ausgearbeitet sind,
nicht genügend qualifiziertes Personal und Arbeitsmittel (Tools) zur Verfügung stehen,
Funktionen und Prozesse fehlen, mangelhaft implementiert sind oder von Mitarbeitern und Kunden missachtet oder umgangen werden,
unzureichende Unterstützung von der Geschäftsleitung zu erwarten ist.

Anforderungen aus der Praxis

- Schnittstellen zur Informationsgewinnung aus Systems Management Tools, System-Agenten und anderen Prozessen
- Hoher Automatisierungsgrad im Workflow der Incident-Bearbeitung. Schwellwertindikatoren (z.B. Zeit, Priorität) für automatische Weiterleitungs- und Eskalationsmechanismen
- Eine (Dropdown-)Liste mit übersichtlichen Merkmalen definieren, für eine schnelle und klare Klassifizierung und Priorisierung von Incidents
- Schnelle Zuordnung von bekannten Lösungsmustern und Workarounds zu den Incidents
- Durchgängige Abbildung des kompletten Incident-Lifecycles. Fortschrittskontrollen, Reportings, Historienführung, Archivierung
- Abfangen von Endlosschleifen (Deadlocks) bei offenen Incidents. Automatisches Abschließen von gelösten Incidents
- Wirkungsvolle Informationsmechanismen für den Kunden (z.B. eMail, Intranet, White Board)

Zusammenfassung

Die Hauptaufgabe des Incident Managements ist die schnellst mögliche Wiederherstellung des normalen Service-Betriebs beeinträchtigter oder unterbrochener Services, bei geringst möglicher Störung des Produktionsbetriebs. Der gesamte Lebenszyklus aller Incidents wird im Incident Management abgebildet.

Schlüsselbegriffe

Incident
Störung/Anfrage. Alle Incidents werden in einem **Incident Record** aufgenommen.

Service Request
Verfahren für eine Service-Anforderung/-Erweiterung

Support Level
First Level, Second Level, Third Level

Priorität
Auswirkung + Dringlichkeit

Eskalation
Fachliche Eskalation (horizontal), hierarchische Eskalation (vertikal)

Kritische Erfolgsfaktoren (CSF)

- Qualifizierung der Mitarbeiter
- Klare vertragliche Grundlagen (SLA, OLA, UC)
- Geeignete Toolunterstützung (CMDB)
- Definierte Zuständigkeiten und Aufgabenabgrenzung
- Unterstützung durch 2nd und 3rd Level Support
- Ausreichende Mittel und Ressourcen

Leistungsindikatoren (KPI)

- Anzahl bearbeiteter Incidents pro Zeiteinheit
- Anzahl resultierender Changes pro Zeiteinheit
- Durchschnittliche Bearbeitungszeit eines Incidents
- Lösungsquote im 2nd und 3rd Level-Bereich
- Anzahl Incidents pro Zeiteinheit, die zu Vertragsverletzungen führten.

2.1.3 Problem Management

Das Thema Problemvermeidung reicht von der Vermeidung individueller Problemsituationen bis hin zu strategischen Entscheidungen. Das **Problem Management** arbeitet eigenständig parallel zum Incident Management und dient in erster Linie der Ursachenforschung von Störungen. Dazu werden die Informationen aus dem **Incident Management** und dem **Change Management** sowie anderen Quellen laufend beobachtet und ausgewertet. Das frühzeitige Erkennen von Fehlerhäufigkeiten und Fehlermustern und die Auf- und Nachbereitung gefundener Lösungen sind wichtige Aktivitäten der Qualitätssicherung. So können zum einen proaktiv Lösungen bereitgestellt werden und Fehlersituationen vermieden werden bevor sie überhaupt beim Endanwender auftreten, und zum anderen wird die Lösungsfindung bei schwierigen Vorkommnissen erheblich beschleunigt.

Die Erkennung von Problemen und **Known Errors** erfolgt durch die Analyse von Incidents zum Zeitpunkt, wenn sie auftreten (reaktives Problem Management), durch die regelmäßige Analyse von Incidents über verschiedene Zeiträume hinweg (proaktives Problem Management) und durch die ständige Analyse der IT-Infrastruktur. In der einschlägigen Literatur sind etliche Analysemethoden beschrieben, wie z.B. Kepner und Tregoe, Ishikawa-Diagramme, Brainstorm Sesions und Flowcharts, die hierzu eingesetzt werden können. Mit derartigen Analysen können Systemfehler und Schwächen systematisch aufgedeckt, Tendenzen (Trends) erkannt und dann gezielt Änderungs- und Präventivmaßnahmen eingeleitet werden. Das **Problem Management** gibt die somit gewonnenen Informationen und Erkenntnisse auch an das **Change Management** weiter. Permanente und periodische Fehlerquellen werden so nachhaltig eliminiert und die Produktivität gesteigert.

Das Problem Management befasst sich mit folgenden Themen:

- Problembehandlung (Problem Control)
- Fehlerbehandlung (Error Control)
- Unterstützung zur Behebung schwerer Störungen (Incident Support)
- Proaktive Störungs- und Problemvermeidung
- Informationsvermittlung und Reporting

Anmerkung: Probleme können selbstverständlich auch aus anderen Prozessen heraus erkannt und kommuniziert werden, wie z.B. im Capacity Management. Dies ist sogar sehr wünschenswert.

Der Ausgangspunkt für das Problem Management sind Fehlersituationen, zu denen aktuell keine Lösungen bekannt sind bzw. deren Ursachen im Vorfeld nicht geklärt werden konnten. Diese Fälle werden als Unknown Error (unbekannte Fehler) bezeichnet und werden im Problem Management als Probleme einem festgelegten Problembehandlungsprozess aus mehreren Phasen unterzogen. Fehlerursachen können sehr einfache Belange sein, aber auch höchst komplexe Zusammenhänge, die auch nicht immer vollständig lösbar sind.

Bekannte Fehlerursachen, die jedoch sehr oft auftreten, werden aus Sicht des Problem Managements ebenso als Probleme angesehen, die es zu eliminieren oder zumindest zu reduzieren gilt.

Das Problem Management eignet sich nicht nur für produktive Bereiche, sondern auch für die Entwicklung.

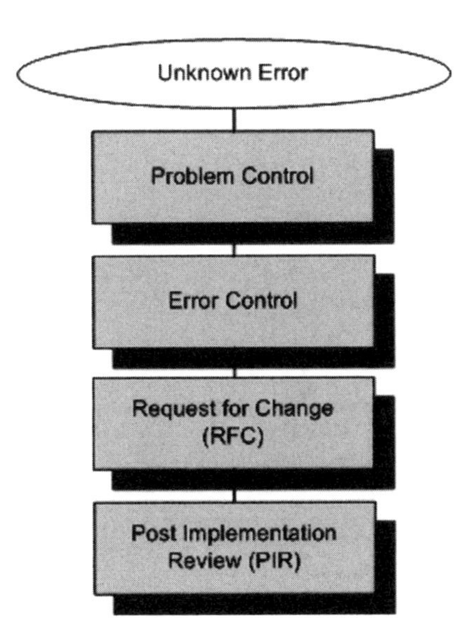

Abb. 2-24 Prozessphasen im Problem Management

In der ersten Phase, dem Problem Control, werden unbekannte Fehler zunächst identifiziert und aufgezeichnet. Zu diesem Zweck wird zu jedem Problem ein spezieller Datensatz (Problem Record) in einer Datenbank erstellt. Alle Informationen und Erkenntnisse, die im Laufe der weiteren Phasen bis zum Abschluss eines Problems gewonnen werden, werden in diesen Problem Records gespeichert.

Die Hauptaufgabe des Problem Control besteht jedoch darin, den Problemursachen auf den Grund zu gehen, betroffene CIs zu ermitteln und dem Service Desk so weit wie möglich Informationen, Lösungsmöglichkeiten und Workarounds an die Hand zu geben. Im Problem Control werden Unknown Errors in Known Error (bekannter Fehler) überführt.

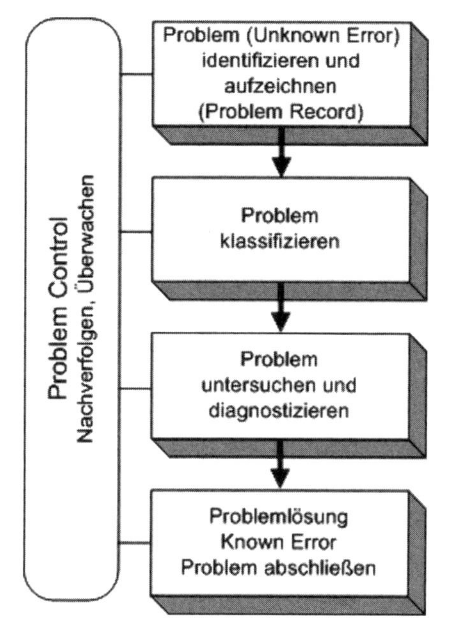

Abb. 2-25 Problem Control

Wenn durch die entsprechenden Untersuchungen und Diagnosestellungen im Problem Control die Ursachr gefunden wurde, befasst man sich im Error Control mit der konkreten Fehlerbehandlung.

Zum einen geht es hier um schnelle, kurzfristig verfügbare Lösungsmöglichkeiten zur Umgehung von Fehlern, so genannte Workarounds, und zum anderen um Änderungen an Verfahren und Betriebsmitteln zur nachhaltigen Beseitigung vorhandener Schwachstellen und Fehlerquellen, die dann durch entsprechende RFCs an das Change Management umgesetzt werden.

Auch im Error Control werden alle Erkenntnisse, Informationen und Maßnahmen sauber dokumentiert. Alle Prozessschritte zur Behebung werden überwacht und nachverfolgt.

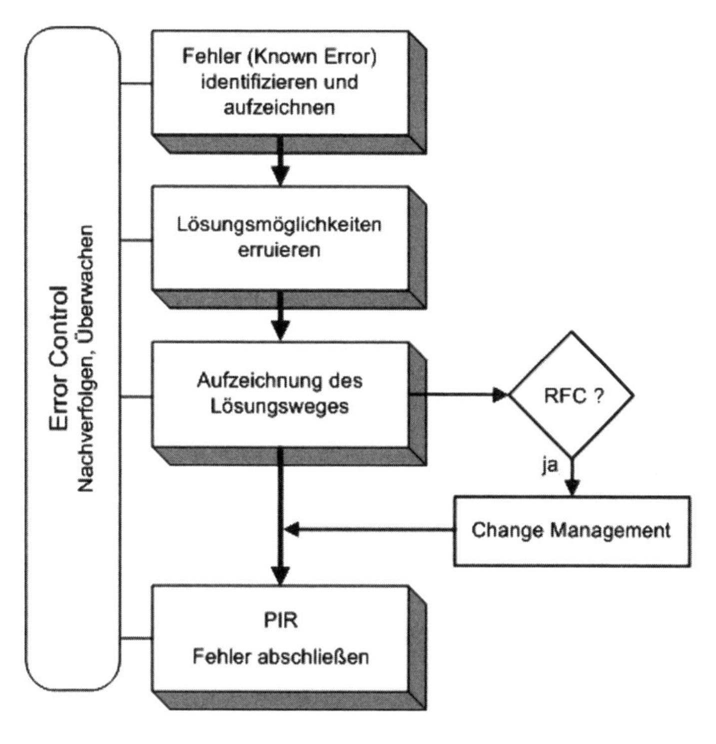

Abb. 2-26 Error Control

Während Sofortmaßnahmen im Sinne von Workarounds direkt umgesetzt werden können, müssen Änderungsmaßnahmen über einen Änderungsantrag (Request For Change – RFC) beim Change Management eingereicht werden. Das Change Management prüft die Auswirkung der geplanten Änderungen im Gesamtsystem. Dadurch soll verhindert werden, dass durch die Reparatur an einer Stelle unerwartete neue Störungen an anderen Stellen entstehen und somit weitere ungewollte Auswirkungen verursacht werden. Wenn die Änderungsmaßnahmen geprüft und für in Ordnung befunden wurden, erteilt das Change Management die Freigabe.

Nachdem die Änderungen zur Störungsbeseitigung durchgeführt wurden, findet, vom Change Management initiiert, eine Endkontrolle (Post Implementation Review (PIR)) statt. Es handelt sich dabei um einen abschließenden Qualitätssicherungsprozess. Dabei wird überprüft, ob die beauftragten Maßnahmen ordnungsgemäß und vollständig ausgeführt wurden und ob die Fehler dadurch erwartungsgemäß auch beseitigt werden konnten. Im einfachsten Fall besteht der PIR aus einem Anruf beim Anwender.

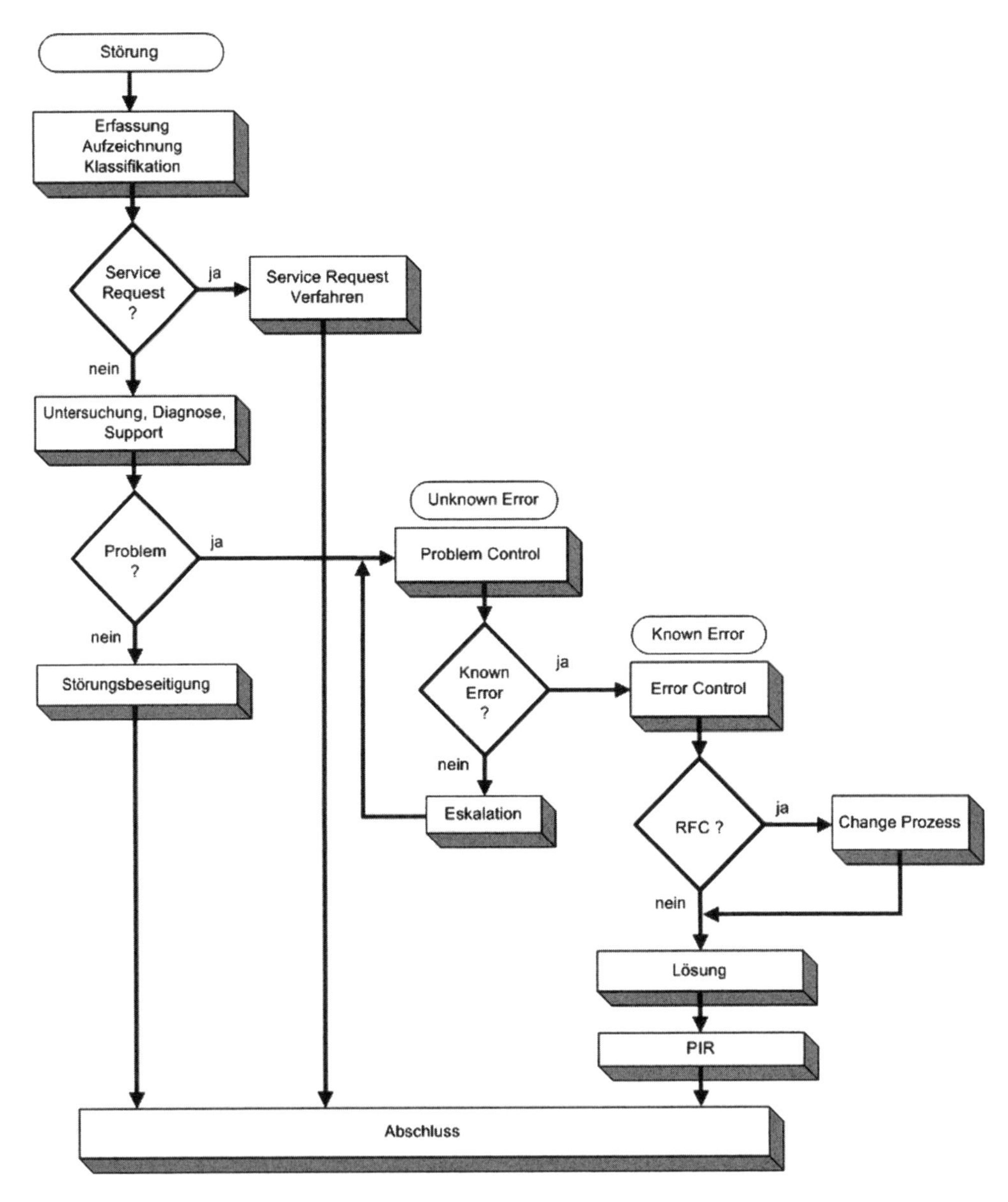

Abb. 2-27 Störungsbearbeitungsprozess

Anmerkung: Nicht für alle Known Errors können oder müssen zwingend auch Lösungen durchgeführt werden, beispielsweise wenn es technisch nicht möglich ist oder wirschaftliche Abwägungen dagegen sprechen.

Zeitgewinn durch Problem Management

Ein gut implementiertes Problem Management hat sein „Ohr" immer ganz nah am Geschehen. Es kann somit viele Problemsituationen selbst erkennen und die erforderlichen Maßnahmen einleiten. Die Abgrenzung des Problem Managements gegenüber dem Incident Management geht eindeutig aus der Aufgabenstellung hervor. Das Problem Management ermittelt die Ursachen von Problemen und findet geeignete Maßnahmen zur Fehlerbeseitigung. Das Incident Management hingegen hat die Aufgabe, unterbrochene Services so schnell wie möglich wieder den Usern zur Verfügung zu stellen. Problem Management und Incident Management sollten eigenständig implementiert werden, um durch paralleles Arbeiten die Effizienz und die Qualität zu erhöhen. Wichtig ist dabei die Differenzierung zwischen Incidents und Problemen, die dann mit separaten Messkriterien besser bewertet werden können.

Bei knappen Ressourcen lässt sich das Problem Management auch stufenweise einführen, indem zuerst nur der reaktive Teil zur direkten Problembehandlung implementiert wird, der sich primär auf die Behandlung kritischer Problemsituationen mit großem Schadenspotential konzentriert. Die Praxis zeigt, dass aus einem Problemanteil von 20% ein Schadensanteil von 80% resultiert. Die Ausweitung auf weniger schadensträchtige Probleme, so wie proaktive Funktionalitäten, können später nach Bedarf nachgezogen werden.

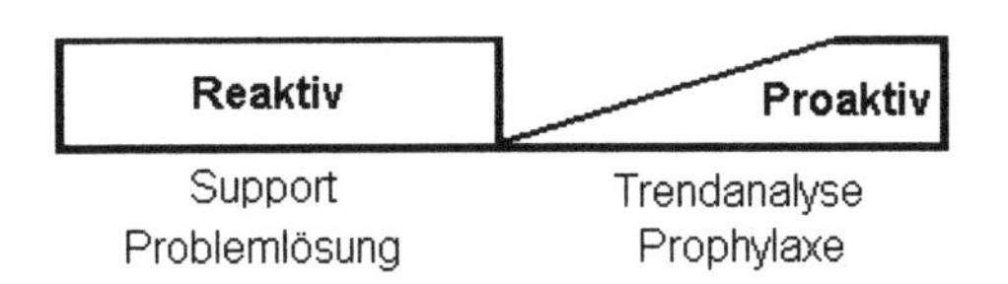

Abb. 2-28 Skalierung im Problem Management

Anforderungen aus der Praxis

- Schnittstellen zur Informationsgewinnung zu Systems Management Tools und Systemagenten sowie zum Incident Management, Change Management, Configuration Management und anderen Prozessen definieren. Evtl. auch die Einbindung der IT-Entwicklung
- Metriken und Schwellenwerte für Mechanismen zur automatisierten Fehlererkennung. Eine Kategoriesierung von Incidents ist hier bereits sehr hilfreich
- Definition eines unternehmensweiten Kennzahlensystems zur Bewertung von Problemen und deren Auswirkungen
- Reaktive und proaktive Lösungsmuster und Workarounds für Incidents.
- Verhaltensmuster und Trendanalysen ableiten
- Um ein möglichst breites Spektrum abdecken zu können, sollte sich ein möglichst multidisziplinäres Team mit dem Problem Management auseinandersetzen
- Das Problem Management muss während der Untersuchungs- und Diagnosephasen auf eine gute Tool-Unterstüzung und eine möglichst lückenlose Dokumentation von Technik und Applikationen zurückgreifen können

Zusammenfassung

Das Problem Management befasst sich primär mit der ursächlichen Problem- und Fehleranalyse. Gelöste Probleme werden als Known Errors dokumentiert. Die Zielsetzung liegt in einer möglichst proaktiven Fehlerbehebung und somit in der Verringerung von Störfällen.

Schlüsselbegriffe

RFC (Request For Change)
Anforderung zur Fehlerbehebung und zur Änderung eines IT-Systems/Komponente.

Problem (Unknown Error)

Fehlersituation, dessen Ursache unbekannt oder noch nicht geklärt ist.

Known Error
Bekannter Fehler, zu dem eine Lösung oder ein Workaround bekannt ist.

PIR (Post Implementation Review)
Endkontrolle der durchgeführten Changes (siehe Change Management).

Kritische Erfolgsfaktoren (CSF)

- Qualifizierung der Mitarbeiter
- Geeignete Toolunterstützung
- Detaillierte Dokumentation von Technik und Applikationen
- Verbesserung der Service-Qualität
- Verringerung der Auswirkung (Impact) bei Problemen
- Kostenreduktion für die User (Kunden)

Leistungsindikatoren (KPI)

- Anzahl sich wiederholender Incidents und Problems
- Reduktion von Incidents und Problems in %
- Verringerung von Produktionsausfällen in %
- Durchschnittliche Zeit zur Problembehandlung
- Anzahl nicht diagnostizierbarer Problems
- Reduktion von Eskalationen in %
- Budgeteinsparungen im Problem Management

2.1.4 Change Management

Die goldene Regel der IT - „Never Touch A Running System" - lässt sich in der Praxis zeitlich nur in einem sehr begrenzten Umfang aufrecht erhalten. Bedingt durch veränderte Anforderungen, neue Geschäftsstrategien, neue Technologien oder aufgrund von plötzlichen Bedrohungen (z.B. Virenbefall), ergeben sich in den verschiedenen Prozessen innerhalb eines Gesamtsystems eines IT-Betriebs ständig eine Vielzahl unterschiedlich gelagerter Änderungsbedürfnisse, die zum Teil extrem schnell umgesetzt werden müssen. Der dafür zu erbringende Koordinations- und Serviceaufwand ist enorm. Jede Änderung im System birgt dabei ein potentielles Störungsrisiko in sich. Nach der Durchführung von Änderungen in einem System ist häufig ein höheres Störungsaufkommen zu beobachten, das erst nach einer Einschwingphase wieder auf ein bestimmtes Normalniveau zurückgeht. Dieser Effekt kann leicht zu Überlastungen der Ressourcen führen und verursacht zusätzliche Kosten. Das Störungsaufkommen wird mit Hilfe des Change Managements (CHM) deutlich reduziert und verkürzt. Die Kosten sinken, die Qualität der Serviceerbringung steigt.

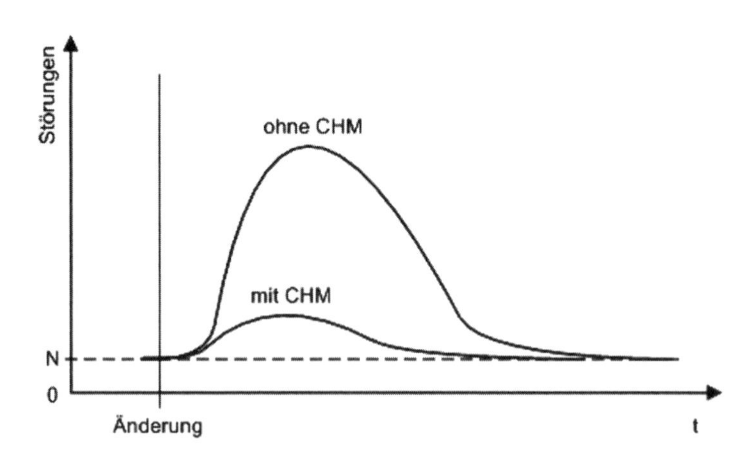

Abb. 2-29 Störungsaufkommen

Das Change Management hat über alle Prozesse hinweg die Aufgabe, alle Änderungsvorhaben zu prüfen, zu genehmigen und die ordnungsgemäße Durchführung der Änderungen zu organisieren, zu überwachen und zu dokumentieren. Dabei wird insbesondere auf die Einhaltung von gültigen Standards und Verfahren geachtet. Im Scope des Change Managements stehen alle Änderungen an Hardware, Kommunikationsgerätschaften, Anwendungs- und Systemsoftware sowie Änderungen an der Dokumentation und an den Prozeduren, die unmittelbar mit dem Betrieb, dem Support und der Wartung der Produktionsumgebung in Beziehung stehen. Änderungen an Dokumenten, und Prozeduren im Rahmen von Anwendungsentwicklungsprojekten fallen jedoch nicht in den Zuständigkeitsbereich des Change Managements.

Das Change Management muss immer die Abhängigkeiten und Risiken im Gesamtsystem (Change Impact) im Auge behalten und sowohl technische, als auch wirtschaftliche Gesichtspunkte und Auswirkungen abwägen. Es muss sichergestellt sein, dass durch eine Änderung an einer Stelle keine Störungen oder Beeinträchtigungen an einer anderen Stelle neu verursacht werden. Manche Änderungen können bereits in anderen Änderungen beinhaltet sein. So ist beispielsweise die Aufrüstung alter PCs nicht erforderlich, wenn die Altgeräte in Kürze durch neue Modelle ersetzt werden. Würden die Änderungen aus den ursächlichen Prozessen heraus selbst vorgenommen werden, wären konkurrierende und kollidierende Aktionen, hohe Redundanzen, großer unwirtschaftlicher Ressourceneinsatz und Ineffizienz die Folge.

Die Hauptaufgaben des Change Managements

Beurteilen (Notwendigkeit, Kosten, Risiken), filtern, genehmigen und dokumentieren von Änderungsanträgen (RFCs)
Planung, Organisation und Koordination der Durchführung von Änderungen
Überwachung, Kontrolle und Reporting der eingeleiteten und beauftragten Aktionen
Abschließende Prüfung (PIR)

Änderungen werden als **Request for Change (RFC)** an das Change Management gestellt. (Anmerkung: Incidents sind keine Änderungen, und ein Problem muss auch nicht zwingend zu einem Change führen). Der RFC muss alle signifikanten Angaben zum Änderungsvorhaben enthalten, wie z.B.

- Eindeitige RFC-Nummer
- die CIs, die von der Änderung betroffen sind
- Begründung, warum die Änderung durchgeführt werden muss
- Konsequenzen, wenn die Änderung nicht durchgeführt wird
- Priorität der Änderung
- Ansprechpartner
- Timestamp der Antragstellung / Genehmigung
- geplanter Änderungstermin
- Back-Out Plan
- Statusinformationen
- Unterschrift (ggf. elektronisch)

Um die eingehenden und anstehenden RFCs überblicken und effektiv koordinieren zu können, pflegt das **Change Management** einen speziellen **Planungskalender (Forward Scedule of Changes (FSC))**, dokumentiert alle Schritte und führt Statistik darüber. Dies ist eine optimale Ausgangsbasis für Reviews und Managementreports. RFCs können nur für tatsächlich vorhandene **CIs (Configuration Item)** gestellt werden. Das sind die Komponenten, die in der **Configuration Management Datenbank (CMDB)** registriert sind. Die genaue Erklärung der Begriffe **CI** und **CMDB** folgt im Kapitel **Configuration Management**.

Ein **RFC** muss möglichst umfassende und detaillierte Angaben zu den beabsichtigten Änderungsmaßnahmen enthalten. Es muss daraus genau hervorgehen, WER für den RFC verantwortlich ist und WAS – WARUM – WANN geändert werden muss. Anhand dieser Angaben befindet das **Change Management** über die weiteren Schritte und Maßnahmen. Einzelne RFCs, die sich auf dieselben CIs beziehen, können zu einem RFCs zusammengefasst werden.

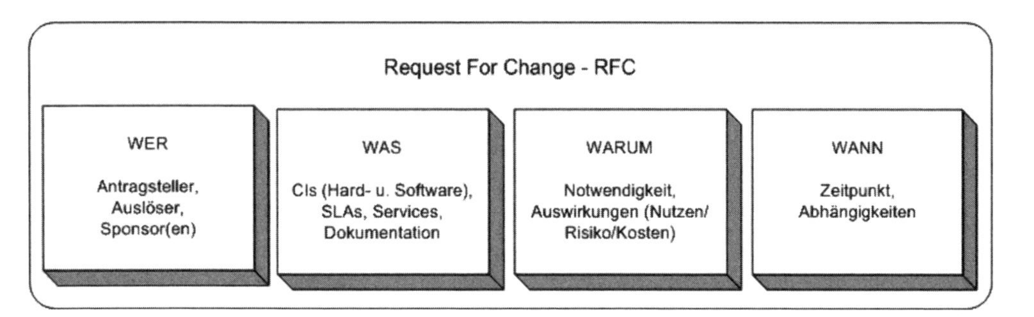

Abb. 2-30 RFC

Die Entscheidung darüber, ob eine Änderung (Change) durchgeführt werden soll oder nicht, ist nicht immer einfach. Es muss ein ausgewogenes Verhältnis zwischen der Notwendigkeit der Änderungen und den möglichen Risiken gefunden werden.

Standardänderungen (Standard Change) und einfache RFCs werden direkt vom Change Manager genehmigt. Umfangreiche und kritische Änderungsanträge werden zusätzlich durch ein Beratungsgremium, das Change Advisory Board (CAB), geprüft. Das CAB ist ein spezieller Beirat aus technisch, operativ und wirtschaftlich orientierten Mitgliedern, die je nach Sachlage entsprechend den Anforderungen zusammengesetzt werden, z.B. aus Change Manager, Service-Mitarbeiter, Zulieferer, Kunde, User, spezielle Experten, etc.. Die Anrufung und Einbeziehung des CAB erfolgt durch den Change Manager.

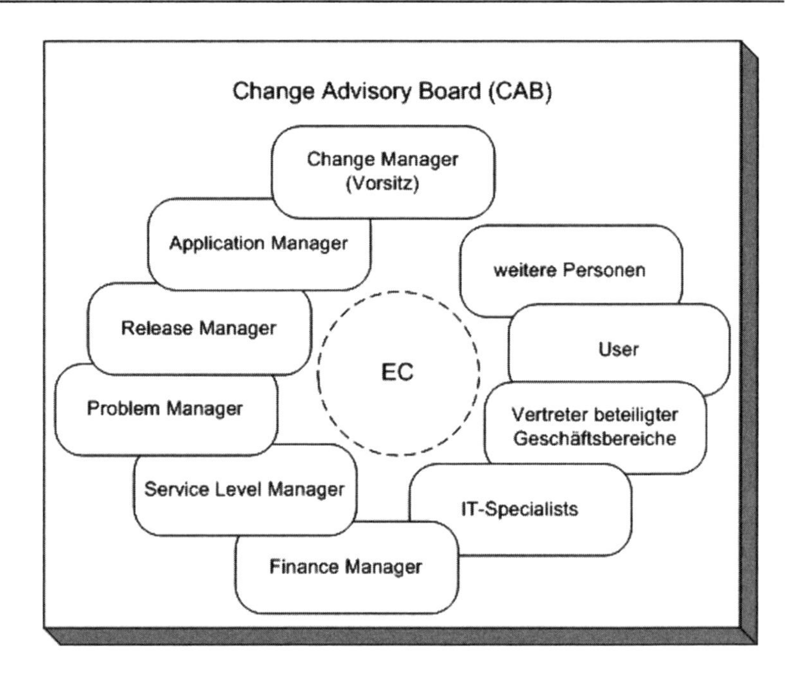

Abb. 2-31 Change Advisory Board (CAB)

Es ist jedoch nicht erforderlich und auch nicht praktikabel, dass das gesamte CAB über jeden Fall in einer eigenen Sitzung berät und entscheidet. Die meisten Angelegenheiten werden auf informellem Wege über elektronische Kommunikationsmöglichkeiten geregelt. Sitzungen werden meist turnusmäßig viertel- oder halbjährlich abgehalten. Für Notfälle, die ohne Aufschub unmittelbar entschieden werden müssen, wird aus dem CAB heraus ein Notfallauschuss (Emergency Committee – EC) gebildet. Die Mitglieder des EC sind in besonderem Maße befugt, stellvertretend für das CAB, Notfallentscheidungen für dringliche Änderungsmaßnahmen (Urgent Change) zu treffen. In Angelegenheiten, die besonders kritisch oder mit extrem hohen Kosten verbunden sind, wird die Geschäftsleitung durch CAB/EC informiert und in den Entscheidungsprozess einbezogen.

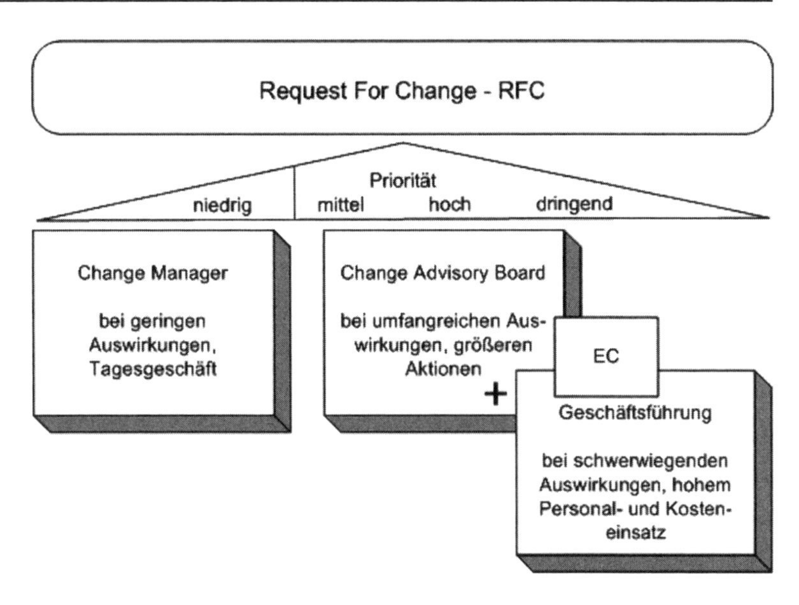

Abb. 2-32 RFC Autorisierung

Die Priorität ist das Maß für den Schweregrad der Auswirkung eines RFC für das Gesamtsystem und spiegelt somit auch die Dringlichkeit, d.h. die Zeit wider, innerhalb der ein Change durchgeführt werden muss.

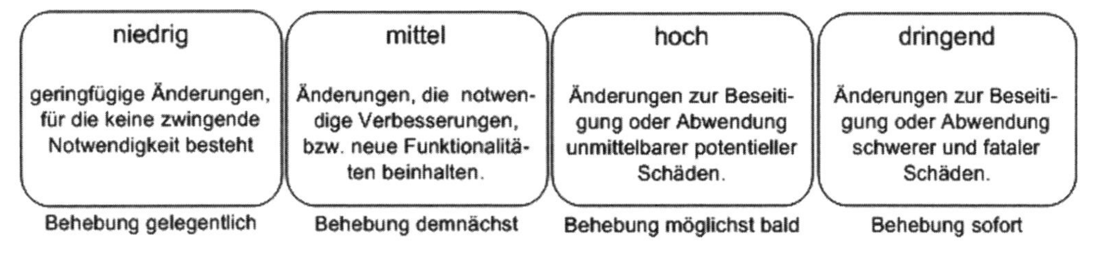

Abb. 2-33 RFC Priorität

Standardänderungen

Standardänderungen (Standard Change) sind probate Verfahren zur Durchführung klar abgegrenzter überschaubarer, meist sich häufig wiederholender Aufgaben (z.B. Userprofile einrichten, Datensicherungen fahren, etc.). Eine explizite Autorisierung im Einzelfall ist normalerweise dazu nicht erforderlich, was zu einer erheblichen Entlastung des Change Managements führt. Häufig werden Standard Changes auch vom Service Desk ausgeführt.

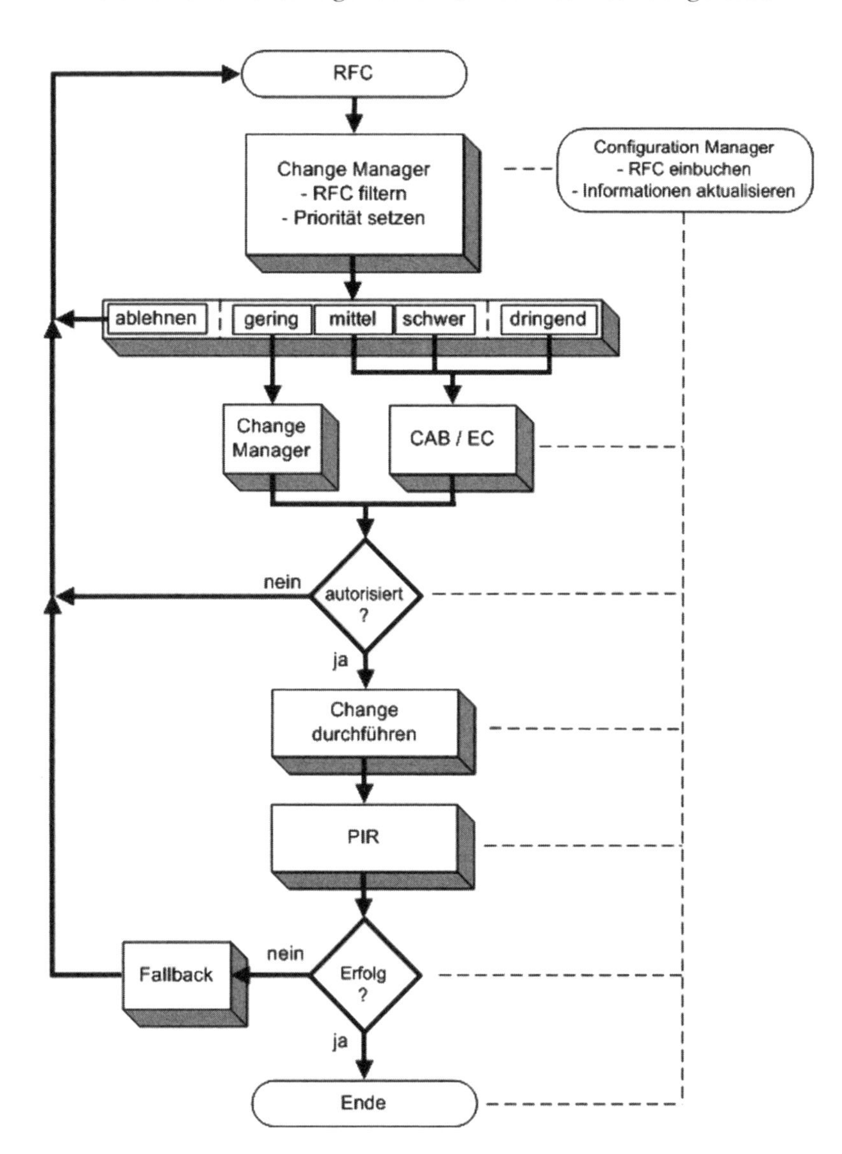

Abb. 2-34 Vereinfachter Change Management-Prozess

Aufgaben des Change Managers

- Annehmen/Ablehnen, klassifizieren und dokumentieren von RFCs (ggf. in Abstimmung mit dem Antragsteller)
- CAB-Meeting einberufen, organisieren und RFCs an die CAB-Mitglieder kommunizieren. In dringenden Fällen das EC initiieren. Den Vorsitz der CAB/EC-Meetings führen.
- Unter Einbeziehung der Empfehlungen des CAB/EC, akzeptable Changes autorisieren.
- FSC über den Service Desk bereitstellen und veröffentlichen.
- Changes in Zusammenarbeit aller benötigten Stellen koordinieren: Change building, Testen und Implementieren.
- Review aller durchgeführten und anstehenden Changes.
- RFCs abschließen und dokumentieren.
- Regelmäßige Management Reportings erstellen

Es ist wichtig, dass nur autorisierte Changes durchgeführt werden. Die Durchführung von Changes ohne Autorisierung durch das Change Management, über den so genannten „kleinen Dienstweg", also in direkter Absprache mit den operativ ausführenden Personen, ist nur auf den ersten Blick gesehen schneller und bequemer. Die Verantwortungslage ist dabei nicht verbindlich geklärt, und der Informationsfluss ist nicht sichergestellt. Die Autorisierungsprozesse müssen allerdings so gestaltet sein, dass sie praxisgerecht ein schnelles unbürokratisches Handeln ermöglichen. Anderenfalls ist das gesamte Change Management nur schwer zu vermitteln und unpraktikabel.

Im Umfeld des Change Management-Prozesses sind viele andere Prozesse mittelbar und unmittelbar involviert – ein komplexes Konstrukt von Abhängigkeiten und Zusammenhängen.

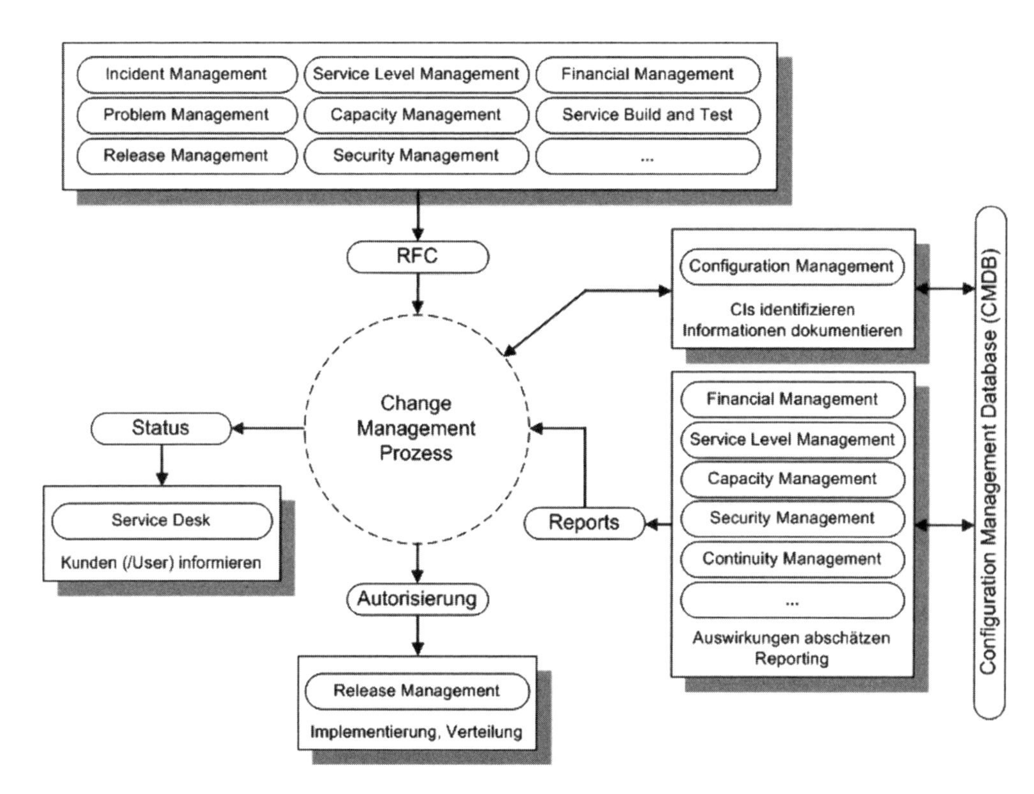

Abb. 2-35 Involvierte Module und Prozesse

Anforderungen aus der Praxis

- Klare Kriterien und Indikatoren für Kategorien und Prioritäten festlegen. Individuelle Anforderungen und Beschränkungen seitens des Kunden müssen mitberücksichtigt werden können.
- Zuverlässige Schnittstellen zu anderen Prozessen zur Ermittlung der Auswirkungen von Changes, um klare

Entscheidungen treffen zu können. Abhängigkeiten müssen erkennbar sein.

- Autorisierungskonzept für die Bearbeitung und die Freigabe von RFCs erarbeiten. Stufenweise Autorisierung von Changes.
- Optimierte (elektronische) Erfassung und Pflege der Request for Change. Zeitnahe Informationsbereitstellung bzgl der RFCs für andere Prozesse.

Zusammenfassung

Das Change Management als zentrale Instanz genehmigt, überwacht und kontrolliert, alle Änderungen an Komponenten der IT-Infrastruktur. Das Ziel ist die Standardisierung von Methoden und Verfahren und damit eine Steigerung der Effizienz und der Qualität durchzuführender Änderungsmaßnahmen.

Schlüsselbegriffe

Change
Änderung am IT-System. Bezeichnet den Übergang von einem Zustand in einen anderen.

RFC (Request For Change)
Antrag für Changes zur Fehlerbehebung und zur Änderung eines IT-Systems oder der Konfiguration.

CAB (Change Advisory Board)
Übergeordnete Instanz zur Beurteilung und Freigabe von Changes größeren Umfangs.

EC (Emergency Committee)
Ausgewähltes Gremium des CAB als Krisenmanagement.

Kritische Erfolgsfaktoren (CSF)

- Durchsetzung und Einhaltung des Change-Prozesses (insbesondere gegenüber dem Kunden)
- Reproduzierbarer Change-Prozess
- Schnelle und präzise, an den Business-Anforderungen ausgerichtete Change-Durchführung
- Sicherstellung der Service-Leistungen während Änderungsmaßnahmen
- Prozesseffektivität und Benefits glaubhaft machen
- Koordinierte Change-Planung (FSC)

Leistungsindikatoren (KPI)

- Anzahl abgelehnter RFCs
- Reduktion der Anzahl unautorisierter Changes
- Reduktion von Back-Outs
- Termingerechte Change-Durchführung
- Reduktion der Anzahl von Urgent Changes
- Reduktion der Anzahl ungetesteter Changes
- Anzahl fehlgeschlagener Changes
- Anzahl Changes, die SLA-Verletzungen verursachen

2.1.5 Release Management

Den Überblick über alle eingesetzten Komponenten innerhalb eines IT-Systems zu haben, stellt nicht nur in Großunternehmen eine generelle Herausforderung dar. Es geht dabei zum Teil um beträchtliche Vermögenswerte, die sich aus Hardware und Software zusammensetzen. Das **Release Management** hat die Aufgabe, sowohl technische als auch organisatorische Mittel und Methoden bereit zu stellen, um Änderungen an den IT-Beständen effektiv, sicher und nachvollziehbar durchführen zu können.

Das **Release Management** befasst sich im Wesentlichen mit folgenden Aufgaben:

Definieren der Release Policy
Planung, Überwachung und Durchführung (Rollout/Rollin) von Änderungen an Hardware und Software
Zusammenarbeit und inhaltliche Abstimmung mit dem **Change Management**
Dokumentation, Verwaltung, Versionierung und Archivierung von autorisierten Releaseständen

Das **Release Management** erarbeitet qualitätsgesicherte Standards und Grundkonfigurationen (**Baselines**) zur Installation von IT-Systemen. Ausgehend von einer **Baseline**, werden weitere Ausprägungen aufgesetzt. Man erreicht damit eine weitgehende Homogenität in der IT-Landschaft, was wiederum die Administration erheblich vereinfacht. In diesem Kontext steht auch das Softwaremanagement mit Themen wie Softwarepaketierung und Softwareverteilung.

Die Installation von Software- und Hardwarekomponenten in einer Produktivumgebung wird als **Rollout** bezeichnet. Der Abbau, bzw. die Zurücknahme von Komponenten, bezeichnet man als **Rollin**. Bei umfangreicheren Rollout/Rollin-Vorhaben ist eine genaue Planung erforderlich, damit die richtigen Aktionen zur richtigen Zeit am richtigen Ort stattfinden. Es muss dabei auch sicher gestellt sein, dass die geplanten Änderungen technisch durchführbar sind. Zur Koordination wird im **Release Management** ein Planungskalender geführt.

Änderungen an Systemkomponenten werden beispielsweise durch neue fachliche Anforderungen, Migrationen oder die Notwendigkeit einer Fehlerbehebung, hervorgerufen. Bevor man jedoch irgendwelche Änderungen in einer Produktivumgebung anstellt, sollten zwei Grundregeln unbedingt beachtet werden.

- Alle wichtigen Daten müssen gesichert werden.
- Alle Komponenten müssen gründlich getestet sein.

Test- und Fallbackpläne sind für ein qualitätsbewusstes Release Management unerlässlich. Alle Tests sollten gezielt nach einheitlichen aussagekräftigen Mustern ablaufen, mit denen die fehlerfreie Funktionalität sowie die Integrationsfähigkeit reproduzierbar überprüft werden kann. Ein hoher Automatisierungsgrad, insbesondere bei Last- und Stresstests, erhöht die Qualität der Testergebnisse und deren Auswertung. Der gezielte Einsatz von speziellen Testtools ist hier sehr zu empfehlen.

Fallbackpläne beschreiben, was genau zu tun ist, wenn ein Releasewechsel fehlschlägt. Dies sollte ebenfalls im Rahmen der Tests überprüft werden, ob die vorgesehenen Maßnahmen auch realistisch greifen.

Entwicklung und Tests sollten auf produktionsidentischen oder zumindest produktionsnahen Referenzumgebungen durchgeführt werden können. Im Idealfall ist jeweils eine eigene Umgebung für die Entwicklung und eine zum Testen vorhanden. Aus Kostengründen ist oft nur eine Referenzumgebung vorhanden (- oder gar keine!).

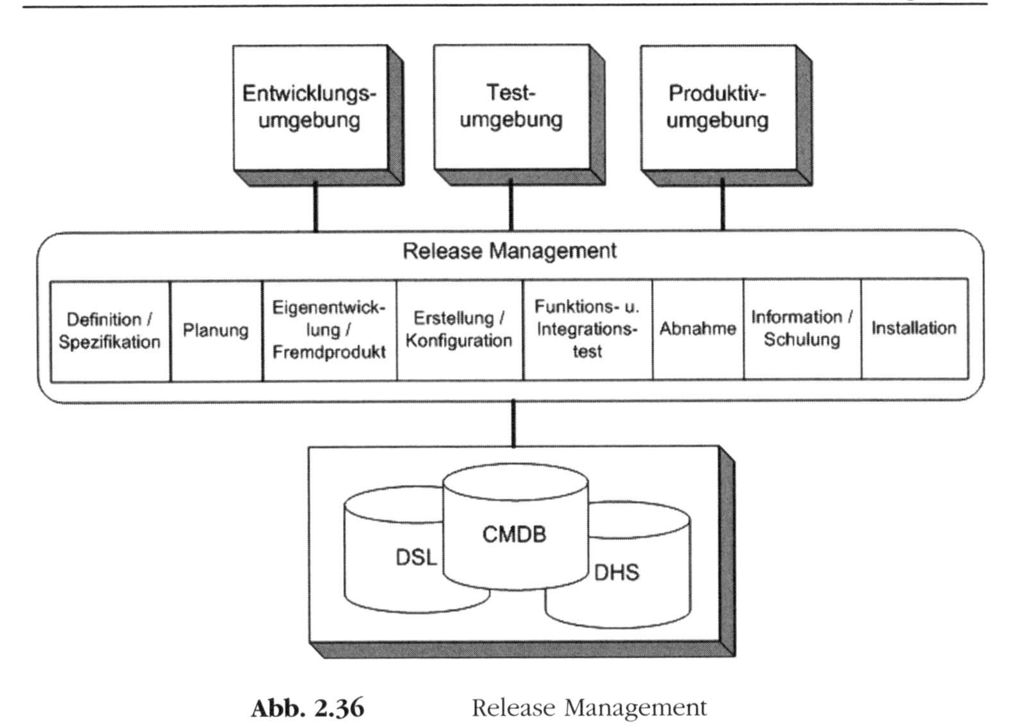

Abb. 2.36 Release Management

Man unterscheidet folgende Release-Arten:

Full Release, alle Software- und Hardwarekomponenten, die komplett zusammen entwickelt, getestet und implementiert wurden, werden zu einem Release-Stand zusammengefasst. Inhomogene Versionsstände einzelner Komponenten werden somit ausgeschlossen. Allerdings ist der erforderliche Aufwand für ein Full Release erheblich.

Delta Release, die jeweiligen Komponenten, die nach einem Full- oder Delta Release zu ändern sind, werden als zusammen getestet und implementiert. Z.B. einzelne Programmmodule eines Programmpakets. Solche partielle Änderungen erhöhen die Flexibilität, erschweren aber auch die Versionskontrolle und Rollbacks.

Package Release, unterschiedliche unabhängige Release-Stände, Full Releases wie auch Delta Releases, werden zu „Paketen" zusammengefasst. Das Ziel ist, mit Package Releases die Zahl einzelner Releases zu verringern, um so die Stabilität des IT-Systems zu erhöhen.

In sich abgeschlossene Full Releases oder Package Releases, im Sinne einer produktionsfertigen Vollversion, werden auch Build genannt.

In der Definitive Software Library (DSL) werden Masterkopien aller im Unternehmen produktiv verwendeten Softwarekomponenten, Eigenentwicklungen und Fremdsoftware archiviert. Hier kommt schnell einiges zusammen, sodass hier gründliche Überlegungen in Bezug auf Namenskonventionen, Datenmengen, Security, Aufbewahrungsfristen, Auditverfahren, etc. angebracht sind. Ein durchgängiges Konzept schafft Transparenz, sodass daraus auch ältere Stände zu Test- und Recovery Zwecken jederzeit reproduziert werden können. Durch die DSL ist sichergestellt, dass nur getestete und freigegebene Software in den Produktionsbetrieb gelangt. Auch Softwarelizenzen sollten in der DSL abgebildet werden - die Geschäftsführung haftet für Lizenzvertöße!

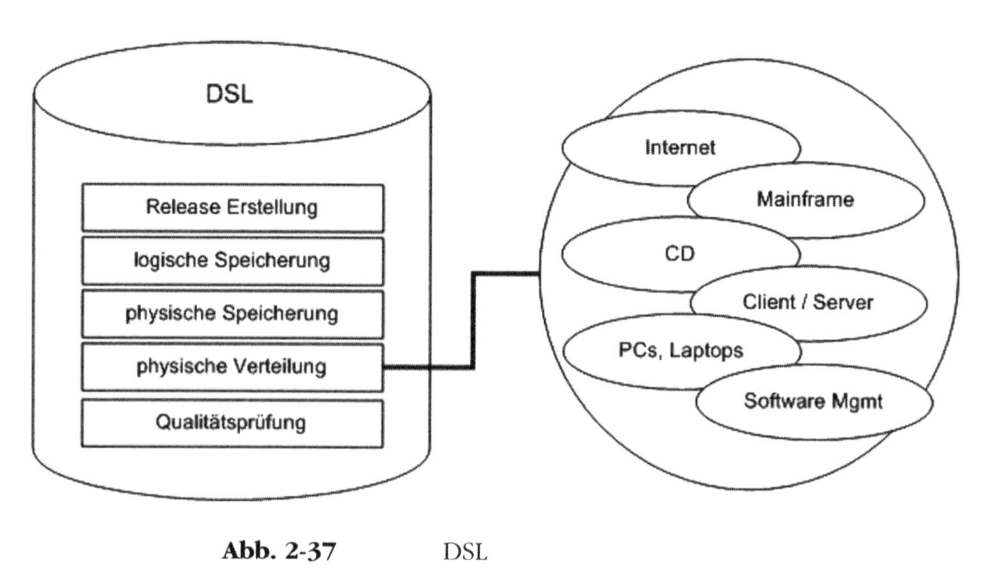

Abb. 2-37 DSL

Der Definitive Hardware Store (DHS) ist ein Vorrats- und Ersatzteillager geprüfter wichtiger Hardwarekomponenten. Fehlerhafte Komponenten können schnell ersetzt oder Systeme bei Kapazitätsengpässen kurzfristig ausgebaut werden. Da eine derartige Vorratshaltung sehr kostenintensiv ist, sollten hier wirklich nur absolut kritische Komponenten vorgehalten werden. Wegen der generell kurzen Neuerungszyklen bei Hardware läuft man schnell Gefahr, auf veralteten Teilen sitzen zu bleiben.

Sowohl die DSL, als auch der DHS, müssen, was Änderungen an aktiv eingesetzten Komponenten betrifft, in enger Verbindung mit der CMDB stehen. Hieraus leitet sich die Wichtigkeit einer zentral übergreifenden Zusammenarbeit von Change-, Release- und Configuration Management ab. Denn ohne Change Management entstehen schnell Inkonsistenzen in der Fläche, ohne Configuration Management sind Zusammenhänge und Auswirkungen schlecht erkennbar, und somit ist eine Kontrolle der Releases in der Fläche kaum möglich.

Benefits des Release Managements

- Zentrale, ggf. auch standortübergreifende Bereitstellung getesteter und autorisierter Software.
- Gesicherte Aufbewahrung. Stetige Kontrolle anhand von Release- und Versionsrichtlinien.
- Hoher Qualitätsstandard der Softwareprodukte. Besserer Schutz vor Virenbefall und Manipulationen.
- Hohe Konsistenz über alle Systeme.
- Geringere Fehlerquoten durch geregelte Installationsverfahren.
- Reproduzierbare Versionsstände für Test und Fallback.
- Bessere Koordinierung von Changes.
- Höhere Produktivität, weniger Reinstallationen, geringere Ausfallzeiten.

Anforderungen aus der Praxis

- Automatisierung von Betriebssystem- und Anwendungsinstallationen durch Software-Management-Tools unter Berücksichtigung verschiedener Plattformen. Sicherstellung, dass nur getestete Software aus der DSL auf Produktivsystemen installiert wird
- Durchgängige Versionierung und Autorisierung von Releaseständen sicherstellen
- Migrationskonzepte und Reinstallationsmechanismen für fehlgeschlagene Installationen
- Administration und inhaltliche Definition der DSL. Aufnahme der ausführungsrelevanten Programmkomponenten
- Terminplanung und Koordination zur operativen Durchführung autorisierter Changes
- Änderungen mit der CMDB synchronisieren und aussagekräftige Reportings bereitstellen

Zusammenfassung

Das Release Management plant, testet, koordiniert und organisiert die Durchführung von Soft- und Hardwareinstallationen. Durch standardisierte Vorgehensweisen und Tools wird die Stabilität und die Zuverlässigkeit des IT-Produktionsbetriebs gefördert und geschützt.

Schlüsselbegriffe

Release (/Build)
Sammlung autorisierter SW-/HW-Komponenten (Full Release, Delta Release, Package Release)

Release Policy
Verbindliche Release Standards im Unternehmen (Namenskonventionen, Versionierungskonzept, Aufbewahrungsfristen, Security, etc.)

DSL (Definitive Software Library)
Physikalische (zentrale) Softwareverwaltung, Versionierung, Archivierung, Distribution

DHS (Definitive Hardware Store)
zentrales "Ersatzteillager" wichtiger HW-Komponenten

Kritische Erfolgsfaktoren (CSF)

- Verbesserung der Qualität der eingesetzten Software- und Hardware-Komponenten
- Reproduzierbarer Rolloutprozess bei großen Software- und Hardware Releases
- Korrekte, an die Geschäftsanforderungen angepasste Implementationen
- Kosteneffiziente Release-Strategie
- Verringerung der Release-Häufigkeit und -Vielfalt

Leistungsindikatoren (KPI)

- Anzahl Softwareinstallationen, die nicht aus der DSL stammen
- Anzahl installierter Nicht-Standard Hardware
- Anzahl nicht lizenzierter Software- und Hardware-produkte
- Anzahl ungetestet ausgerollter Releases
- Anzahl der im DHS befindlichen Komponenten
- Anzahl fehlgeschlagener Installationen und Backouts
- Anzahl durchgeführter „Urgent Releases“
- Anzahl der Releases, die eine Beeinträchtigung von Services verursachten
- Kosten von Releases
- Anzahl termingerecht durchgeführter Releases
- Anzahl Release-Zyklen

2.1.6 Configuration Management

Im Configuration Management wird die gesamte IT-Infrastruktur eines Unternehmens in Form eines logischen Modells abgebildet. Ziel ist es, stets einen gesicherten aktuellen Zugriff auf die Daten aller IT-Assets und IT-Konfigurationen sowie den damit verbundenen IT Services innerhalb eines Unternehmens zu gewährleisten. Dies erfolgt mit Hilfe eines Datenbankmodells, der Confiuration Management Database (CMDB). Hier werden vielfältige unterschiedliche Informationen zu den IT Objekten gesammelt, gepflegt und anderen Prozessen zur Verfügung gestellt. Die CMDB ist somit die wichtigste Daten- und Informationsquelle innerhalb des IT-Servicemanagements, mit der alle Prozesse des Service Support und des Service Delivery interagieren. Vor Allem die Prozesse Incident Management, Problem Management und Change Management können ohne CMDB nur mit großen Einschränkungen betrieben werden.

Die fünf Hauptaufgaben im Configuration Management sind

- **Planung**, die Planung und Definition von Konfigurationskomponenten (CIs) bezüglich Zweck, Umfang, technischem und organisatorischem Kontext.
- **Identifikation**, Identifikation und Auswahl von CIs inklusive Abhängigkeiten und Verantwortlichkeiten (Ownership) sowie die eindeutige Versionierung und Kennzeichnung von CIs.
- **Kontrolle**, die Sicherstellung, dass sich in der Produktivumgebung nur autorisierte und in der CMDB registrierte Komponenten befinden.
- **Statusinformationen**, Aufzeichnung und Historienführung über alle Änderungen an CIs während des gesamten Lebenszyklus.
- **Verifizierung und Audits**, regelmäßige Reviews und Prüfungen zum Abgleich der physikalisch vorhandenen Daten in der CMDB.

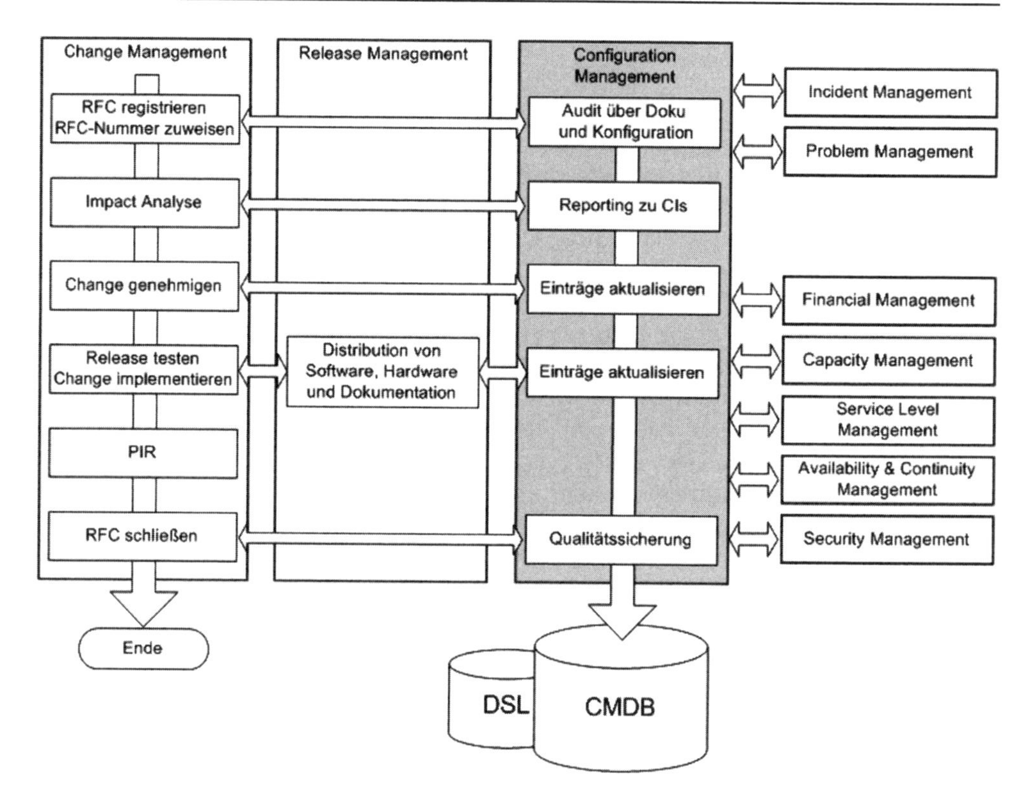

Abb. 2-38 CMDB-Prozessumfeld

In der CMDB werden nicht nur die einzelnen Komponenten eines IT-Systems selbst, sondern insbesondere auch die Beziehungen der Komponenten untereinander abgebildet. Die einzelnen Objekte innerhalb der CMDB werden Configuration Items (CI) genannt. Ein CI ist dabei eine beliebige Einheit, die sich nur aus einer einzelnen oder aus mehreren einzelnen Objekten zusammensetzen kann, z.B. eine Netzwerkkarte, eine Festplatte, ein Kabel, ein kompletter PC, ein Cluster oder ein Netzwerksegment.

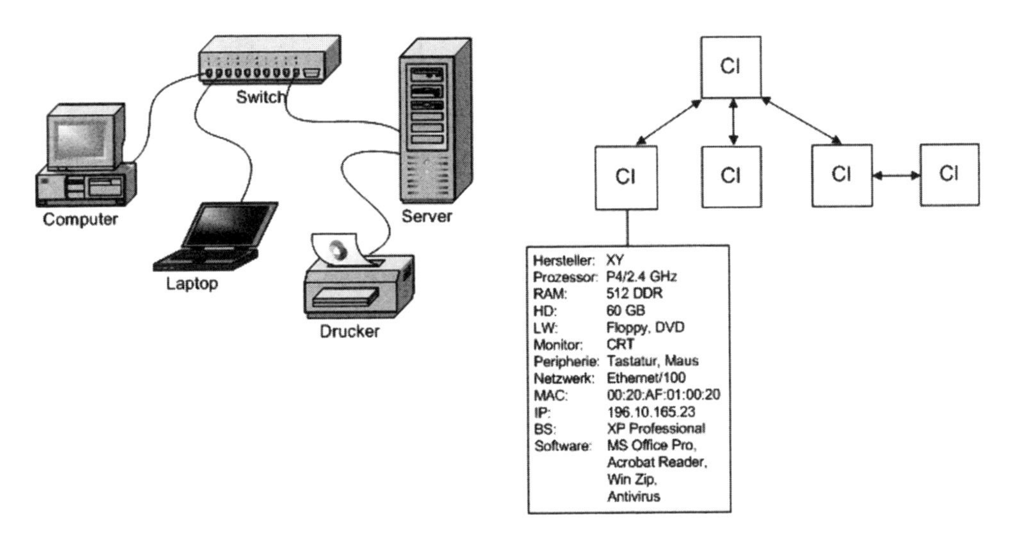

Abb. 2-39 CI-Verknüpfung

Auch Dokumente werden in der CMDB gleichermaßen als CI eingebunden. Dazu zählen beispielsweise Verträge, Betriebs- und Installationsanleitungen, Notfallpläne und Unternehmensrichtlinien. Welcher Detaillierungsgrad im Einzelnen erforderlich ist, hängt von den jeweiligen Anforderungen im IT-Gesamtsystem ab. Bei der Definition der CIs sollte man jedoch darauf achten, die CMDB nicht mit zu filigranen Details zu überladen. Das Ganze sollte nicht in einer Datenenzyklopädie ausufern. Andererseits dürfen aber auch keine Informationsdefizite entstehen. Die geschäftlichen Anforderungen müssen abgedeckt sein und es sollte genügend Raum für Erweiterungen geben.

Objekte innerhalb der IT-Infrastruktur, die nicht als CI in der CMDB enthalten sind, können keine Prozesse durchlaufen. D.h., es gibt für sie dann weder Incidents noch RFCs!

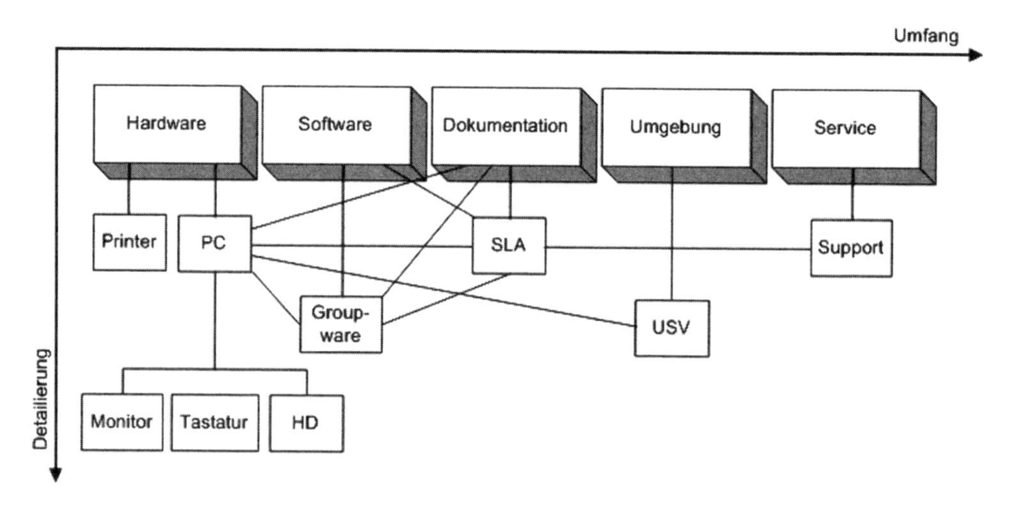

Abb. 2-40 CI-Detaillierungsgrad

Jedes CI in der CMDB besteht aus einem Datensatz aus individuellen Eigenschaften (Attributen) sowie Verlinkungen zu anderen Datensätzen und Dokumenten. Das Datenmodell nimmt somit eine übersichtliche objekthierachische Struktur an.

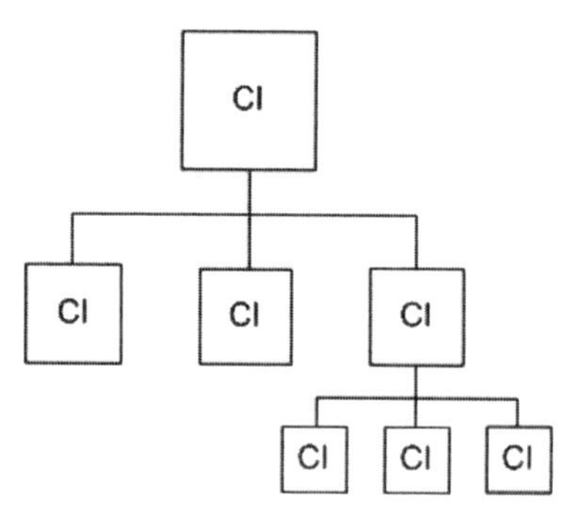

Abb. 2-41 CI-Objekthierarchie

Jedes CI trägt eine systemweit eindeutige Referenznummer, mit der es jederzeit eindeutig im System identifiziert werden kann. Mit weiteren Attributen, z.B. Kategorie und Status, können Gruppen- und Workflowinformationen hinzugefügt werden. Die Inhalte der Attribute können sich ändern und müssen daher stetig gepflegt werden.

Wie schon erwähnt, sind auch die Verknüpfungen und Gruppierungen der einzelnen CIs in der **CMDB** abgebildet. Die Informationsqualität erreicht dadurch eine ganz neue Dimension. Im Gegensatz zu reinen Bestandsführungssystemen (**Asset Management**-Systemen), liefert die **CMDB** damit nicht nur Mengengerüste, sondern ermöglicht auch fundierte Folgen- und Schwachstellenanalysen. Die Verknüpfungen der CIs spiegeln die IT-Architektur wider. Dazu werden unterschiedliche Beziehungen definiert, wie z.B.

- X ist Teil von Y (z.B. eine Festplatte ist Teil eines Servers)
- X ist verbunden mit Y (z.B. ein PC ist mit einem Server verbunden)
- X benutzt Y (z.B. zwei Netzwerke benutzen eine Standleitung für VPN)
- X ist eine Ausprägung von Y (z.B. gleicher Drucker, jedoch mit größerem Papierfach)

Abbildung 2-39 veranschaulicht das CI-Prinzip anhand eines einfachen Netzwerks. Es ist klar zu erkennen, dass durch einen Ausfall des Switches das komplette Netzwerk lahm gelegt wird. Der Switch ist hier also eine klassische Schwachstelle – ein Single **Point of Failure (SPOF)**. Fällt hingegen der Server aus, wird die Arbeitsfähigkeit sicher stark beeinträchtigt, in dem weder Shares noch Drucker zur Verfügung stehen. Eine Kommunikation unter den übrigen beiden PC-Geräten wäre aber weiterhin prinzipiell möglich.

Anhand der **CMDB** kann man schnell einen Überblick gewinnen, welche Systeme bei bestimmten Ereignissen betroffen sind und welche Auswirkungen sich daraus ergeben könnten. Besonders in Krisensituationen, z.B. bei Virenbefall, kann das Change Management somit schneller und präziser reagieren.

Anmerkung: Objektorientierte Ansätze sind hier besonders vorteilhaft, da mit den Mechanismen, Vererbung und Polymorphie, ein hohes Maß an Transparenz und Flexibilität erreicht werden kann.

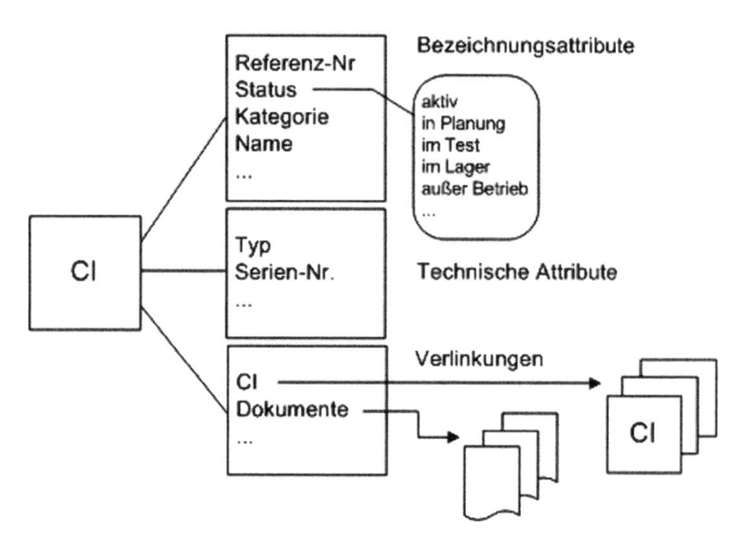

Abb. 2-42a Gliederung von CI-Attributen

CI-Name
Copy or Serial Number
Category
Type
Model Number (hardware)
Warranty Expiry Date
Version Number
Owner Responsible
Responsibility Date
Source/Supplier
Licence
Supply Date

Parent CIs Relationship
Child CIs Relationship
Relationships
RFC Numbers
Change Numbers
Problem Numbers
Incident Numbers
Comment
Location
Accepted Date
Current Status
Scheduled Status

Abb. 2.42b CMDB-Attribute nach ITIL

CMDB - Implementierung in der Praxis

In bestehenden Unternehmen haben sich im Laufe der Zeit, sozusagen historisch bedingt, viele unterschiedliche eigenständige Informationsträger etabliert, mit denen das Wissen des Unternehmens verwaltet und kommuniziert wird. Verschiedene Datenbanksysteme auf unterschiedlichen Plattformen, Excel-

Tabellen, E-Mails, Textdokumente, usw.. Der interne Datenaustausch erfolgt dabei in der Regel nur über punktuelle Schnittstellen, die selten standardisiert sind. Auch wenn man von einer durchgängigen homogenen Lösung somit meist weit entfernt ist, bedeutet die Implementierung einer **CMDB** nicht, alles Bestehende über den Haufen zu werfen und komplett von neuem zu beginnen.

ITIL schreibt nicht vor, wie ein CMDB-System inhaltlich und in seiner Architektur genau auszusehen hat oder gar welches Tool sich dazu am besten eignet. Idealerweise bietet sich dazu eine standardisierte Basis in Form einer leistungsfähigen relationalen Datenbank an. Die Funktionalität einer **CMDB** kann aber durchaus auch problemlos in einer heterogenen Umgebung in einem virtuellen CMDB-Modell realisiert werden. Auch eine schrittweise Implementierung ist möglich. Im Vorfeld sollte auf jeden Fall eine gründliche IST-Stand-Analyse durchgeführt werden. Daraus können dann die weiteren Schritte abgeleitet werden, welche Schnittstellen am sinnvollsten sind, welche Altdaten migriert werden sollten, etc.. Die frühzeitige Implementierung eines **Configuration Managements** zahlt sich sicher aus. Benötigte Prozesse, die noch nicht existieren, sollten hier möglichst parallel dazu eingeführt werden.

Benefits des Configuration Managements

- Strukturierte Abbildung der IT-Infrastruktur
- Qualitätsgesicherte Daten- und Informationsbasis für alle Prozesse zur Erbringung wirtschaftlicher IT-Services
- Einheitliche Methoden und Tools zur Administration und Diagnose
- Unterschiedliche Sichtweisen können abgebildet werden wie z.B. für Impact-Analysen und Service Reporting
- Verbessertes Asset Management, leichteres Auffinden von „Leichen" und mehrfachen Eintragungen
- Wirksame Kontroll- und Nachweismöglichkeiten in Bezug auf unterschiedliche Vertragsgegenstände (SLAs/ OLAs/ UCs), Ressourcen und Lizenzen.
- Präzise Informationsgewinnung in der Planung, im Produktionsbetrieb und in Krisenfällen

- Einfachere Umsetzung von Changes. Besser nutzbare Synergie Effekte.

Anforderungen aus der Praxis

- Zentrale Bereitstellung gesicherter Daten (Integrität) für andere Prozesse. Plausibilitäts- und Berechtigungsprüfungen
- Hohe Automatisierung bei der Datengewinnung und Datenpflege in der CMDB. Integrative Zusammenarbeit mit Systems Management Tools. Automatisierter Datenabgleich durch effektives Scannen des IST-Zustands der IT-Systeme
- Aussagekräftige Statusinformationen zu den CIs, die als Workflow-Indikatoren und im Reportig verwendet werden können
- Schlüssige Änderungshistorie über alle CIs, sodass Informationen für eine Rekonfiguration vorhanden sind
- Standardisierung von Informationsschnittstellen zu anderen Prozessen
- Abbildung von Incidents auf die betroffenen CIs in der CMDB
- Abstimmung der CMDB mit Asset Management Systemen für wirtschaftliche Betrachtungen

Zusammenfassung

Das Configuration Management bildet die IT-Infrastruktur und die Verknüpfungen der darin enthalten Komponenten in einem logischen Modell ab. Es hat die Verantwortung über die Erfassung, die Pflege und die Aktualisierung dieser Daten, die die zentrale Informationsgrundlage für die übrigen Prozesse bilden.

Schlüsselbegriffe

CMDB (Configuration Management Database)
Übergeordnetes Datenbankmodell, das Informationen und Zusammenhänge zu einzelnen CIs enthält.

CI (Configuration Item)
Bestandteil/ Einheit einer IT-Konfiguration.

Kritische Erfolgsfaktoren (CSF)

- Kontrolle über alle IT-Komponenten
- Qualitätsgesicherte Service-Erbringung
- Integration und Schnittstellen mit allen ITSM-Prozessen
- Wirtschaftliche Servicegestaltung
- „Artenvielfalt" der IT-Systeme
- Geringe Automatisierung und Toolunterstützung (veraltete Systeme, fehlende Schnittstellen)
- Unzureichende politische Unterstützung

Leistungsindikatoren (KPI)

- Anzahl erfolgreich auditierter CIs
- Anzahl fehlender oder mehrfacher CIs
- Anzahl falscher oder falsch befüllter CI-Attribute
- Reduktion von Fehlern aufgrund falscher CI-Informationen
- Beschleunigung bei Fehlerbehebungs- und Wiederherstellungsmaßnahmen
- Verbesserung der Kundenzufriedenhaeit aufgrund stabilerer Serviceerbringung und Gerätschaften
- Verringerung von Wartungskosten für HW, SW und CMDB Administration
- Anzahl nicht genutzter Lizenzen
- Ersparnisse durch präzisere Impact- und Risikoabschätzungen

2.2 Service Delivery

Das Service Delivery gliedert sich in fünf Kernbereiche, Service Level Management, Availability Management, Capacity Management, Finance Management und Continuity Management.

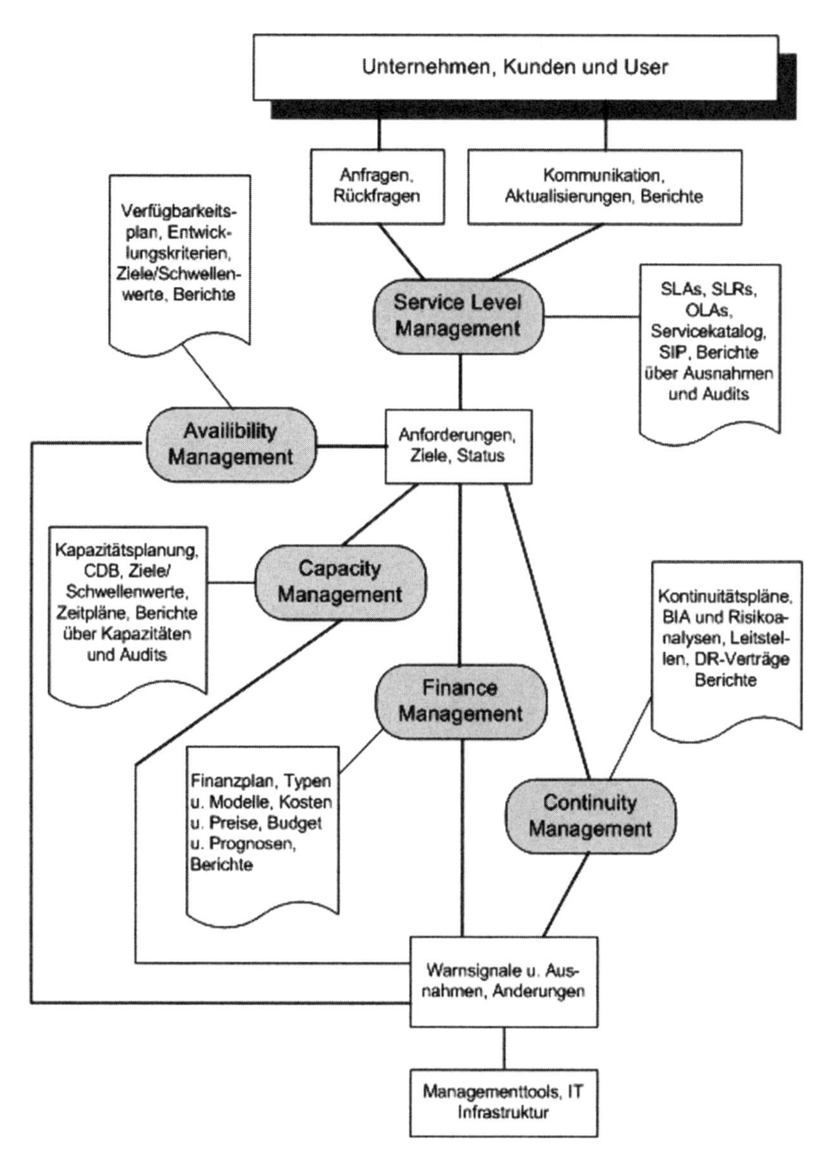

Abb. 2-43 Kernbereiche des Service Delivery

2.2.1 Service Level Management

Das **Service Level Management** (SLM) hat die Aufgabe, verbindliche Vereinbarungen und Regelungen für die Erbringung von Serviceleistungen in Form von Vertragswerken zu erstellen und zu dokumentieren. In einem kontinuierlichen Optimierungszyklus werden im Weiteren die Qualität und die Aktualität der Services ständig überprüft und überwacht und auf die tatsächlich betrieblich benötigten Anforderungen (**SLR - Service Level Requirements**) des Kunden abgestimmt. Spezielle Optimierungsprogramme (**SIP - Service Improvement Program**) unterstützen dabei die Bestimmung und die Auswertung von Messkriterien. Das SLM nimmt somit in jeder Organisation eine wichtige Schlüsselrolle bei der Aufrechterhaltung und der Verbesserung der IT Serviceleistungen ein.

Dienstleistungsbeziehungen zwischen „Kunden" und „Lieferanten" beschreiben und regeln. Verhandlungen mit internen und externen Partnern führen.
Erforderlichen Leistungsumfang (SLR), benötigte Ressourcen und Kosten ermitteln.
Messkriterien für Service Levels, zur Überwachung und Steuerung der Leistungserbringung benennen.
Stetige Optimierung und Anpassung der Service Levels in Bezug auf die betrieblichen Gegebenheiten.
Koordinierung interner und externer Service Management- und Support Prozesse.
Erstellung und Pflege des Service-Katalogs.
Überwachung der Erbringung von IT-Services und der Einhaltung von SLAs. Review und Service Level Reporting.

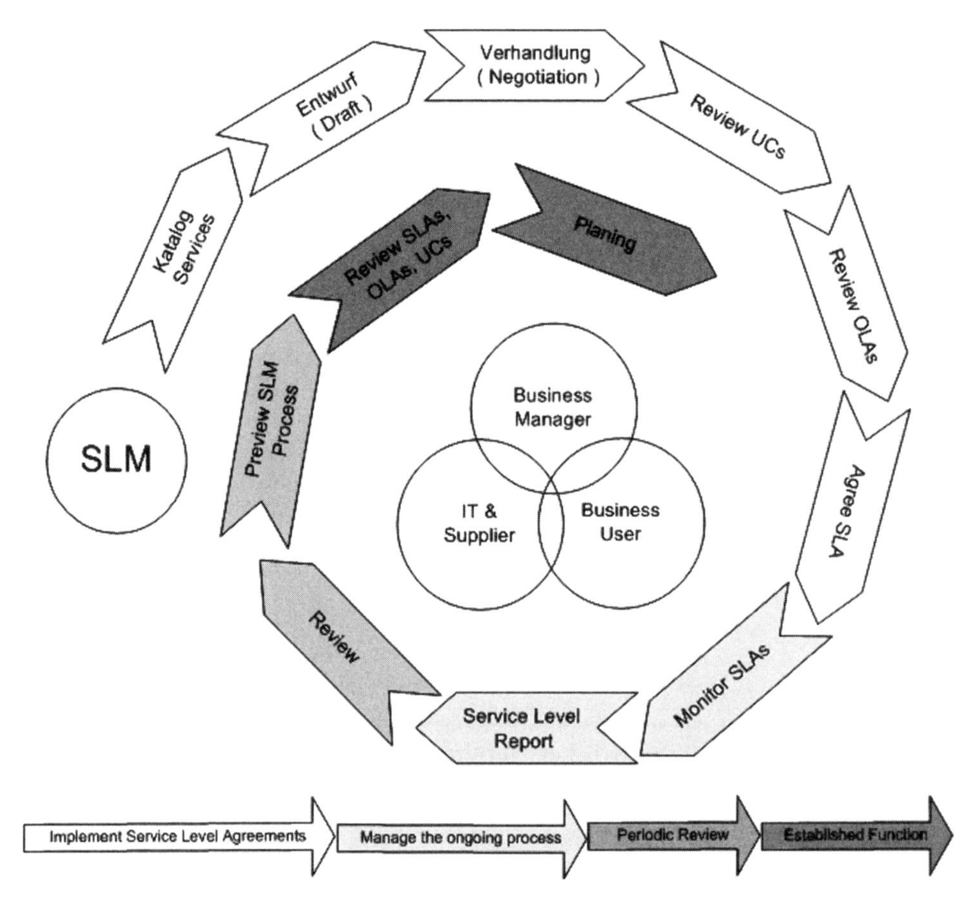

Abb. 2-44 Service Level Management

Service-Katalog

Der Service-Katalog (Service Catalogue) umfasst das gesamte Leistungsangebot an IT-Services und enthält detaillierte Angaben zu den Merkmalen, Komponenten und Kosten der einzelnen IT-Services. Er ist somit die zentrale Grundlage für alle vertraglichen Service-Vereinbarungen (SLAs). Leistungserbringungen außerhalb des Service-Katalogs sind nicht zulässig. Im Falle von begründeten Anforderungen, die durch den Service-Katalog nicht abgedeckt werden können, ist der Service-Katalog entsprechend zu erweitern. Der Service-Katalog garantiert somit, dass immer mindestens alle aktuell betrieblich relevanten IT-Services angeboten werden und verhindert gleichzeitig, dass Serviceleistungen unkontrolliert vereinbart werden.

Anhand des Service-Katalogs können nach unterschiedlichen funktionalen und wirtschaftlichen Kriterien die Services ermittelt werden, die zur Befriedigung der Kundenanforderungen am besten geeignet sind. Formal könnte ein Service-Katalog wie folgt aufgebaut sein:

SERVICE-KATALOG

Änderungshistorie

Vorwort

1. Zur Organisation

2. Ansprechpartner

3. Services

3.1 Allgemeiner Teil

3.2 Detailbeschreibung
- 3.2.1 Service A
  - 3.2.1.1 Servicebeschreibung
  - 3.2.1.2 Ansprechpartner
  - 3.2.1.3 Service Requirements
  - 3.2.1.4 Leistungs- und Lieferumfang
  - 3.2.1.5 Service Level
  - 3.2.1.6 Dokumentation u. Reporting
  - 3.2.1.7 Qualitätsnachweis
  - 3.2.1.8 Preise/Konditionen
- 3.2.2 Service B
  - 3.2.2.1 Servicebeschreibung
  - 3.2.2.2 Ansprechpartner
  - 3.2.2.3 ...
  - ...
- 3.2.n Service X
  - ...

4. Change-Prozess

5. Service-Verzeichnis

6. Glossar

7. Anhang

Abb.2-45 Modell eines Service-Katalogs

Änderungshistorie

Tabelle, wer, wann, welche Änderung durchgeführt hat. (Name, Abteilung, Datum, kurze Beschreibung).

Vorwort

Kurze Einleitung zum Zweck des Dokuments. Ggf. auch ein Statement des Managements (Management Commitment)

1. Zur Organisation

Kurze Vorstellung des Unternehmens, z.B. Unternehmensportfolio, Marktposition, etc, sodass der Kunde einen kurzen Überblick darüber bekommt, mit wem er es hier zu tun hat.

2. Ansprechpartner

Wer ist in der Organisation für Fragen rund um den Service-Katalog verantwortlich und wann und wie ist er erreichbar. (Bürozeiten, Telefonnummern, E-Mail und Postadresse(n), Stellvertretung, etc.).

3. Services

Hier folgt die ausführliche verbindliche Beschreibung aller aktuell angebotenen Services.

3.1 Allgemeiner Teil

Allgemeine Beschreibungen und Bestimmungen zu den Services sowie die Bedeutung der Services für den Kunden.

3.2 Detailbeschreibung

Hier erfolgt die Auflistung aller Services und vor allem die detaillierte Beschreibung in allen Einzelheiten. An dieser Stelle kann eine weitere Gliederungsebene, z.B. Infrastruktur-Services, LAN-/WAN-Services und Anwendungs-Services, durchaus sinnvoll sein. Zu jedem Service sollten folgende Punkte beschrieben sein:

3.2.1. Service

Aussagekräftiger, möglichst eindeutiger Servicename/ Servicebezeichnung.

3.2.1.1 Servicebeschreibung

Knappe, für jedermann verständliche Kurzbeschreibung der Kerninhalte dieses Services.

3.2.1.2 Ansprechpartner

Kontaktdaten (Name, Telefonnummer(n), E-Mail, Postanschrift) aller zu diesem Service erforderlichen Ansprechpartner und deren Stellvertreter. Z.B. Serviceverantwortlicher,

Eskalationsverantwortlicher, Techniker, Lieferanten, Fachpersonal, etc.

3.2.1.3 Service Requirements

Wer ist berechtigt, Anforderungen zu stellen, wie hat dies zu erfolgen (formlos, mit Standardformblättern oder elektronischen Formularen) und welche Informationen müssen unbedingt enthalten sein.

3.2.1.4 Leistungs- und Lieferumfang

Das Ergebnis des vollständigen Services und wie die Übergabe und die Abnahme von Serviceleistungen erfolgt.

3.2.1.5 Service Level

Spezifische Ausprägungen, mit denen ein Service geleistet werden kann. Servicezeiten, Wartungs- und Supportzeiten, Vorlauf- und Reaktionszeiten, Verfügbarkeits-, Leistungs- und Qualitätsparameter, Servicestufen, etc..

3.2.1.6 Dokumentation und Reporting

In welchen Zeitabständen werden welche Protokolle oder Logfiles zu was, wozu erstellt.

3.2.1.7 Qualitätsnachweis

Methoden zur Qualitätssicherung. Kennzahlen (KPI), Messkriterien.

3.2.1.8 Preise/Konditionen

Die Kosten des Services und die Zahlungskonditionen. (Preismodelle, Rabatte, etc.).

4. Change-Prozess

Wie und an wen können Änderungswünsche und Neuanforderungen zum Servicekatalog eingereicht werden.

5. Service-Verzeichnis

Alphabetische und nummerische Auflistung der Services, um ein schnelles Auffinden zu ermöglichen.

6. Glossar

Begriffserklärung, für das allgemeine Verständnis

7. Anhang

Optionaler Raum für ergänzende Regelungen und Verweise auf zusätzliche Dokumente, wie z.B. AGBs.

Den Detaillierungsgrad des Service-Katalogs sollte man auf den praktischen Verwendungszweck abstimmen. Mit zu viel Inhalt überfrachtet, wird so ein Katalogwerk schnell unübersichtlich und schwer zu pflegen. Manche Festlegungen, wie z.B. kundenspezifische Service-Level-Ausprägungen, können durchaus auch in der Vertragsgestaltung (SLA) platziert werden. Man erreicht damit eine flexible kundenbezogene (**customer based**) Darstellung und muss nicht jede Variante im Service-Katalog aufnehmen.

Für andere Prozesse wird der **Service-Katalog** entweder direkt in der CMDB abgebildet oder es werden entsprechende Schnittstellen für einen Datenzugriff eingerichtet. Die Aktualisierung und die Pflege des Service-Katalogs ist eine wichtige Aufgabe im Service Level Management, die einer entsprechenden Rolle obliegen sollte, die auch die Zuständigkeit nach außen hin klar vertritt.

Primär werden im Service-Katalog alle für den Kunden sichtbaren (käuflichen) Services und Infrastruktur-Services (Netze, Applikationen, usw.) vorgehalten. Die Akquise- und Angebotsphasen im Accountmanagement sowie Aufgaben im Bereich Produkt- und Service-Marketing, werden durch einen gut sortierten und gepflegten Service-Katalog wesentlich vereinfacht und verkürzt. Aber auch für andere Service Management-Aufgaben, wie z.B. Business Impact-Analysen (BIA), die Kapazitäts- und Service Continuity-Planung oder Lastbetrachtungen, kann der Service-Katalog wichtigen Input liefern.

In über die Jahre hinweg entwickelten und gewachsenen IT-Infrastrukturen besteht meist kein vollständiger Überblick über alle Services, die gegenüber den Kunden erbracht werden. Die größten Schwierigkeiten bei der Erstellung des Service-Katalogs liegen daher in der eindeutigen Identifikation der Services und in der Preiszuordnung bzw. Preisfindung.

Anmerkung: Im Kontext des Service-Katalogs sind in der Praxis vielfach die Begriffe Produkt, Leistung und Service unterschiedlich gebräuchlich, die dann in der Kombination zu Bezeichnungen wie „Produkt- und Leistungs-Katalog“ oder „Produkt- und Service-Katalog“ führen.

2.2.1.1 Vertragsgestaltung im Service Level Management

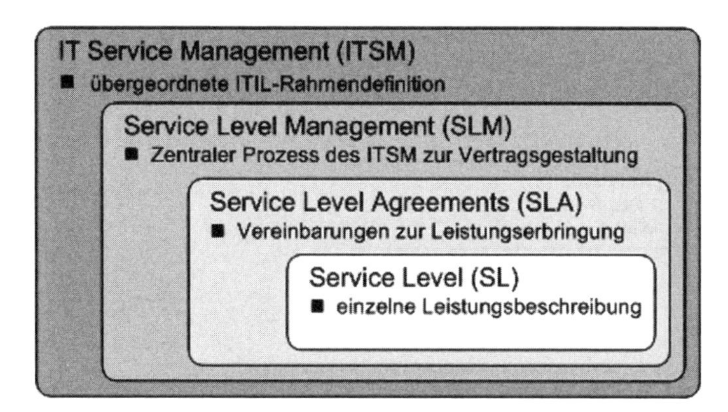

Abb. 2-46 Einbettung der Begriffe

Das Service Level Management ist der zentrale Prozess innerhalb des IT Service Managements nach ITIL, der für die komplette inhaltliche wie operative Abwicklung der vertraglichen Gestaltung von IT-Services zuständig ist.

Sauber spezifizierte vertragliche Vereinbarungen sind eine Grundvoraussetzung für eine möglichst reibungslose Leistungserbringung. Für jeden Vertragspartner müssen die angestrebten Ziele, Rechte und Pflichten, so wie die aufkommenden Kosten, eindeutig ersichtlich sein. In allen Punkten muss soweit ein Konsens vorliegen. Die schriftliche Festlegung diszipliniert alle Seiten zu entsprechender Sorgfalt bei der Definition der fachlichen, kaufmännischen und juristischen Vertragsinhalte. Missverständnisse können somit am besten vermieden werden.

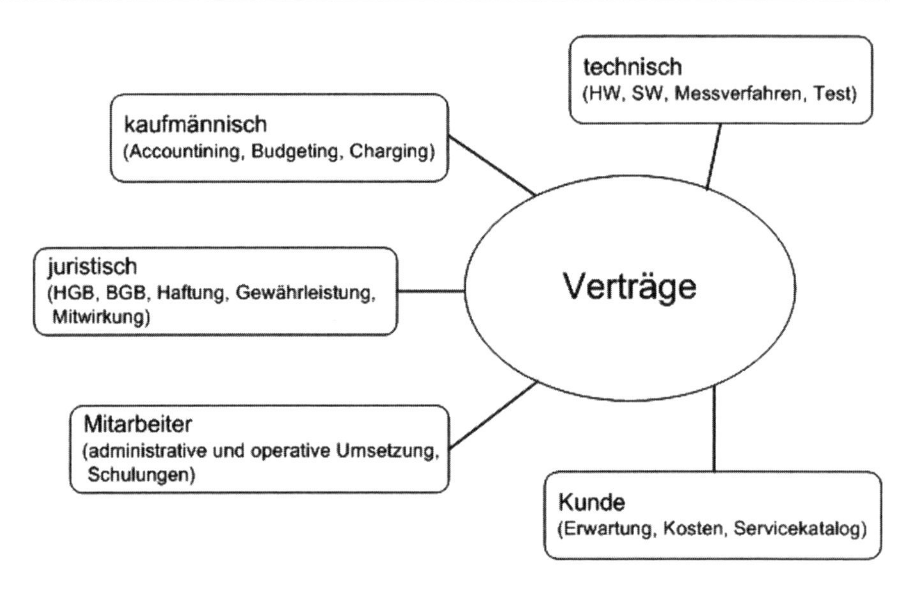

Abb. 2-47 Vertragliche Komponenten

Definitionen von Vertragsarten im SLM

Sevice Level Agreement

Ein Service Level Agreement (SLA) ist ein schriftliches Vertragsdokument, welches die Rechte und Pflichten der Vertragsparteien, Kunde (Customer) und Dienstleister (Provider), in Bezug auf den Zweck und die Erbringung von IT-Serviceleistungen (IT-Services) vertraglich regelt, wobei auch die jeweils geltenden gesetzlichen Haftungs- und Rechtsbestimmungen zum Tragen kommen.

Anmerkung: Insbesondere im Umfeld des Outsourcings hat sich der Begriff SLA allgemein auch außerhalb der IT als Synonym für Verträge aller Art etabliert. Hierbei wird jedoch meist außer Acht gelassen, dass SLAs auch unternehmensintern zwischen Abteilungen abgeschlossen werden können.

Underpinning Contract

Ein Underpinning Contract (UC) ist ein schriftlicher Vertrag zwischen einem Dienstleister und einem externen Lieferanten (Zulieferer). Es handelt sich dabei meist um Unterstützungsverträge mit Drittfirmen im Supportbereich, z.B. direkter Herstellersupport als Third-Level. Aus Lieferantensicht ist der UC gleich bedeutend mit einem SLA, da er den Dienstleister als seinen Kunden betrachtet.

Inhaltlich besteht zwischen SLA und UC grundsätzlich kein Unterschied. Mit der Begriffstrennung will man lediglich die Vertragsstellung zum Lieferanten gegenüber der zum Kunden klarer herausstellen.

Operation Level Agreement

Ein Operation Level Agreement (OLA) ist ein schriftliches Vertragsdokument zwischen internen Organisationseinheiten (Abteilungen/ Fachbereiche), um sicher zu stellen, dass die dem Kunden vertraglich zugesicherten Serviceleistungen in vollem Umfang erbracht werden. Da es sich bei OLAs um interne Vertragswerke handelt, wird bei Nichteinhaltungen das Unternehmensrecht angewendet, das in der Regel keine Regress- und Schadensansprüche (gegen sich selbst) beinhaltet.

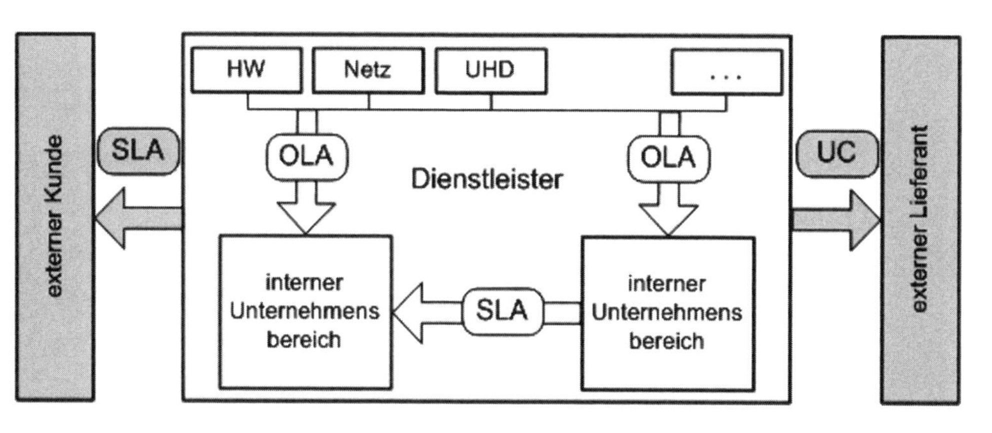

Abb. 2-48 interne und externe Vertragsbeziehungen im Service Level Management

Der Kunde ist immer in der Rolle des Leistungsbeziehers zu sehen, der Dienstleister in der Rolle des Leistungserbringers (Lieferant). Diese Rollenverteilung wird sowohl intern, als auch extern verwendet. Das bedeutet, dass auch unternehmensintern neben OLAs auch SLAs zwischen einzelnen Unternehmensbereichen geschlossen werden können.

2.2.1.2 Aufbau eines Service Level Agreements

SLAs sollten, wie jedes Vertragswerk, übersichtlich gestaltet, verständlich formuliert und auf die Kernaussagen ausgerichtet sein. Eine inhaltliche Gliederung in Themenblöcke ist dabei sehr vorteilhaft. Die Auslagerung der detaillierten Leistungsbeschreibungen in separate Service Specifications (ServiceSpec) entlastet das Rahmenvertragswerk.

Grundsätzlich sollten in jedem Vertrag nur solche Sachverhalte stehen, die eindeutig messbar oder anderweitig klar belegbar sind. Alle vereinbarten Ziele dürfen keine „Wunschziele" sein, sondern müssen realistisch erreicht werden können. Alles andere führt früher oder später zu Unstimmigkeiten, die, verbunden mit entsprechenden Kosten, schnell eskalieren können.

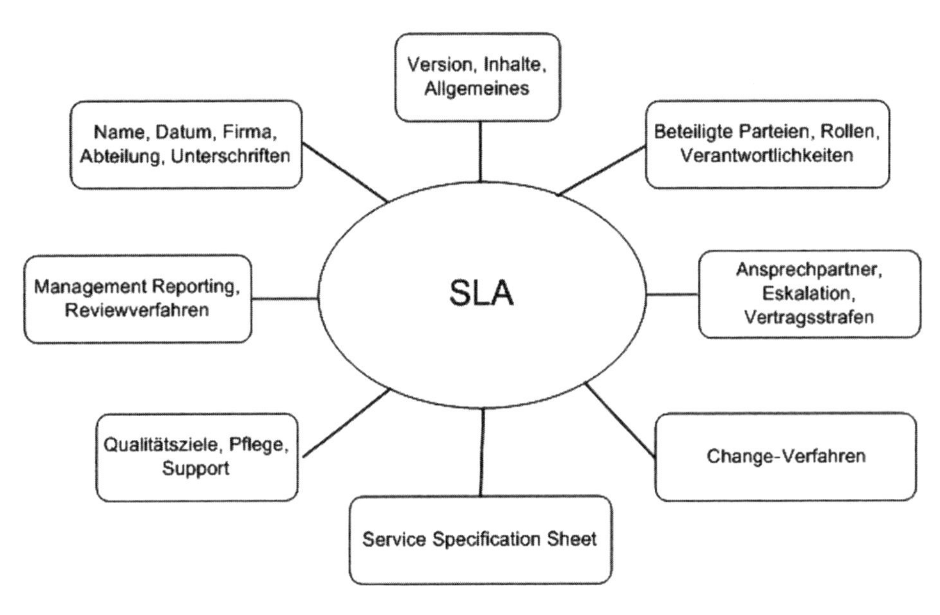

Abb. 2-49 Beispiel SLA-Gliederungsblöcke

Allgemeine Angaben

- Gültigkeitszeitraum der Vereinbarungen
- Angaben zum Kunden
- Angaben bzgl. Geschäftsfelder/ Produkte
- Zweck des Vertragswerks

Produkt-/Dienstleistungsbeschreibung

- Definition von Art und Umfang des Vereinbarungsgegenstands
- Anforderungen/Ziele des Kunden
- Prozessschritte zur Leistungsabwicklung
- Mitwirkungspflicht des Kunden
- Vor- und Randbedingungen
- Support-, Wartungs- und Betriebszeiten
- Haftungs- und Regressregelungen
- Preise und Verrechnung

Qualitätsanforderungen

- Verfügbarkeit
- Zuverlässigkeit (MTBF, MTBSI)
- Reaktions- und Antwortzeiten
- Qualitätsstufen
- Reklamation und Eskalation

Konzepte und Verfahren

- Changes
- Eskalationen
- Fallback/Backout, Notfallplanung

Aktionspläne

- Reports, Reviews, Audits
- Prüf- und Wartungszyklen

Ansprechpartner/Verantwortliche

- vertraglich
- technisch
- Unterschriften

SLA Stichpunkte (alphabetisch)

Die nachfolgende Auflistung ist als Aufhänger zum „brain storming" gedacht, um einen Ausgangspunkt für die konkreten Inhalte eines SLAs zu bekommen.

Ansprechpartner
Auslastung
Ausnahmen
Ausschlüsse
Änderungsprozesse
Backup
Beratung
Berichtswesen
Bonus/Malus-Regeln
Durchsatz
Eskalation
Funktionsfähigkeit
Geheimhaltung
Geltungsbereich
Gerichtsstand
Gewährleistung
Haftung
Input
Kostenverrechnung
Leistungsbeschreibung
Leistungskatalog
Leistungskontrolle
Lieferbedingungen
Lieferumfang
Lokalitäten
Maximale Downtime
Messverfahren
Mitwirkungspflichten
Modalitäten
Nichterfüllung
Notfallkonzept
Output
Präambel
Prioritäten
Rahmenbedingungen
Reaktionszeiten
Rechte
Recovery
Restriktionen
Schadensersatz,
Schriftform,
Schulung,
Schlussbestimmungen,
Servicezeiten,
Sicherheit

Supportlevel	
Technik	
Unterschriften	Übergang
Vertragslaufzeit	Vertragsstrafen
Verfügbarkeit	
Wiederherstellungszeit	
Zubehör	Zuverlässigkeit

Bei der konkreten Vertragsausgestaltung ist zu überlegen, in welcher Weise ein Vertrag die Anforderungen am besten erfüllen kann. Man unterscheidet dabei mehrere Formen, wobei in der Praxis durchaus auch Mischformen gewählt werden.

Service-basierte Verträge (service based) sind bei allen Services vorteilhaft, die unternehmensweit oder für viele Kunden gleichermaßen unverändert festgelegt werden können. Z.B. E-Mail- oder File-Services. Änderungen und Erweiterungen sind somit auch für alle gleichermaßen gültig. Dazu müssen aber auch alle Vertragspartner zustimmen, was nicht immer so einfach ist.

Kunden-basierte Verträge (customer based) werden kundenspezifisch pro Kunde oder pro Kundengruppe abgeschlossen. Dies ist die gängigste Vertragsform, da mit ihr die individuellen Kundenanforderungen flexibel ohne weitere Anhängigkeiten abgebildet werden können.

Multi Level SLAs stellen hierarchisch die Vereinigung der eben genannten beiden Formen dar. Die Vertragsstruktur gliedert sich in drei Ebenen, Corporate Level, Customer Level und Service Level. Mit dieser Struktur bleiben auch große Vertragswerke handhabbar. Redundanzen werden vermieden. Die Aufwände für Anpassungen und Änderungen sind geringer und sind auch nicht mehr so häufig erforderlich.

Im Corporate Level werden die generischen Vertragsinhalte, die für alle Kunden gelten, festgehalten. Z.B. allgemeine Geschäftsbedingungen (AGBs) sowie formale Definitionen und Klauseln, Rollen und Verantwortlichkeiten, die in dieser Form somit automatischer Bestandteil aller weiteren Vertragswerke sind. Änderungen und Updates auf diesem Level werden nur sehr selten vorgenommen.

Im Customer Level stehen alle individuell einen Kunden betreffenden Vereinbarungen, die übergeordnet für alle für diesen Kunden getroffenen Serviceleistungen gelten.

Im Service Level werden kundenspezifisch alle angeforderten Services für einen Kunden definiert.

Zu den SLAs werden die Arbeitsanweisungen (Servicebeschreibungen) zur Leistungserbringung durch den IT Service Provider erstellt. Alle erbrachten Leistungen müssen in einem Repository detailliert aufgezeichnet werden.

Optimierung und Qualitätssicherung

Die Optimierung und die Qualitätssicherung der vertraglich vereinbarten Services ist eine wichtige Kernaufgabe des SLM Prozesses. Der Service-Quality-Plan (SQP) ist ein zentrales Steuerungsinstrument für die Service Management Prozesse. Er beinhaltet alle notwendigen Informationen und Parameter für das operative Management zur Umsetzung der internen Zielsetzung, die anhand der bei den einzelnen Prozessen gesetzten Leistungsindikatoren (KPIs) überwacht wird.

Anforderungen aus der Praxis

- Schnittstellen zur CMDB und zu Informationen anderer Prozesse definieren
- Integration von Textverarbeitungssystemen, sodass Templates und Dokumentvorlagen automatisiert genutzt werden können
- Automatisierte Überwachung von Service Levels anhand von Kennzahlen, Indikatoren, etc.
- Angepasste Reports für unterschiedliche Zielgruppen (z.B. Management und Kunde)
- Änderungen am Servicekatalog auf SLAs umsetzen
- Mehrsprachenfähigkeit berücksichtigen

Zusammenfassung

Das Servicelevel Management ist zentral für alle vertraglichen IT-Service-Angelegenheiten zwischen internen und externen Geschäftspartnern zuständig. Hier werden die konkreten Verhandlungen geführt und die Einhaltung der getroffenen Vereinbarungen kontrolliert.

Schlüsselbegriffe

Service-Katalog
Komplette Aufstellung aller angebotenen IT-Services mit Detailinformationen.

Service Level Agreement (SLA)
Vertragswerk zwischen Dienstleister(n) und Kunde(n).

Operational Level Agreement (OLA)
Vertragswerk mit internen Fachabteilungen zur Sicherstellung der Serviceerbringung.

Underpinning Contract (UC)
Vertragswerk zwischen Dienstleister und externem Lieferanten.

Service Quality Plan (SQP)
Planungsinstrument zur Überwachung und Sicherung der Service-Qualität.

Service Improvement Plan (SIP)
Vorgehen zur kontinuierlichen Verbesserung der IT Services

Kritische Erfolgsfaktoren (CSF)

- Organisatorische Bewältigung der erforderlichen IT Services bezüglich Quantität und Qualität
- Einhaltung der vertragsgemäßen Erbringung der IT Services
- Serviceangebot zu erschwinglichen marktfähigen Preisen
- Aufrechterhaltung und Pflege der Kundenbeziehungen
- Änderungen der Kundenanforderungen und am Markt rechtzeitig erkennen und adäquat umsetzen
- Konkrete interne Leistungsabsicherung (OLA)

Leistungsindikatoren (KPI)

- Anzahl und Schwere von Vertragsverletzungen
- Anzahl laufender Services, die nicht vertraglich abgesichert sind
- Anzahl Vertragsverletzungen aufgrund nicht eingehaltener UCs seitens der Lieferanten
- Anzahl Vertragsverletzungen aufgrund nicht eingehaltener OLAs seitens interner Fachabteilungen
- Anzahl vollständig abgeschlossener Verträge (SLA/OLA/UC)
- Anzahl offener Verträge (SLA/OLA/UC)
- Kostensenkung in der Service Erbringung
- Kostensenkung im Bereich Monitoring und Reporting von Verträgen
- Durchlaufzeit bis zum Vertragsabschluss
- Zeitdauer für Vertragsänderungen nach einer neuen Anforderung
- Anzahl dokumentierter und gelebter Verfahren und Prozesse

2.2.2 Availibility Management

Das **Availability Management** (AM) ist ein Prozess zur Optimierung der Nutzung und der Leistungsfähigkeit (**Performance Management**) der IT-Infrastruktur. Er sorgt dafür, dass die IT-Services stets wirtschaftlich und in erforderlichem Maße verfügbar sind. Der Fokus liegt dabei auf der technischen Verfügbarkeit aller IT-Komponenten, die zur Erbringung der vereinbarten IT-Services unabdingbar sind. **Kontinuität**, **Wartbarkeit** und **Fehlertoleranz** sind hier wichtige Qualitätsmerkmale.

Ständige Optimierung der Verfügbarkeit durch Überwachung, Überprüfung, Messung und Reporting
Bedarfsanalyse, Bedarfsprognosen, Bedarfsplanung und Kostenermittlung
Garantiert die Erbringung der vereinbarten Service Levels (SLAs, OLAs, UCs)
Erstellung und Pflege eines Verfügbarkeitsplans
Richtlinien und unterstützende Maßnahmen (Schulungen, Trainings, Tools)
Steigerung der Benutzer-/ Kundenzufriedenheit

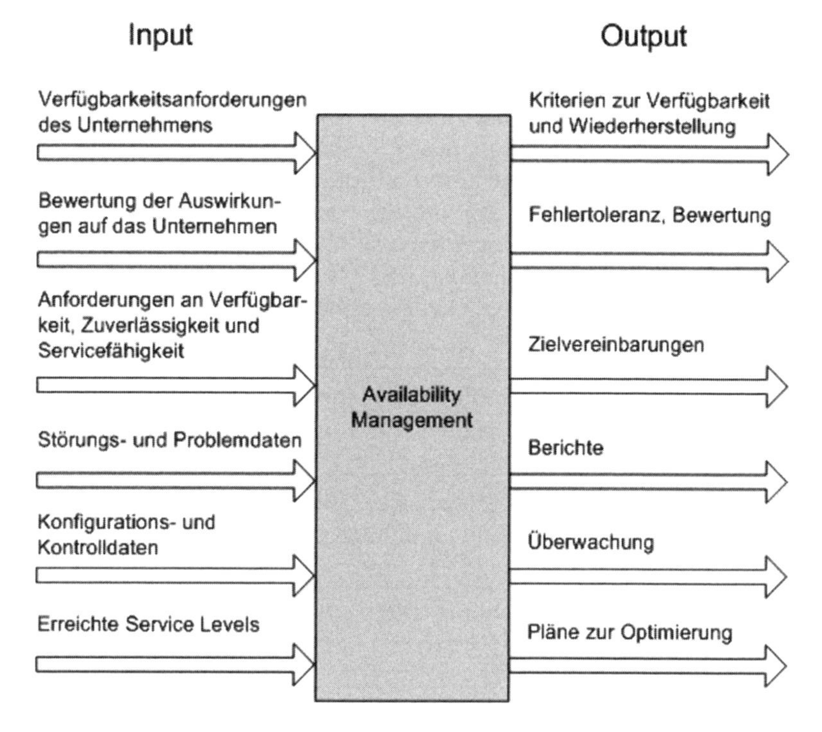

Abb. 2-50 Übersicht Availibility Management

Die Wiederaufnahme von unterbrochenen Betriebsprozessen ist kein Gegenstand des Availability Managements. Das AM kann dabei jedoch mit wichtigen Informationen unterstützen.

Verfügbarkeitsplan

Der Verfügbarkeitsplan dient der proaktiven Optimierung der erforderlichen Verfügbarkeit. Im Fokus dieses Plans stehen Zielvorgaben und Leistungsmerkmale über einen längerfristigen Zeitraum. Neben den technischen Aspekten, sollten hier auch Prozesse, Tools, Verfahrensweisen und personelle Belange beleuchtet werden. Der Verfügbarkeitsplan ist jedoch kein Implementierungsplan!

Verfügbarkeit

Das signifikante Merkmal im Availability Management ist die Verfügbarkeit (Availability). Die Verfügbarkeit resultiert aus vier Komponenten,

- Zuverlässigkeit (Reliability)
das Verhindern von Ausfällen und die Aufrechterhaltung der Betriebsfähigkeit von Komponenten und Services,

- Wartbarkeit (Maintainability)
Komponenten und Services in einen normalen betriebsbereiten Zustand versetzen,

- Servicefähigkeit (Serviceability)
die vereinbarten internen und externen Unterstützungsleistungen

und IT-Sicherheit (Security)
Sicherheitsmaßnahmen zur Gewährleistung des Normalbetriebs (Ausführliche Informationen sind in den Normen BS7799 bzw. der ISO17799 zu finden).

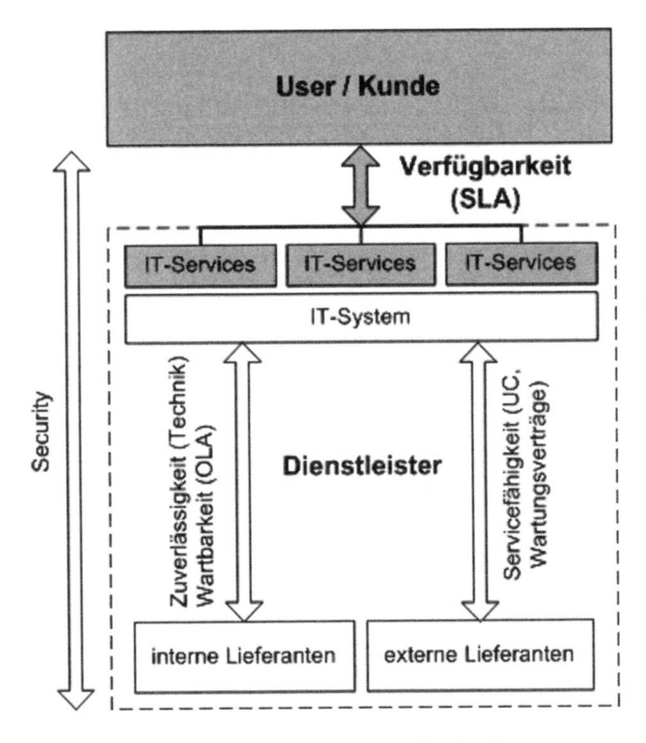

Abb. 2-51 System der Verfügbarkeit

Zur Bestimmung der Verfügbarkeit müssen sinnvolle Messgrößen und Messverfahren definiert werden. Es ist entscheidend, was man misst, wie man misst und wie die gewonnenen Ergebnisse interpretiert und kommuniziert werden.

Die zahlenmäßige Erfassung der Verfügbarkeit ist die Grundlage

- zur Abschätzung und Überprüfung, ob die Anforderungen des Kunden realistisch sind
- zur Nachweisführung erbrachter Leistungen (SLA)
- zur Anpassung und Optimierung der Prozesse und SLAs

Das IT Availability Metrics Model (ITAMM) stellt die Zusammenhänge für die weiteren Überlegungen dar.

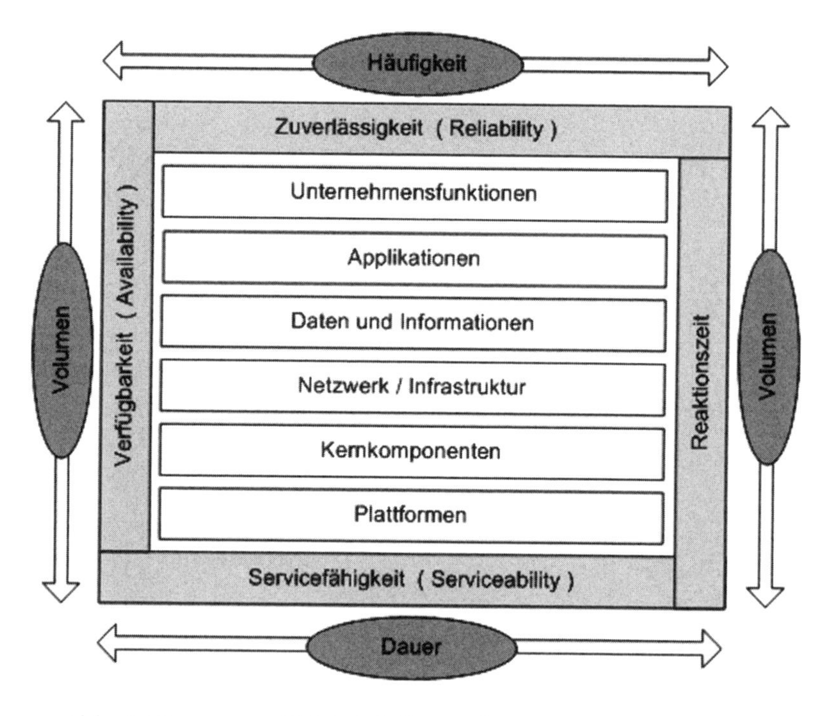

Abb. 2-52 IT-Modell für Verfügbarkeitsmessgrößen

Oft wird auch die Negation der Verfügbarkeit, die „Nichtverfügbarkeit" oder Ausfallzeit (TTR – Time to Repair) als Bezugsgröße verwendet. Als Ausfallzeit zählt jede Zeitspanne, in der eine Komponente oder ein Service im vereinbarten Rahmen vom Kunden nicht in vollem Umfang genutzt werden kann. Ein eingeschränkter Betriebszustand wäre somit auch als „Ausfall“ zu werten.

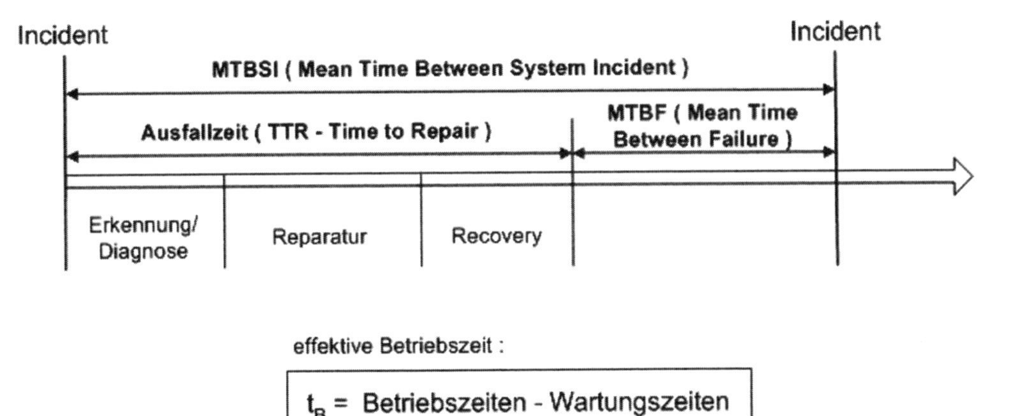

effektive Betriebszeit :

$$t_B = \text{Betriebszeiten} - \text{Wartungszeiten}$$

Verfügbarkeit:

$$V = \frac{t_B - \sum \text{Ausfallzeiten}}{t_B} \cdot 100\ \%$$

Abb. 2-53 Ausfallzeit und Verfügbarkeit

Die durchschnittliche Zeitspanne, vom Wiederherstellungszeitpunkt nach einer Störung bis zum Auftreten einer weiteren neuen Störung, wird als MTBF (Mean Time Between Failure) bezeichnet. Diese Größe wird aus den gemessenen Zeitdifferenzen (MTBSI) zweier aufeinander folgender Störungen und den tatsächlichen Ausfallzeiten (TTR) errechnet. Die MTBF ist eine wichtige Kenngröße im IT Service Continuity Management.

Die Servicezeit ist der vertraglich (SLA) vereinbarte Zeitraum, in dem ein Service oder ein IT-System für den Regelbetrieb zur Verfügung stehen muss (z.B. Mo-Fr, von 6:00 Uhr bis 22:00 Uhr und Sa von 7:00 Uhr bis 16:00 Uhr. Außerhalb dieser Zeiten steht das System generell zur Durchführung von Reparatur- und Wartungsarbeiten und zum Backup zur Verfügung. Zur Durchführung von unumgänglichen Sofortmaßnahmen während der Betriebszeiten, z.B. Umrüstungen, Austausch von defekten wichtigen Teilen, Security Patches, etc., sollten, möglichst in produktionsschwachen Zeitabschnitten, eigene Wartungsfenster eingerichtet werden (z.B. täglich von 11:30 Uhr bis 13:00 Uhr). Die Durchführung von Maßnahmen innerhalb dieser Wartungsfenster zählen dann nicht als Ausfall und gehen nicht in die Verfügbarkeitsberechnung ein.

Die Kostenentwicklung für Technik und Personal nimmt mit steigender Verfügbarkeit exponentiell zu.

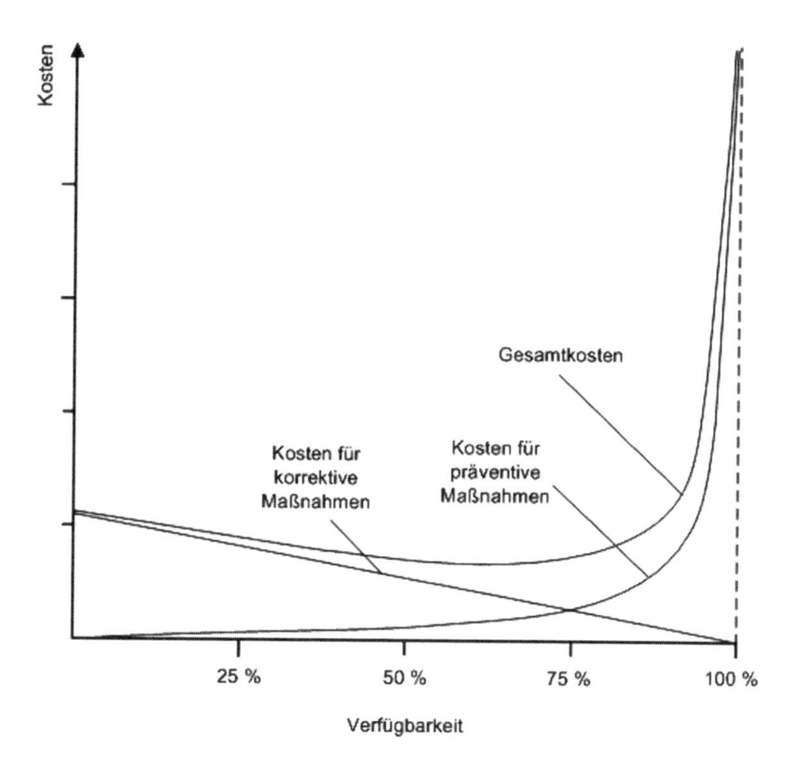

Abb. 2-54 Verfügbarkeit-Kosten-Diagramm

Die niedrigsten Kosten liegen in etwa bei Verfügbarkeiten zwischen 68% und 80%. Der Verfügbarkeitsgrad sollte immer realistisch den tatsächlichen Anforderungen des Wirkbetriebs entsprechen. Im Hostbereich von Banken und Versicherungen, beispielsweise, gibt es Hochverfügbarkeitssysteme mit bis zu 99,999%. Für einen Standard-Office-Client hingegen wäre das viel zu hoch gegriffen und käme auch viel zu teuer.

Verfügbarkeit zusammengesetzter Systeme

Die Gesamtverfügbarkeit eines IT-Systems hängt zum einen von den Einzelverfügbarkeiten der darin vorkommenden Komponenten ab und zum anderen, wie diese Einzelsysteme innerhalb des Gesamtsystems funktional (logisch) angeordnet sind. Die physikalische Anordnung spielt dabei keine Rolle. Die theoretisch maximal erreichbare Verfügbarkeit beträgt exakt 100%.

Jedes System setzt sich logisch aus seriellen und parallelen Anordnungen einzelner Funktionskomponenten (Teilsysteme) zusammen.

Serielle Anordnungen sind dadurch gekennzeichnet, dass die Gesamtfunktionalität immer nur dann gegeben ist, wenn alle Komponenten gleichzeitig funktionieren. Es verhält sich hier wie bei einer billigen Lichterkette am Weihnachtsbaum. Sobald nur ein Birnchen herausgedreht oder defekt ist, sind alle Lichter aus.

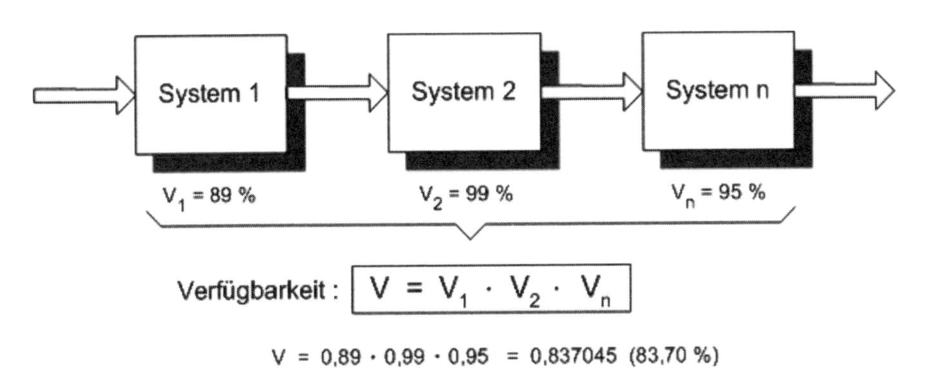

Abb. 2-55a Verfügbarkeit bei serieller Anordnung

Jede Komponente weist für sich eine eigene Verfügbarkeit auf, die die Gesamtverfügbarkeit mindert. Die Gesamtverfügbarkeit einer seriellen Anordnung ist somit immer geringer, als die geringste Einzelverfügbarkeit innerhalb der Anordnung. Die Gesamtverfügbarkeit der Beispielanordnung beträgt daher nur 83,70%.

Parallele Anordnungen bilden Redundanzen ab. Solange mindestens ein System sauber arbeitet, ist die Gesamtfunktionalität prinzipiell noch gegeben.

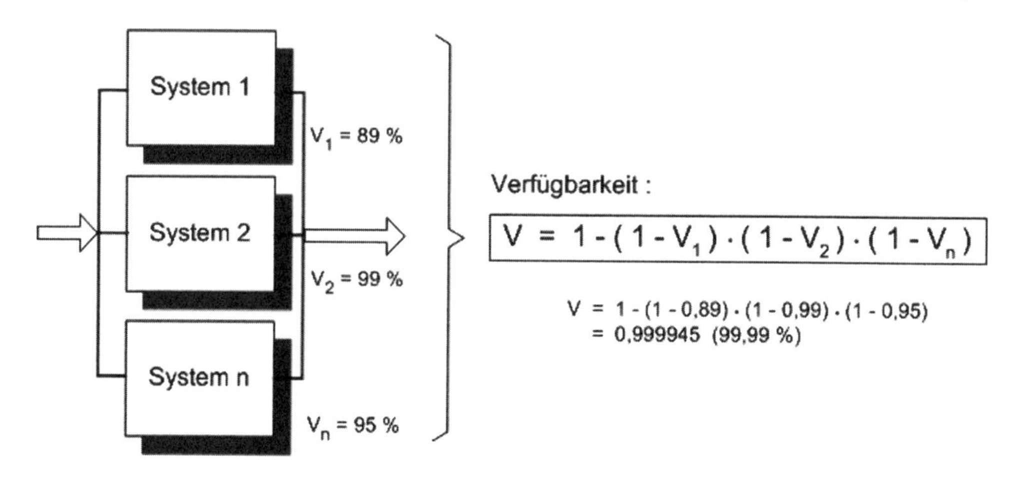

Abb. 2-55b Verfügbarkeit bei paralleler Anordnung

Im Gegensatz zu seriellen Anordnungen verstärken sich hier die Verfügbarkeiten der Einzelsysteme in ihrer Wirkung in Bezug auf die Gesamtverfügbarkeit. Die Gesamtverfügbarkeit paralleler Anordnungen ist somit stets größer, als die höchste Einzelverfügbarkeit innerhalb der Anordnung.

Die Entscheidungsfindung, welche Anordnung in der Praxis am vorteilhaftesten ist, wird meist auch von unterschiedlichen individuellen Randbedingungen beeinflusst.

Beispiel

Im folgenden Fallbeispiel wird die Verfügbarkeit der Fahrzeuge eines kleinen Transportunternehmens betrachtet.

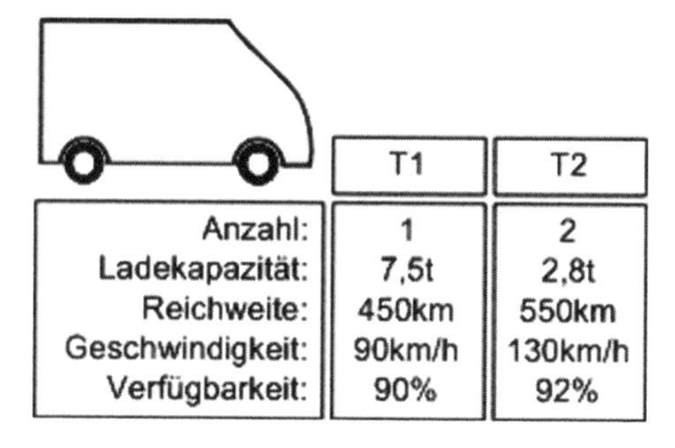

	T1	T2
Anzahl:	1	2
Ladekapazität:	7,5t	2,8t
Reichweite:	450km	550km
Geschwindigkeit:	90km/h	130km/h
Verfügbarkeit:	90%	92%

Abb. 2-56a Parameter zum Fallbeispiel

Es sind zwei Fahrzeugtypen T1 und T2 mit unterschiedlichen Attributen verfügbar. Diese Attribute sind entscheidend für die Einsatzplanung der Fahrzeuge.

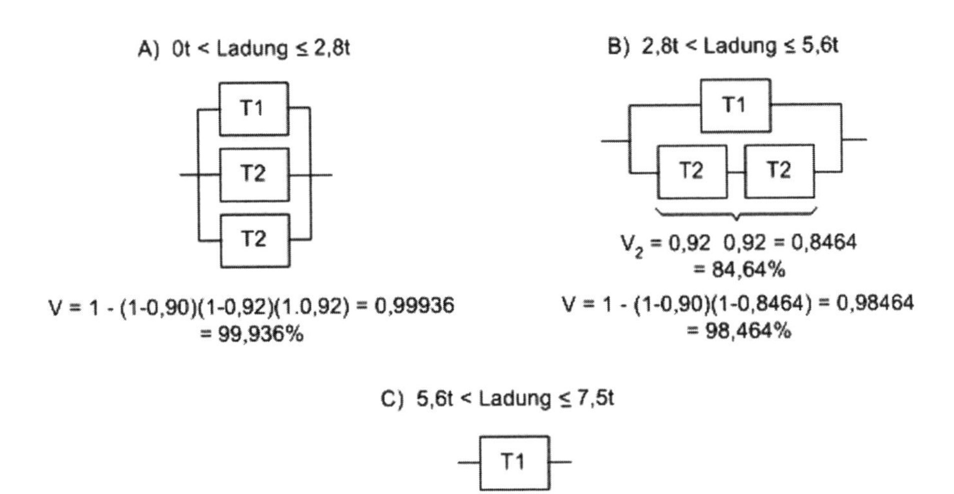

C) 5,6t < Ladung ≤ 7,5t

T1

V = 0,90 = 90,000%

Abb. 2-56b Verfügbarkeit in Abhängigkeit der Ladung

A) Bis zu einem Ladegewicht von 2,8t können alle drei Fahrzeuge eingesetzt werden. Die Verfügbarkeit der Fahrzeuge ergibt zusammen 99,936%. **B)** Verteilbare Ladungen größer 2,8t bis 5,6t, können in einer Fahrt mit Fahrzeug T1 oder mit beiden Fahrzeugen T2 transportiert werden. Die Verfügbarkeit verringert sich auf 98,464%, da bei nur einer Fahrt beide Fahrzeuge T2 eingesetzt werden müssen. Zu beachten ist, dass die beiden Fahrzeuge T2 seriell eine geringere Verfügbarkeit als Fahrzeug T1 hat. **C)** Transporte über 5,6t bis zu 7,5t, können nur mit T1 durchgeführt werden. Die Verfügbarkeit beträgt dabei 90%.

Durch die Einbeziehung weiterer Randbedingungen, wie z.B. Fahrzeiten, Reichweite, etc., verändern sich diese Konstellationen entsprechend und führen zu anderen Ergebnissen.

Verfügbarkeitsmessung

Im Mittelpunkt der Business Availability stehen die Dauer, die Häufigkeit und die Auswirkungen von Ausfällen und Standzeiten

(Down Time) sowie die Qualität (QoS —Quality of Service) der erbrachten Leistungen. Während Zeitmessungen an sich relativ eindeutig sind, müssen in Bezug auf die Qualität, zuerst real messbare Qualitätsmerkmale vereinbart werden, die von Fall zu Fall unterschiedlich sein können. Im Reporting müssen die Messwerte dann sinnvoll kumuliert, interpretiert und präsentiert werden.

Betrieb: FIBU (Buchhaltung)

Supportzeitraum:	Mo-Fr	
Stunden/Tag:	16	06:00 - 22:00
Stunden/Woche:	80	

Benutzte Komponenten:	EU:
LAN (163.192.0.0)	270
Application Server (sfibu065)	15
Print Server (sprt098)	20
Application Software (FIBU-Star)	5
Workstation (xpp044)	1
Workstation (xpp045)	1

KW 02/04	Zeit:	DT:	Beschreibung:	Komponenten:	EU*:	EUDT:
05.01.2004	10:25	35	Server Down	sfibu065	15	525
06.01.2004	16:01	10	Reeboot	sprt098	20	200
07.01.2004	20:30	152	Server Down	sfibu065	15	2.280
08.01.2004	14:46	20	SW Installation	xpp045	1	20
09.01.2004	21:00	4	Application	xpp044,xpp045	2	8
		221 min			53	3.033 min

Abb. 2-57 Beispiel einer Downtime-Erfassung

Aus diesen Werten lässt sich die End-User Availability in einem bestimmten Zeitraum berechnen. Für die KW 02/04 ergibt sich mit den nachfolgenden Formeln folgendes Ergebnis:

$$V_{EU} = \frac{EUPT - EUDT}{EUPT} \cdot 100\ \%$$

$$EUPT = AST \cdot EU$$
$$EUDT = DT \cdot EU^*$$

EU - Anzahl End-User im LAN
EU* - Anzahl dedizierter End-User
V_{EU} - End-User Availability
AST - Supportzeitraum
DT - Downtime
EUPT - End-User Prozessing Time
EUDT - End-User Downtime

$$EUPT = 80h \cdot 60 \cdot 270 = 1.296.000\ min$$
$$EUDT = 3.033\ min$$

$$V_{EU} = \frac{1.296.000\ min - 3033\ min}{1.296.000\ min} \cdot 100\% = 99{,}766\ \%$$

Abb. 2-58 Berechnung der End-User Availability

Bei den Berechnungen unbedingt die Differenzierung der Enduser beachten. EU sind alle User, die mit irgendeiner der aufgeführten Komponenten in Verbindung stehen. In diesem Fall alle LAN-User, also auch die, die mit der Buchhaltung gar nichts zu tun haben. EU* hingegen sind lediglich die User, die vom Ausfall einer Komponente unmittelbar betroffen sind.

Rechnerisch ist die Verfügbarkeit von Geräten über die MTBF bestimmt, die sich wiederum aus der Summe einzelner Einzelausfallraten zusammensetzt. Die nachfolgenden Formeln zeigen die Zusammenhänge.

Verfügbarkeit

$$V = \frac{MTBF}{MTBF + MDT} \cdot 100\ \%$$

MDT - Mean Down Time

Einzelausfallrate

$$a_i = \frac{\text{Anzahl der beobachteten Ausfälle}}{\text{Anzahl der beobachteten Komponeneten i} \cdot \text{Betriebszeit}}$$

Typausfallrate

$$a_n = n \cdot a_i$$

n - Anzahl der vorhandenen Komponeneten

Mean Time Between Failure

$$MTBF \approx \frac{1}{\sum a_n}$$

Abb. 2-59 Verfügbarkeit, Ausfallraten, MTBF

Im nachfolgenden Fallbeispiel soll die Ausfallwahrscheinlichkeit eines einfachen Routers anhand der MTBF berechnet werden. Dieses Prinzip lässt sich grundsätzlich auf beliebige Zusammenschlüsse von Gerätschaften und Services ausweiten. Zunächst werden die Einzelausfallraten aller Bauteilgruppen (Komponenten) des Routers benötigt. Diese Werte findet man in den technischen Datenblättern der Bauteilhersteller oder in einschlägigen Normen. Ansonsten müssen die Werte durch eigene Messungen ermittelt werden, was sehr aufwendig, zeit- und kostenintensiv sein kann.

Komponenten	Anzahl:	a_i:	a_n:
Prozessoren	8	57 nh	456 nh
Operationsverstärker	12	36 nh	432 nh
Kohleschicht Widerstände	69	2 nh	138 nh
Tantal Kondensatoren	22	6 nh	132 nh
Keramik Kondensatoren	5	4 nh	20 nh
Silizium Dioden	11	17 nh	187 nh
			1365 nh

$$\text{MTBF} \approx \frac{1}{1365\text{ nh}} \approx 83{,}63\text{ Jahre}$$

Abb. 2-60 Fallbeispiel zur MTBF eines Routers

Mit der Näherungsformel ergibt sich somit eine MTBF von rund 83 Jahren. Das bedeutet, dass von 83 Routern durchschnittlich einer pro Jahr ausfällt. In Prozent ausgedrückt sind das ca. 1,2 %.

Security

Die Informationssicherheit eines Systems ist durch seine Vertraulichkeit (Confidentiality), seine Integrität (Integrity) und seine Verfügbarkeit (Availability) gekennzeichnet. Das erklärte Ziel ist, die Geschäftsabläufe weiträumig aufrecht zu erhalten, Schäden abzuwenden und die Position des Unternehmens zu stärken.

Der physikalische und logische Zugang zur IT-Infrastruktur sowie zu Betriebsmitteln, Gebäuden und Gebäudeteilen darf nur autorisierten Personen, ihren Aufgaben und ihrer Verantwortung entsprechend gestattet sein. Für die Rollen- und Berechtigungskonzepte sollte der Grundsatz „Alles was nicht erlaubt ist, ist verboten", angewendet werden.

Produkte und Dienstleistungen müssen uneingeschränkt wiederherstellbar sein, ohne die Vertraulichkeit und die Integrität von Daten und Personen zu verletzen.

Auf die jeweils geltenden Sicherheitsrichtlinien sowie auf besondere Sicherheitsbestimmungen, muss in den SLAs, OLAs und UCs, entsprechend deutlich hingewiesen werden.

Das Availability Management stellt die Anforderung zur Erstellung von Sicherheitsrichtlinien. Es ist jedoch nicht für die Erstellung und die Überprüfung der Einhaltung von Sicherheitsrichtlinien verantwortlich - das ist die Aufgabe der Security Managements.

Anforderungen aus der Praxis

- Schnittstellen zur Informationsgewinnung zur CMDB, zur DSL sowie zu anderen Prozessen definieren
- Betrachtung der Verfügbarkeit aus Sicht des Kunden
- Differenzierung von Störfällen bezüglich des Verursachers
- Schwellenwerte zur automatisierten Auslösung von Alarmen und Eskalationen

Zusammenfassung

Das Availability Management ist für die Optimierung der Verfügbarkeit der IT-Infrastruktur sowie für die effizientere Nutzung von Ressourcen zuständig. Dazu werden Richtlinien und Prognosen erstellt und die Service-Vereinbarungen überwacht.

Schlüsselbegriffe

Verfügbarkeit (Availability)
Absolute oder prozentuale Wertangabe der Verfügbarkeit einer Komponente, eines Services oder eines Users in einem definierten Zeitraum.

Serielle und parallele System-Anordnung
Logische Abhängigkeit einzelner Systemkomponenten innerhalb eines betrachteten Gesamtsystems.

Kritische Erfolgsfaktoren (CSF)

- Sicherstellung der Verfügbarkeit und der Zuverlässigkeit von IT Services
- Abstimmung der IT Services auf die Geschäftsanforderungen
- Die Verfügbarkeit der IT-Infrastruktur vertragsgemäß und kostenoptimiert gewährleisten

Leistungsindikatoren (KPI)

- Anzahl und Auswirkung ausgefallener IT Services und IT-Komponenten
- Ausfallzeiten von Services und IT-Komponenten
- Nachvollziehbare Messung von MTBF, MTTR und MTBSI
- Anzahl Reviews nach Vertragsverletzungen
- End to End-Verfügbarkeit von IT Services
- Anzahl kritischer Fehlerfälle
- Zeitdauer regulärer Reviews und Risikobetrachtungen
- Zeitaufwände für CFIA
- Performance der Zulieferer (UC)
- Zeitaufwände zur Erstellung eines Verfügbarkeitsplans
- Zeitaufwände für Management Reportings

2.2.3 Capacity Management

Im **Capacity Management** werden die aktuellen und künftigen Anforderungen an die Organisation und an die IT-Infrastruktur sowie die zur Erbringung der Leistungen erforderlichen Mittel unter wirtschaftlichen Gesichtspunkten betrachtet. Ziel ist die Ermittlung des Umfangs und der Kosten, sodass die vereinbarten Service Level termin- und kostengerecht erfüllt werden können, die Vermeidung von Kapazitätsengpässen und eine vorausschauende Planung. Denn,

„Planned buying is cheaper than panic buying".

Im Fokus des **Capacity Managements** steht die gesamte Hardware und Software innerhalb der IT-Infrastruktur, PCs, Server, Hosts, Speichersysteme, Netzwerk, Router, Gateways, Drucker, Firmware, Betriebssystemsoftware, Anwendungssoftware, etc.. Personal (**Human Ressources**) zählt nur insofern dazu, falls nicht genügend Ressourcen zur Durchführung der Prozesse vorhanden sind.

Überwachung der Performance und des Durchsatzes
Steuerung und Planung in Bezug auf einen effizienten Einsatz von Ressourcen
Prognosen bzgl. der künftigen Bedarfslage und Planung der erforderlichen Kapazitäten (auch Personal)
Kapazitätspläne erstellen und pflegen
Aufbau und Pflege der Capacity Management Database
Bereitstellung umfangreicher Informationen für andere Prozesse des IT-Service-Managements.

Im **Capacity Management** werden verschiedenartige Daten der IT-Komponenten aus dem laufenden Betrieb heraus gesammelt, überwacht und ausgewertet. Die Informationen werden in einer eigenen Datenbank, der **Capacity Management Database** (**CDB**) verwaltet.

Daraus werden frühzeitig präzise Aussagen darüber gewonnen, welche Komponenten aktuell an ihrer Leistungsgrenze arbeiten oder ob diese eventuell schon bald erreicht wird. Die entsprechenden Maßnahmen können somit proaktiv rechtzeitig abgestimmt und in die Wege geleitet werden, sodass zum einen keine Engpässe entstehen, andererseits aber auch keine Überkapazitäten ungenutzt brach liegen. Typische Maßnahmen sind beispielsweise die Aufrüstung von Arbeitsspeicher und zusätzliche Festplattenkapazitäten, schnellere Prozessoren, Netzwerkerweiterungen mit höherer Bandbreite, etc.. Die verschiedenen Maßnahmen müssen aufeinander abgestimmt werden, damit keine Systeme aufgerüstet werden, die kurze Zeit später komplett durch neue Systeme ersetzt werden. Bei allen Anschaffungen sollte die bedarfsgerechte Dimensionierung im Vordergrund stehen. Der maximale Ausbau ist wirtschaftlich gesehen nicht immer vorteilhaft.

Für andere Prozesse, wie das Change Management, das Service Level Management und das Problem Management, sind die Informationen des Capacity Managements wichtige Entscheidungshilfen, ohne die sich viele Auswirkungen nicht klar einschätzen lassen würden.

Im Mittelpunkt des Capacity Managements stehen die Geschäftsanforderungen (Business Requirements) des Unternehmens.

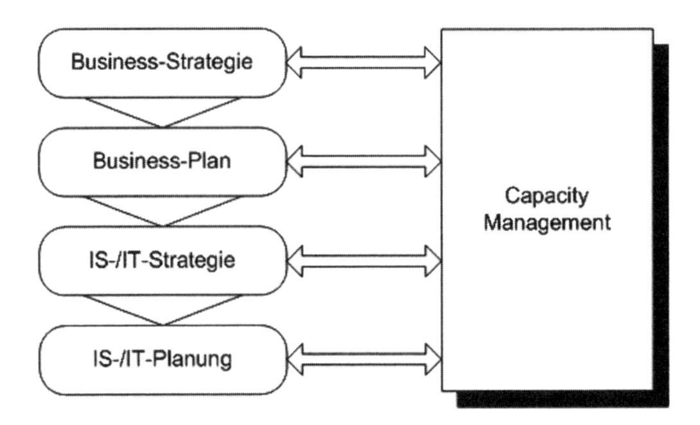

Abb. 2-61 Capacity Management im Unternehmen

Die Hauptaufgaben des Capacity Managements werden in drei Subprozessen abgehandelt.

INPUT	SUB-PROZESSE	OUTPUT
- Technologie - SLAs, SLRs, Service Katalog - Unternehmensplanung und Strategie - IS-/IT-Planung und Strategie - Business Requirements - Operative Zeitplanung - Einsatz- und Entwicklungspläne - Störungen und Probleme - Service Reviews - Finanz- und Budgetpläne - Zukunftsplanung, Prognosen	- Business Capacity Management (Trends, Prognosen, Modelle abschätzen u. dokumentieren) - Service Capacity Management (Überwachung, Analyse, Abstimmung u. Steuerung d. Services) - Ressource Capacity Management (Überwachung, Analyse, Abstimmung u. Steuerung d. Komponenten)	- Kapazitätsplanung - Kapazitätsdatenbank - Schwellenwerte und Warnsignale - Kapazitätsberichte (regelmäßig, ad hoc u. in Sonderfällen) - SLA- u. SLR Empfehlungen - Mindestanforderungen - Effizienzkontrolle - Empfehlungen zu Kosten und Leistungsverrechnung - Revidierter Operativplan - Audit Berichte

Abb. 2-62 Capacity Management-Prozess

Business Capacity Management

Künftige Geschäftsanforderungen müssen gründlich und rechtzeitig durchdacht und geplant werden, um später eine möglichst reibungslose Implementierung "in time and in budget" gewährleisten zu können. Auf der Informationsbasis der Unternehmens- und Entwicklungsplanung sowie anhand von Neuerungen, Verbesserungen, Trends und Wachstumsprognosen entstehen im Business Capacity Management (BCM) Empfehlungen, Vorstudien und Planungskonzepte. Man bezeichnet dies auch als Demand Management. Mit Hilfe eines Kapazitätsplanes ist nicht nur ein Überblick über die Anforderungen, sondern auch über die Kosten möglich.

Service Capacity Management

Das Service Capacity Management (SCM) trägt die Verantwortung über die Performance der gegenüber dem Kunden erbrachten IT Services. Dazu werden permanent Messungen und Beobachtungen angestellt, dokumentiert und analysiert. Man versucht dabei möglichst Standardverfahren zu etablieren. Dies garantiert zum einen die bestmögliche Bereitstellung der vereinbarten Performance und ermöglicht andererseits, proaktiv auf Veränderungen zu reagieren. Die Verfahren zur Ermittlung der Auslastung, Trendanalysen, Simulation und Baselining, werden unter dem Begriff Workload Management zusammengefasst.

Ressource Capacity Management

Das Ressource Capacity Management (RCM) ist in seiner Aufgabenstellung eng verwandt mit dem SCM. Es konzentriert sich jedoch nicht auf die IT Services, sondern auf die IT-Ressourcen. Auch hier werden wie im SCM permanent Messungen und Beobachtungen angestellt, dokumentiert und analysiert. Der Einsatz der Ressourcen wird effizienter, und die Stabilität des Systems wird erhöht.

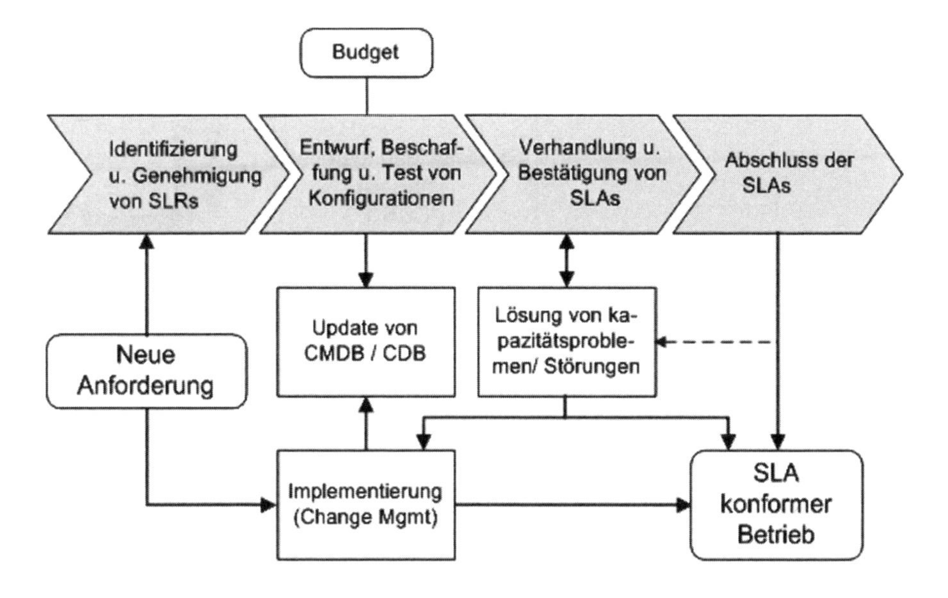

Abb. 2-63 Wirkungsweise des Capacity Managements

Die CDB

Wie bereits eingangs erwähnt, verwaltet das Capacity Management eine eigene Datenstruktur, die Capacity Management Database (CDB). Im Gegensatz zur CMDB, enthält die CDB schwerpunktmäßig Informationen über die Leistung und die Auslastung von IT Services und IT-Ressourcen, Business-Daten, Service-Daten und Finance-Daten. Die Informationen der CDB dienen der Erstellung von regelmäßigen Reportings über IT-Services und IT-Komponenten, Sonderberichten für das Management sowie zur

Kapazitätsprognose (Forecast) und zur Erstellung von Kapazitätsplänen.

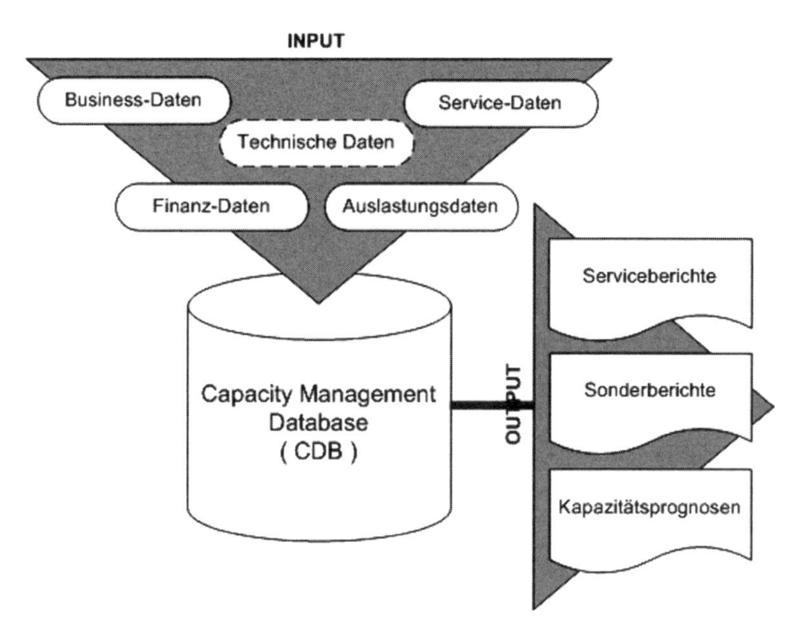

Abb. 2-64 Capacity Management Database

Kapazitätspläne spiegeln die Ist-/Sollauslastung von Services und IT-Ressourcen wider. Sie sind außerdem eine wichtige Grundlage für die Budgetplanung. Der Kapazitätsplan sollte folgende Inhalte aufweisen:

- Einleitung (Rahmenbedingungen der Planung und der eingesetzten Methoden).
- Annahmen und Voraussetzungen
- Bewertungsgegenstand, Geschäftsszenarien
- Mengengerüste, Ressourcenübersicht
- Kostenplan
- Optimierungsansätze
- Empfehlungen, Nutzen-Risiko-Betrachtung
- Management Summary

Anforderungen aus der Praxis

- Schnittstellen zu CDB, CMDB und ggf. weiteren Inventarisierungsdaten definieren
- Parallele Modellierung von Planungsdaten durch Simulation von IT-Komponenten und Einbeziehung von Lifecycle-Informationen
- Durchführung von effektiven Messungen zu Analyse- und Tuningzwecken
- Automatisierte Erstellung von Kapazitätsplänen nach unterschiedlichen Planungsabschnitten

Zusammenfassung

Das Capacity Management sorgt in wirtschaftlich vertretbarem Rahmen für die erforderliche Bereitstellung der richtigen IT-Kapazitäten, sodass die geschäftlichen Anforderungen stets in ausreichendem Maß abgedeckt sind. Es ermittelt den Bedarf, schätzt die Auslastungen und plant alle kurzfristigen, mittelfristigen und langfristigen Ressourcen (auch Personal) und stellt diese anhand eines Kapazitätsplanes dar.

Schlüsselbegriffe

Capacity Management Database (CDB)
Eigenständige Datenbank im Capacity Management.

Kapazitätspläne
Dokumentation der IST-/SOLL-Auslastung

Business Reqirements
Geschäftsanforderungen im Unternehmen.

Demand Management
Planung künftiger Anforderungen

Workload Management
Verfahren, Trendanalysen, Baselines bzgl. der Auslastung von Services und Ressourcen

Kritische Erfolgsfaktoren (CSF)

- Rechtzeitige Vorstudien bezüglich künftiger Be- und Auslastungen der IT-Systeme und IT-Services
- Genaue Kenntnisse des Marktes und der Geschäftsfelder
- Wissensstand über aktuelle und künftige Technologien
- Kostenbewusste Umsetzung der Anforderungen
- In angemessenen Dimensionen planen und umsetzen

Leistungsindikatoren (KPI)

- Abweichungen zwischen Business-Plan und Kapazitätsplan
- Anzahl überwachbarer IT Services und IT-Komponenten bezüglich Performance und Durchsatz
- Anzahl veralteter oder unzureichend dimensionierter Systeme
- Anzahl überdimensionierter Systeme (Überkapazitäten)
- Anzahl Ablösungen durch neue Technologien und Systeme
- Anzahl unter Zugzwang getätigter Beschaffungen („panic buying“)
- Anzahl Vertragsverletzungen aufgrund von Kapazitätsengpässen oder Performance Einbrüchen
- Kunden-/Geschäftsverlust aufgrund unzureichender Kapazitäten
- Anzahl Changes aufgrund der Empfehlungen des Capacity Managements

2.2.4 Finance Management for IT Services

Der wirtschaftliche Druck ist in allen Unternehmen präsent und entscheidet maßgeblich über Sein oder Nichtsein. Finanzielle Fehlplanungen haben, auch bei Spitzenprodukten/-leistungen, oft verheerende Folgen.

Das **Finance Management** ist die zentrale Instanz für alle Budget- und Kostenbelange. Es vertritt das Kostenbewusstsein im Unternehmen und sorgt für eine solide Finanzplanung unter Berücksichtigung aller geltenden gesetzlichen Bestimmungen und Vorgaben.

Ermittlung und Optimierung der Kosten von Services, Changes und Ressourcen
Gesamtkostenbetrachtung (TCO)
Investitionsstrategie (z.B. ROI)
Interne und externe Kostenverrechnung. Kostenkontrolle, Kostentransparenz und Nachweisführung
Preisgestaltung, Preisverhandlung
Liefert wirtschaftliche Informationen und Fakten zur Bewertung (Rentabilität) und zur Entscheidungsfindung
Vermittelt das Kostenbewusstsein im Unternehmen und beim Kunden und fördert somit den effizienten Einsatz von Ressourcen

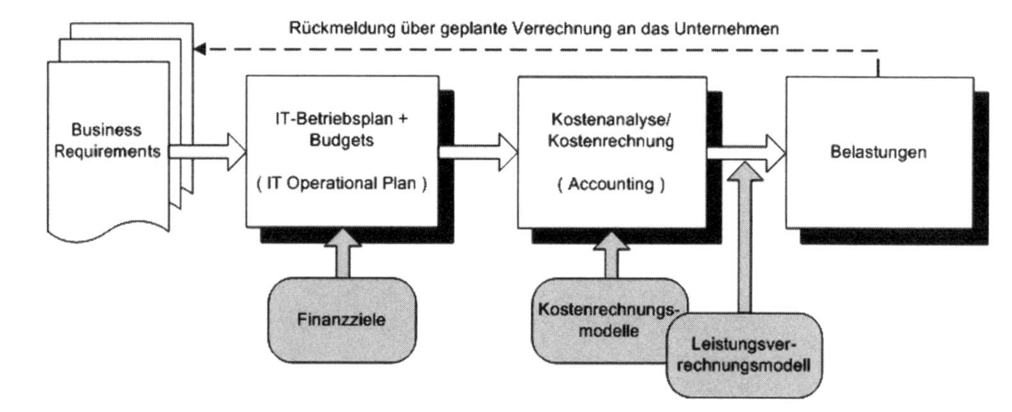

Abb. 2-65 Prozesskette im Finance Management

Die Kernaufgaben des Finance Managements sind die Finanzplanung, die Kostenrechnung und die Leistungsverrechnung.

Finanzplanung

Die Finanzplanung (Budgeting) führt die Ermittlung bzw. Schätzung des Finanzbedarfs über einen bestimmten Zeitraum durch und minimiert durch die permanente Kontrolle der Soll- und Ist-Daten in Bezug auf die Ausgaben die Gefahr von Liquiditätsengpässen. Ferner kann jederzeit Rechenschaft über die getätigten Ausgaben abgelegt werden. In regelmäßigen Sitzungen werden die Budgets festgelegt. Die laufenden Projekte, der vergangene Geschäftsverlauf sowie die mittel- und langfristige Geschäftsplanung müssen dabei berücksichtigt werden. Danach richten sich die Budgetverteilung, die Grenzen für bestimmte Ausgaben, Toleranz- und Ausnahmeregelungen. Die Finanzplanung beeinflusst somit auch sehr stark die strategische und taktische Unternehmensplanung.

Kostenrechnung

Die Kostenrechnung (Accounting) dient der Ermittlung und der Zuordnung von Kosten von IT Services und Changes. Sie ist eine wichtige Grundlage für Kosten-Nutzen- sowie ROI-Analysen (ROI Return On Invest). Fragen, warum etwas getan werden soll, was genau getan werden soll und wer alles davon betroffen ist, sind dabei von zentraler Bedeutung. Die Kostenrechnung hilft die

Kostenziele im Tagesgeschäft besser kontrollieren zu können, Ressourcen wirtschaftlich besser einschätzen zu können und Fehlentscheidungen zu verhindern. Sie unterstützt ferner auch bei der Entwicklung von Investitionsstrategien und der Leistungsverrechnung.

Das Verhältnis der Kosten sollte immer in Relation zur Qualität der Serviceleistungen gesehen werden. Eine Kostenrechnung kann äußerst komplex sein. Bei zu hohem Detaillierungsgrad können die Aufwände dafür den Benefit auch zu Nichte machen.

Leistungsverrechnung

Die Leistungsverrechnung (Charging) ermittelt die Kosten bezüglich einer Leistung oder einer Ressource – d.h., wie viel etwas tatsächlich gekostet hat. Die Grundsätze der Leistungsverrechnung werden vom Management vorgegeben. Sie sollten einfach, verständlich, realistisch und fair sein. Die Leistungsverrechnung bewirkt ein anderes Kostenbewusstsein sowohl beim Kunden, als auch beim Dienstleister. Denn derjenige, der für etwas bezahlt, erwartet dafür auch eine angemessene Gegenleistung. Die richtige Preispolitik ist daher entscheidend.

Preis = Kosten	Gesamtkosten (TCO)
Preis = Kosten + Zuschlag	Kosten + Gewinnaufschlag (absolut/prozentual)
gültiger Preis	Vergleichspreis in Bezug auf die internen Kosten zur Leistungserbringung
Marktpreis	branchenüblicher Richtpreis
Festpreis	Ausgehandelter Festpreis für eine bestimmte Leistung zu einer bestimmten Zeit

Abb. 2-66 Preismodell nach ITIL

Kostenarten nach ITIL

Die Kostenerfassung muss vollständig sein. **Kostenarten** sind Kategorien für eine dedizierte Kostenzuordnung. Es gibt dazu keine festen Vorgaben. Die nachfolgenden Kostenarten nach ITIL sind als praktische Orientierungshilfe zu sehen, die, den jeweiligen Gegebenheiten im Unternehmen entsprechend, modifiziert und erweitert werden können.

Kostenarten	
Hardware	Großrechner, Speicher, Netzwerke, PCs
Software	Betriebssysteme, Datenbanken, Anwendungen, Monitor- und Systems-Management Tools
Personal	Lohnkosten, Spesen, Umzug, Extras
Liegenschaften	Büros, Lager, Produktions- und Energieanlagen
Externe Dienstleistungen	Beratung, Outsourcing
Transferkosten	interne Leistungsverrechnung im Unternehmen

Abb. 2-67 Kostenarten nach ITIL

Jede Kostenart kann in sich weiter differenziert und nach verschiedenen Gesichtspunkten aufgeschlüsselt werden. ITIL stellt hierzu zwei Varianten vor.

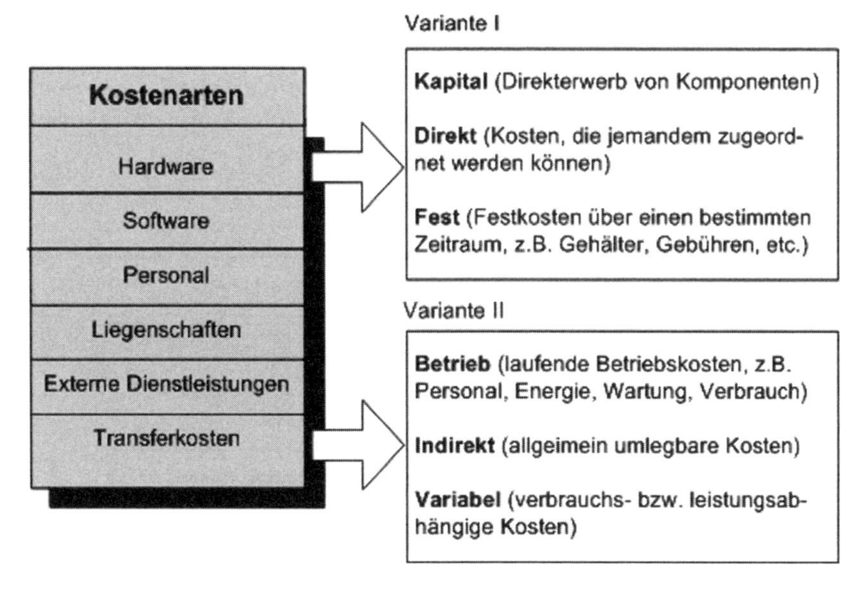

Abb. 2-68 Differenzierung der Kostenarten

Die differenzierte Kostenverrechnung zeigt nicht nur die tatsächlichen Gesamtkosten (Total Cost of Ownership) bezüglich eines IT Services oder einer IT-Komponente, sondern auch wie sich diese Kosten im Einzelnen zusammensetzen. Diese Informationen dienen vielseitig als Grundlage zur Kalkulation und zur Kostenoptimierung.

Total Cost of Ownership (TCO)

1986 machte die Gartner Group den Begriff TCO - Total Cost of Ownership publik. Gemeint sind damit die Gesamtkosten für IT-Objekte über deren gesamten Lebenszyklus. Die TCO setzt sich aus den Anschaffungs-, den Betriebs- und den Stillegungskosten (inklusive Entsorgungskosten) zusammen. Diverse Studien haben hierzu ergeben, dass rund 30% der Kosten auf Hardware, Software und Netzwerk-Infrastruktur entfallen (= capital costs) und die restlichen 70% sich auf Support und Anwenderkosten verteilen.

Die TCO wird als Instrument der Kostenermittlung und zur Unterteilung in budgetierte und nicht-budgetierte Kosten eingesetzt. Die Ermittlung der TCO unterliegt in einigen Bereichen aber einer gewissen Unschärfe. So lassen sich beispielsweise die Betriebskosten nicht immer eindeutig anteilig auf einzelne Objekte abbilden. Zurückliegende ungünstige Faktoren, z.B. hohe Anschaffungs- und Supportkosten, beeinflussen die TCO-Werte nachhaltig negativ, auch wenn im Folgenden wesentlich bessere Konditionen gegeben sind. Erfahrungsgemäß machen die Supportkosten ca. 2/3 der TCO aus.

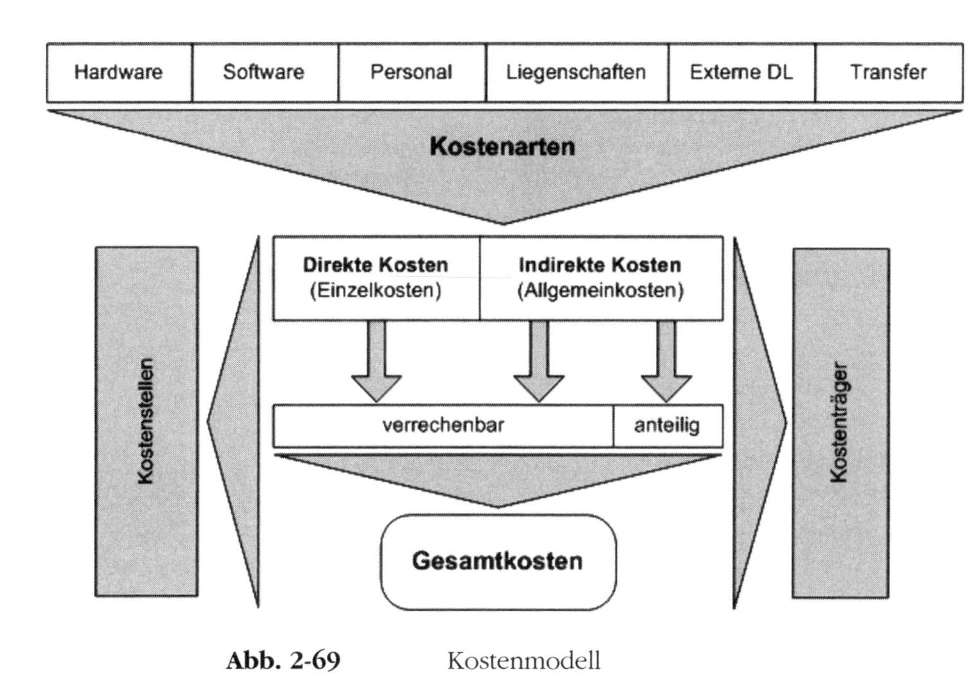

Abb. 2-69 Kostenmodell

Die Kostenartenrechnung gibt Aufschluss darüber, welche Kosten in einem bestimmten Zeitraum entstanden sind. Die Kosten werden nach Kostenarten (z.B. Materialkosten, Personalkosten, etc.) sortiert.

Die Kostenstellenrechnung bezieht die Kosten auf die Kostenstellen im Unternehmen. Gemeinkosten verden nach dem Verursacherprinzip verteilt.

In der Kostenträgerrechnung werden Einzel- und Gemeinkosten über einen bestimmten Zeitraum den jeweiligen Kostenträgern zugeordnet. Kostenträger sind Kalkulationsobjekte, wie z.B. ein IT-Service.

Anforderungen aus der Praxis

- Schnittstellen zu anderen Prozessinformationen (z.B. CMDB) und Finanzbuchhaltungssystemen definieren
- Budgetschätzungen mit den realen Kosten vergleichen
- Daten zur Kostenrechnung, Leistungsverrechnung und zu kundenbezogenen Abrechnungen effektiv ermitteln
- Ermittlung der Gesamtkosten bezogen auf einzelne CIs
- Mehrwährungsfähigkeit und Mehrsprachigkeit gewährleisten

Zusammenfassung

Das Finance Management sorgt für eine kostenoptimierte Verwaltung der Finanzressourcen für die IT-Komponenten, die zur Erbringung der vereinbarten IT-Serviceleistungen erforderlich sind. Durch die dedizierte Kostenbetrachtung werden der Bedarf und die Verwendung der finanziellen Mittel im Detail transparent.

Schlüsselbegriffe

Kosten
Zeitlich u. fachlich abgegrenzte Kostenaufwendungen

Total Cost of Ownership (TCO)
Gesamtkostenbetrachtung

Return on Invest (ROI)
Kennzahl zum Investitionsrückfluss

Kritische Erfolgsfaktoren (CSF)

- Durchgängig effektiv implementierte und gelebte Finance-Prozesse
- Professioneller Umgang mit den IT-Finanzen (Planung, Kalkulation)
- Realistischer Marktbezug bezüglich Kosten und Kostenverrechnung
- Bereichsübergreifende Finanzhoheit im Unternehemen
- Enge Zusammenarbeit mit den operativen Bereichen

Leistungsindikatoren (KPI)

- Höhe der gesamten IT-Kosten
- Anzahl und Höhe von Budgetüberschreitungen
- Zeitaufwände für die Finanzplanung
- Zeitaufwände für Management Reportings
- Zeitaufwände für Inventarisierung
- Anzahl Änderungen am Verrechnungsmodell
- Anzahl Budgetanpassungen
- Abweichungen in der Finanzplanung
- TCO
- Anzahl direkt verrechenbarer Kosten

2.2.5 IT Service Continuity Management

Mehr denn je, sind heute Geschäftsprozesse und IT Services unmittelbar miteinander verwoben. Die Existenz eines Unternehmens ist entscheidend von der Stabilität, der Robustheit und der Toleranz bei Störungen seiner produktiven Komponenten abhängig. Die Aufgabe des **IT Service Continuity Management (ITSCM)** (früher **Contingency Planning** - Notfallplanung) richtet sich auf die Gewährleistung, im Anschluss an gravierende Unterbrechungen des Produktionsbetriebs, die Mindestanforderungen des vereinbarten Leistungsniveaus in einem vereinbarten Zeitraum sicherzustellen.

Die Überlebensfähigkeit eines Unternehmens nach Katastrophen nachhaltig gewährleisten. Schadensbegrenzung.

Anhand von regelmäßigen Risikoanalysen, Schwachstellen, Bedrohungen und Risiken erkennen und verringern. Die Risikowahrscheinlichkeit einschätzen.

Erstellung eines Kontinuitätsplans zur kontrollierten und qualitätsgesicherten Wiederherstellung der IT-Services nach einem Katastrophenfall.

Der Fokus liegt dabei auf dem gesamten Unternehmensbereich, nicht nur auf der IT-Infrastruktur. Telekommunikationseinrichtungen, Gebäude, Räume, Arbeitsplätze, etc., müssen in die Planung von Notfallkonzepten mit eingebunden werden. In Extremfällen kann dies sogar die Verlegung ganzer Rechenzentren und Standorte bedeuten.

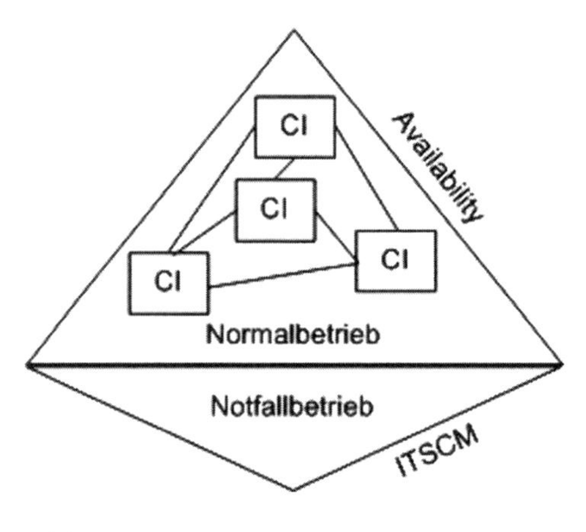

Abb. 2-70 CI – Betriebszustände

Enge Schnittstellen zu den ITIL-Prozessen, Incident Management, Change Management, Configuration Management, Service Level Management, Availability Management, Capacity Management und Finance Management sind dabei unabdingbar.

Business Continuity Management

Das Business Continuity Management (BCM) beschäftigt sich mit dem Risikomanagement. Es stellt sicher, dass ein Unternehmen zu jeder Zeit über ein definiertes Mindestmaß an Leistungsfähigkeit verfügt. Das BCM dämmt das Risiko auf ein akzeptables Niveau ein und plant die Wiederherstellung aller wichtigen Services im Schadensfall. Das ITSCM zielt als Bestandteil des BCM, speziell auf die Wiederherstellung der IT Services, wobei nicht die Technik, sondern die Geschäftsanforderungen maßgebend sind.

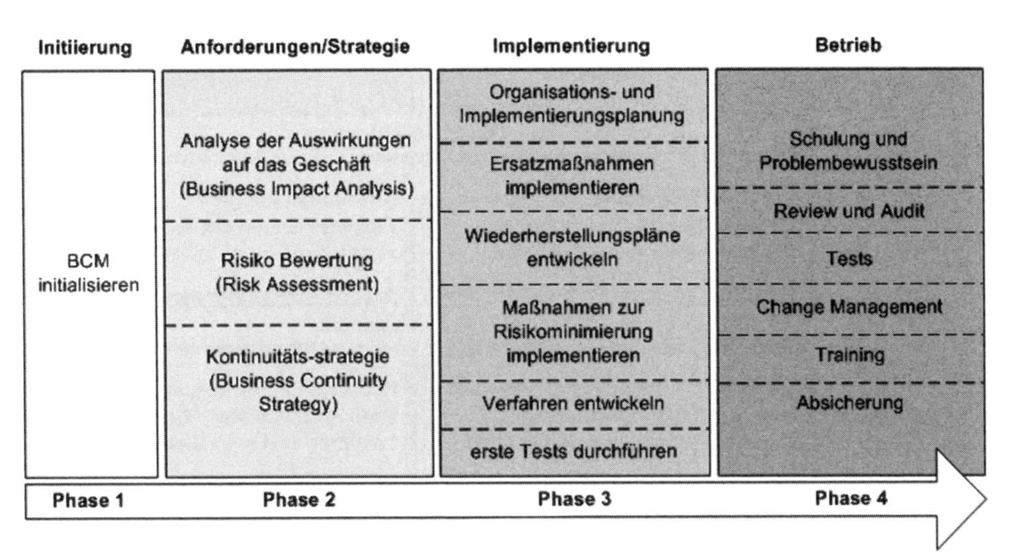

Abb. 2-71 ITSCM Phasenmodell

Seit Mitte 1998 ist in Deutschland das Risikomanagement im Gesetz zur Kontrolle und Transparenz (KontraG) verankert. Die Geschäftsführung von GmbHs sowie die Vorstände von AGs, sind in Katastrophenfällen haftbar, falls in ihren Unternehmen zu diesem Zeitpunkt kein Risikomanagement implementiert war.

Die Zuständigkeiten im Katastrophenfall im einzelnen können in Rollenmodellen festgelegt werden. Darin werden auch die Verantwortung und die Aufgabenverteilung delegiert.

Abb. 2-72 ITSCM-Rollenmodell

In der Analyse der Auswirkungen auf die Geschäftsvorfälle (Business Impact Analysis) werden die unternehmenskritischen Prozesse identifiziert und das potentielle Schadensvolumen beziffert, wenn bestimmte Dienste ausfallen. Danach wird die Festlegung der maximalen Wiederherstellungszeiten bemessen (Deadlines).

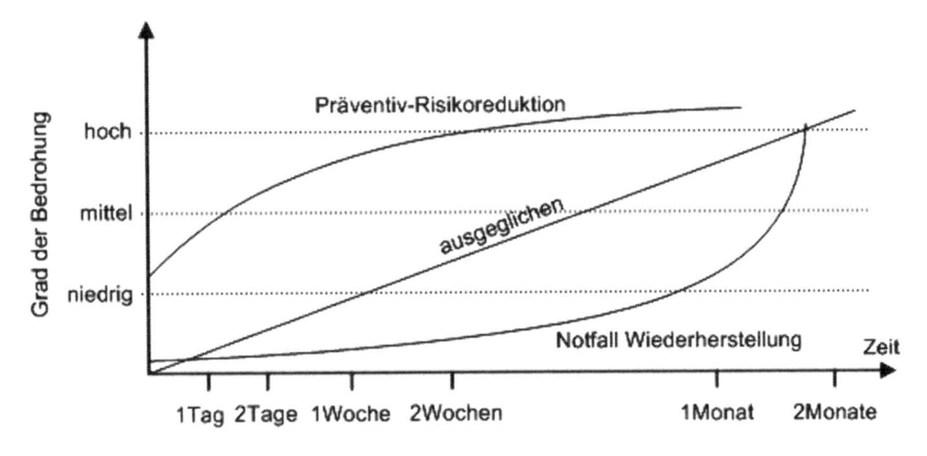

Abb. 2-73 Impact-Zeit-Diagramm

Es gibt eine ganze Reihe von Risikobewertungs- und Analysemethoden, wie z.B. CFIA (Component Failure Impact Analyses) oder CRAMM (CCTA Risk Analysis and Management Method). Die wesentlichen Aufgaben bestehen immer in der Erkennung von ausgehenden Bedrohungen (Threats) und den damit verbundenen Risiken, Schwachstellen (Vulnerabilities) und Auswirkungen auf die Geschäftsprozesse und Vermögenswerte (Assets).

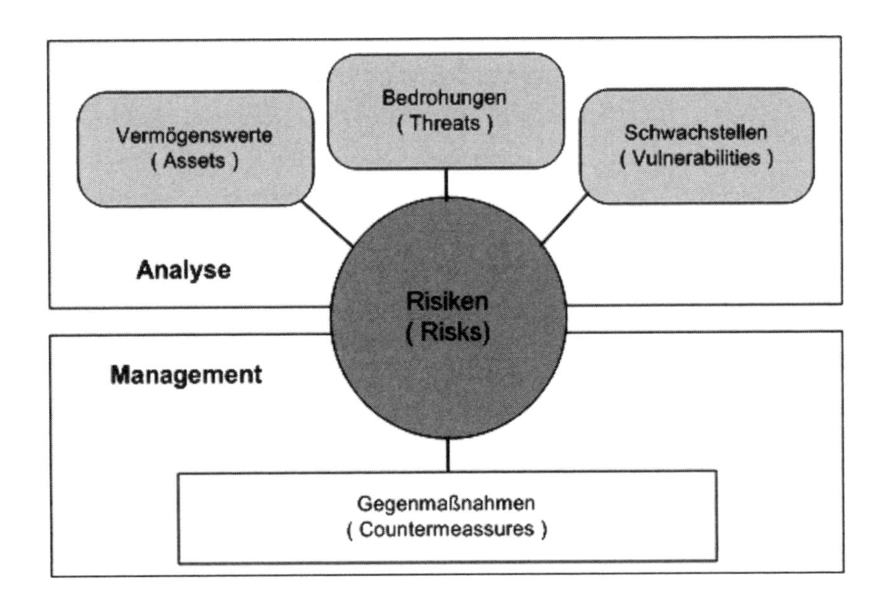

Abb. 2-74 CRAMM-Modell

Der K-Fall

Im K-Fall (Katastrophenfall) zeigt sich faktisch, ob die vorgesehenen Maßnahmen des BCM und ITSCM wirkungsvoll greifen und ausreichend sind. Gravierende Lücken und Mängel im Konzept, die jetzt zu Tage treten, können allenfalls noch mit Glück und Improvisationsgeschick abgeschwächt werden.

Wichtige Punkte für den K-Fall

- Die wichtigsten Notfallmaßnahmen müssen jederzeit unbürokratisch ausgelöst werden können.
- Der Kontakt zum Krisenmanagement muss unmittelbar hergestellt werden können.
- Der Aufbewahrungsort der Notfallpläne muss bekannt und zugänglich sein.
- Die Verfügbarkeit des technischen Personals muss in ausreichendem Maße sichergestellt sein.
- Energie, Hardware, Software, Backup-Medien, Dokumente und Kommunikationswege müssen in gebrauchsfähigem Zustand sein.

Vorbeugen ist besser als Heilung

- Tests und Katastrophenübungen müssen regelmäßig unter realistischen Bedingungen durchgeführt werden.
- Den Geschäftsanforderungen entsprechend, stetige Aktualisierung der K-Pläne (Review).
- Verantwortungsbewusstsein fördern, Mitarbeiter sensibilisieren und motivieren.

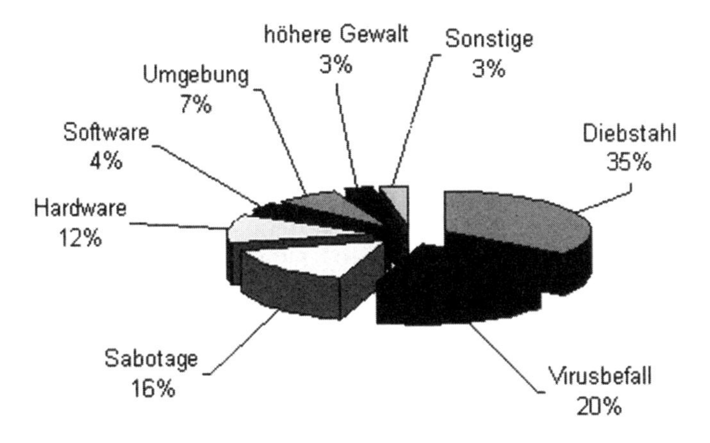

Abb. 2-75 Prozentuale Risikoverteilung

Anforderungen aus der Praxis

- Schnittstellen zur CMDB, DSL und ggf. zu anderen Prozessinformationen definieren
- Standardvorlagen erarbeiten und umsetzen
- Sicherheitsrelevante Daten an die jeweiligen Standorte replizieren
- Effektive Risikoanalysen ansetzen
- Realistische Simulation von Katastrophenszenarien und wirksame Erprobung von Gegenmaßnahmen

Zusammenfassung

Das IT Service Continuity Management sichert die Überlebensfähigkeit des Unternehmens nach Katastrophenfällen. Es analysiert Schwachstellen und potentielle Bedrohungen und sorgt für angemessene Präventiv- und Notfallmaßnahmen, sodass der Geschäftsbetrieb innerhalb eines definierten Zeitraums in einem festgelegten Umfang wieder sicher aufgenommen werden kann.

Schlüsselbegriffe

Risiko
Die Möglichkeit, Verlust, Schaden oder Nachteile zu erleiden.

Notfallplanung
Verfahren, Konzepte und Maßnahmen zur Schadensbegrenzung im Katastrophenfall.

Kritische Erfolgsfaktoren (CSF)

- Aussagekräftige Prüfungen, ob die erbrachten IT Services auch den Continuity-Anforderungen genügen
- Durchgängiges Bewusstsein im Unternehmen in Bezug auf die Geschäfts- und Service Continuity-Planung
- Aktualisierung der Continuity-Planung nach durchgeführten Changes
- Konkrete Benennung von Rollen und Verantwortlichkeiten
- Erstellen und aktualisieren von Notfallplänen

Leistungsindikatoren (KPI)

- Anzahl durchgeführter Audits
- Anzahl nicht erreichter Continuity-Anforderungen
- Anzahl vertraglich vereinbarter Rahmenbedingungen, die nicht durch den IT Service Continuity-Plan abgedeckt werden
- Anzahl Ausfälle von IT Services aufgrund unzureichender Sicherungsmaßnahmen im K-Fall
- Anzahl durchgeführter Notfallübungen

2.3 IT Security Management

Sicherheit ist ein ganz zentrales Thema in jedem Unternehmen. Gebäude, Geräte, Daten, Know-how und Personen sind immense Vermögenswerte, die vor Missbrauch, Diebstahl, Sabotage, Zerstörung und anderer Schadensnahme, geschützt werden müssen. Das Schutzbedürfnis leitet sich aus den jeweiligen Anforderungen im Unternehmen ab und ist von Fall zu Fall sehr unterschiedlich. Die Kosten für Sicherheitsaufwendungen sind meist beträchtlich, und dennoch muss man sich stets im Klaren darüber sein, dass eine Sicherheit von 100% praktisch nicht erreichbar ist. Jedes Unternehmen muss daher für sich ein akzeptables Restrisiko definieren und immer einen Kompromiss aus maximal möglichem Schutz, maximal notwendigem Schutz und den dazu aufzubringenden Kosten eingehen.

Das **IT Security Management** sorgt für einen definierten Schutz der Unternehmens-IT. Insbesondere muss hier die Sicherheit des internen Netzwerks (LAN) gegenüber externen elektronischen Diensten, Informations- und Kommunikationsmöglichkeiten gewährleistet sein (z.B. Internet, eCommerce, Online-Banking, E-Mail, etc.).

Garantie der Vertraulichkeit, der Integrität und der Verfügbarkeit innerhalb der IT im vorgegebenen Umfang
Bedrohungen und Sicherheitslücken erkennen und klassifizieren.
Strategische, taktische und operative Maßnahmen
Verhinderung bzw. Minimierung der Anzahl von Information Security Incidents

Vorfälle, die die **Vertraulichkeit (Confidentiality)**, die **Integrität (Integrity)**, oder die **Verfügbarkeit (Availability)** von Informationen verletzen, werden als **Information Security Incidents** (ISI) bezeichnet. Solche sicherheitsrelevanten Vorfälle können zufällig, unbeabsichtigt oder vorsätzlich hervorgerufen werden. Technische Störungen, Unachtsamkeit bzw. Fahrlässigkeit und gezielte Angriffe (Viren, DoS), sind potentielle Bedrohungen für die IT.

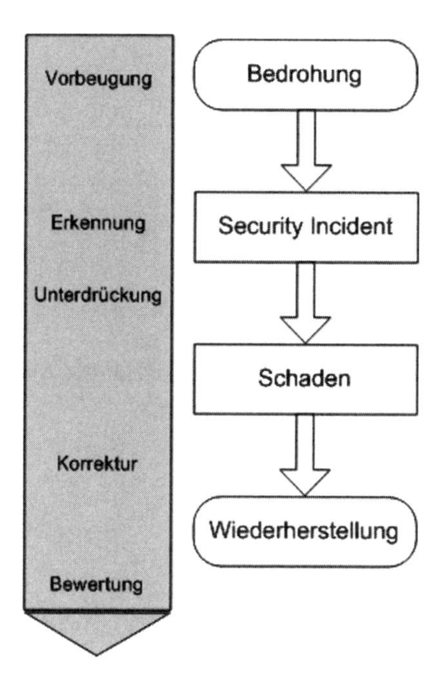

Abb. 2-76 Security Incident

Ausgangspunkt des Security Management-Prozesses ist die Definition der Sicherheitsanforderungen des Kunden aufgrund seiner Geschäftsanforderungen. Die zur Erbringung dieser Sicherheitsanforderungen notwendigen Richtlinien (Policy Statements) und IT-Services, werden detailliert geplant und entsprechend als SLAs, OLAs und UCs vertraglich festgelegt.

Prozesse, Rollen und Verantwortlichkeiten werden definiert, und permanente interne und externe Audits wachen über die Einhaltung der Sicherheitsvorkehrungen. Die dabei gewonnenen Erfahrungen nehmen unmittelbaren Einfluss auf die Implementierung.

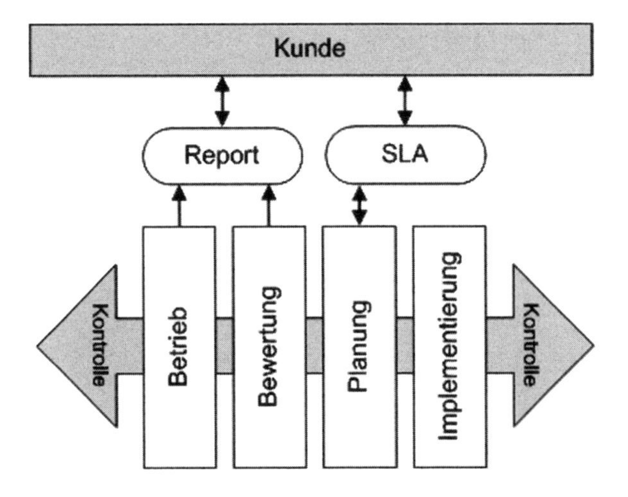

Abb. 2-77 Security Management-Prozess

Der Nutzen des **Security Management**-Prozesses ist nur indirekt über die entstehenden Kosten bei nicht ausreichender Sicherheit qualifizierbar. Wie bei einer Versicherung, ist der tatsächliche Nutzen erst im Schadensfall konkret ersichtlich. Angemessene Investitionen in die Informationsbereitstellung, für Hardware und Software sowie in die Schulung der Mitarbeiter sollten an dieser Stelle vom Management nicht versagt werden.

Zusammenfassung

Das Security Management sorgt für einen definierten Grad an Sicherheit für das Unternehmen und die IT-Services im operativen Geschäftsbetrieb. Je nach Anforderung, werden dazu gezielt taktische und strategische Mittel eingesetzt.
Die Security Policies müssen auch im K-Fall eingehalten werden!

Schlüsselbegriffe

Vertraulichkeit (Confidentiality)
Schutz der Daten vor unberechtigtem Zugriff.

Integrität (Integrity)
Vollständigkeit und Richtigkeit der Daten.

Verfügbarkeit (Availability)
Bereitstellung der Daten.

Information Security Incident
Sicherheitsrelevante Störung.

Kritische Erfolgsfaktoren (CSF)

- falsche Einschätzung von Gefahrenquellen
- Unterschätzung der Gesamtkomplexität
- keine klaren Zuständigkeiten
- ungeschärftes oder fehlendes Bewusstsein bei den Mitarbeitern
- ungenügende Einweisung und Schulung der Mitarbeiter über Verfahren und Vorgehensweisen bei Attacken und im K-Fall
- veraltete Sicherheitskonzepte
- keine regelmäßigen Sicherheitsanalysen
- nicht erprobte Verfahren und Vorgehensweisen für den K-Fall

Leistungsindikatoren (KPI)

- Anzahl durchgeführter Notfallübungen
- Anzahl durchgeführter Audits und Stichproben
- Anzahl und Schwere von äußeren Attacken
- Anzahl und Schwere von inneren Attacken
- Zeitdauer von Produktionsausfällen aufgrund von Attacken
- Kostenaufwand für Sicherheitsmaßnahmen

3 Best Practice

Dieses Kapitel beinhaltet praxisnahe Vorschläge, Anhaltspunkte und Erfahrungswerte für ITIL-konforme Implementierungen eines IT Service Managements. Wegen des Anspruchs auf Allgemeingültigkeit geht die offizielle ITIL-Dokumentation an vielen Stellen nur wenig ins Detail.

Die derzeit aktuellen „Best Practice"-Empfehlungen und Richtlinien zu ITIL werden von der OGC und der BSI (British Standard Institute) herausgegeben. Dieser Qualitätsstandard wird weltweit von vielen Einrichtungen anerkannt, unterstützt und gefördert.

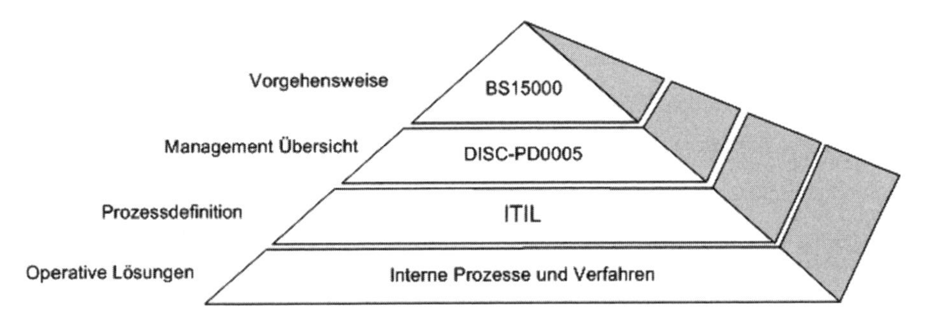

Abb. 3-1 „Best Practice" - Richtlinien

Die Neuausrichtung einer IT-Organisation nach ITIL ist generell keine radikale Wurzelbehandlung, bei der alles Alte unbesehen über Bord geworfen und neu erstellt werden muss. ITIL favorisiert keinesfalls das „Kaiser-Nero-Prinzip", der die Stadt Rom anzünden ließ, um sie schöner und besser wieder neu aufbauen zu können. Der reine Aktionismus um des Neuen willen wird besonders nach wirtschaftlichen Erwägungen nicht zum gewünschten Erfolg führen.

Bei der Entscheidung, ob die IT-Organisation eines Unternehmens umstrukturiert werden soll oder nicht, stehen für das Unternehmensmanagement in erster Linie die wirtschaftlichen

Gesichtspunkte im Vordergrund. Welcher Benefit ergibt sich aufgrund der Umstellung für das Unternehmen bei kurzfristiger, mittelfristiger und langfristiger Planung?

Bevor man tief greifende Änderungen an einer IT-Organisation angeht, sollte man sich anhand einiger Kernfragen zunächst ein Bild über die aktuelle Lage machen.

- Welche Rolle spielt die IT in der operativen Umsetzung der Geschäftsprozesse?
- Kommen in der IT immer wieder gleichartige Probleme vor?
- Erhöht sich das Störungsaufkommen nach der Durchführung von Änderungen?
- Sind stets aktuelle und plausible Reportings zu den Services verfügbar?
- Sind Die Prozessabläufe klar definiert?
- Sind Unternehmensstandards durchgängig verfügbar?
- Kann die Wirtschaftlichkeit einzelner IT-Bereiche bewertet werden?
- Sind die gesetzten Ziele realistisch?

Die Ziele (**Briefing**) und der Wirkungsbereich (**Scope**) für die anzustellenden Analysen müssen klar festgelegt werden. Mit gezielten Assessments werden die Informationen in der erforderlichen Granularität gewonnen und zu aussagekräftigen Reportings konsolidiert (Berichte, Entscheidungstabellen, Zustandsdiagramme, etc.). In dieser Informationsbasis spiegelt sich der Reifegrad des Unternehmens wider, und entsprechend leiten sich dann die Prioritäten für die weiteren Schritte des Prozess-Improvements für die kurzfristig, mittelfristig und langfristig umzusetzenden Maßnahmen ab.

Mit strukturierten Standardverfahren (z.B. gemäß BSI 15000) können die Schwachstellen in der vorhandenen Struktur systematisch identifiziert werden.

Projektarbeit mit ITIL

Hat das Management die Notwendigkeit zur Umstrukturierung nach ITIL erkannt und das „GO“ gegeben, erfolgt die faktische Umsetzung in entsprechenden Projekten.

Die Prozessimplementierung besteht aus drei Hauptebenen: PROZESS, TECHNIK und PERSONAL.

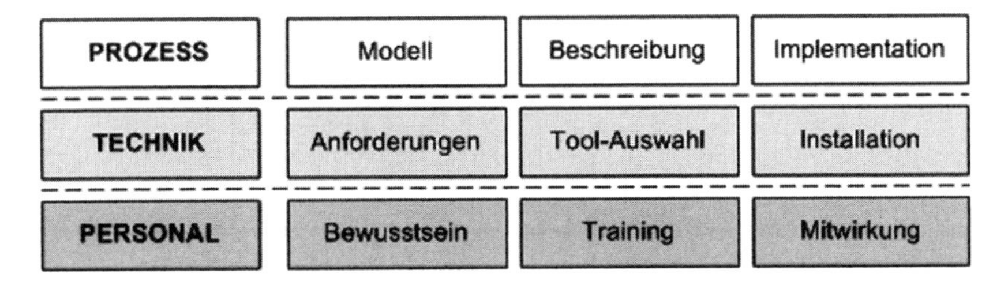

Abb. 3-2 Hauptebenen der Prozessimplementierung

Die Eingangsvoraussetzungen für eine erfolgreiche Implementierungsstrategie sind

- Management Commitment
- Prozessmodell (High Level)
- Rollenmodelle mit Verantwortlichkeiten
- Funktionsfähige Infrastruktur und leistungsfähige Arbeitsmittel (Tools)
- Qualifizierte Mitarbeiter (Skills, Erfahrungen)
- Akzeptanz im Unternehmen und beim Kunden

Die nachfolgende Abbildung skizziert abstrakt den Ablauf der einzelnen Projektphasen.

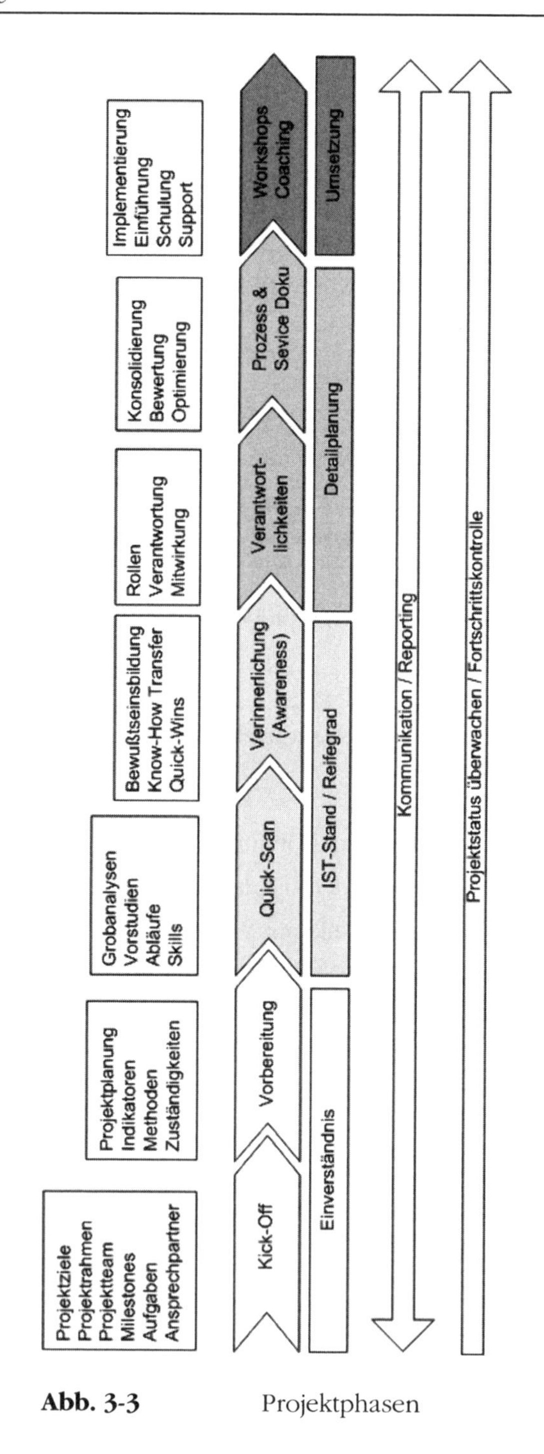

Abb. 3-3 Projektphasen

Die Prozesse werden in Teilprojekten schrittweise geplant und die Reihenfolge der Implementierung festgelegt. Hier sollte man besonders auf eine realistische Zeitplanung achten und Abhängigkeiten von anderen Projektschritten berücksichtigen. Ausreichende Zeitpuffer für unvorhergesehene Situationen sollten unbedingt mit eingeplant werden. Der Parallelisierungsgrad der einzelnen Prozessimplementationen beeinflusst den gesamten Realisierungszeitraum. Die meisten Projekte scheitern weniger an fachlichen Schwächen als an zeitlichen Fehleinschätzungen. Oftmals geht man zu große Aufgabenblöcke an und verliert dabei den Blick für die Details und die Abhängigkeiten. Der Einsatz eines methodischen Projektmanagements nach probaten Vorgehensmodellen, wie z.B. PRINCE2, ist hier sehr zu empfehlen.

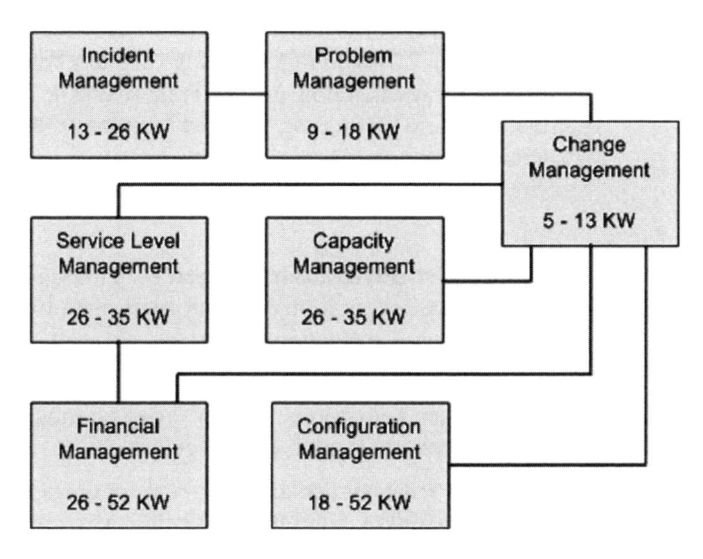

Abb. 3-4 Beispiel Zeitabschätzung/Abhängigkeiten

Für die Implementation der zentralen Prozesse Change Management, Configuration Management und Release Management kann unter optimalen Rahmenbedingungen mit einem Zeitaufwand von drei bis sechs Monaten gerechnet werden, wobei am Ende in jedem Bereich noch eine zusätzliche Einschwingphase von ca. vier Wochen für Anpassungen/Finetuning und Schulungen eingeplant werden sollte, bis die Prozesse rund laufen.

3.1 IST-Stand- und GAP-Analysen durch Assessments

Ein wichtiger Bestandteil der Implementierungsstrategie ist, den vorhandenen IT-Bestand zunächst auf seine „ITIL-Konformität" hin zu überprüfen. In allen gewachsenen IT-Strukturen lassen sich viele Teile finden, die unverändert oder nur geringfügig angepasst in die neuen Prozesse integriert werden können. Anderenfalls kann immer noch zwischen einer Migration und der Neuimplementierung abgewägt werden.

Assessments

Die IST-Aufnahme wird größtenteils über ein zielgerichtetes Befragungsverfahren (Assessment) durchgeführt. Im Aufbau und in der Durchführung haben sich unterschiedliche Modelle etabliert wie z.B. der CMM(I)-Fragenkatalog (Capability Maturity Model (Integration)), Octupus (Fragenkatalog mit 20 Fragen und je 5 Antworten), Spice Lite (geführte Befragung – Guided Assessment), SAMM (Save Assessment Maturity Model), etc. Die OGC selbst hat auch ein Assessment entwickelt, das kostenlos im Internet bereitgestellt wird.

- **Grundvoraussetzungen** – es muss sicher gestellt sein, dass die minimalen Anforderungen für eine funktionsfähige Umsetzung der Prozessaktivitäten vorhanden sind.
- **Managementvorgaben** – Absichten und die Zielsetzung der Transformation der Prozesse müssen sich mit der Unternehmenspolitik decken.
- **Prozesswirksamkeit** – ein minimaler Umfang an Prozessaktivitäten muss identifizierbar und funktionsfähig sein.
- **Interne und externe Integration** – die Prozessaktivitäten müssen sowohl intern, als auch extern, in ausreichendem Maße zusammenspielen, sodass die gestellten Anforderungen sicher erfüllt werden können.
- **Produkte** – die Prozessergebnisse müssen dahingehend überprüft werden, ob stets alle Serviceanforderungen abgedeckt sind.
- **Qualitätskontrolle** – die Qualität der Produkte muss ständig überprüft werden.

- **Management Information** – Informationen aus den Prozessen müssen zeitnah erfolgen, damit das Management rechtzeitig handeln kann.
- **Kundenschnittstellen** – die Bedürfnisse des Kunden müssen erkannt und berücksichtigt werden.

Der nachfolgende Fragenkatalog veranschaulicht die prinzipielle Vorgehensweise und liefert eine erste einfache Grobeinschätzung der IT-Organisation in einem Unternehmen. Die Fragen können jeweils Fallbezogen angepasst und ausgebaut werden, sodass die individuellen Gegebenheiten und Schwerpunkte bestmöglich erfasst werden. Zu jedem Prozess gibt es Muss (M)- und Kann (K)-Fragen. Können bei einem Prozess nicht alle Muss-Fragen mit „Ja" beantwortet werden oder werden mehr als die Hälfte der Kann-Fragen mit „Nein" beantwortet, so sollte der Prozess optimiert werden. Der zugrunde gelegte Bewertungsschlüssel kann auch anders definiert werden. In jedem Fall sollte er aber immer zu eindeutigen Ergebnissen führen.

Incident und Problem Management	
Ist ein zentraler Helpdesk (Servicedesk) vorhanden?	M
Gibt es eine Datenbank für bekannte und gelöste Probleme?	M
Gibt es weitere nachgelagerte Support Level?	M
Ist der Helpdesk als SPOC implementiert?	K
Deckt der Helpdesk die Anforderungen der Kunden ausreichend ab?	K
Sind die Aufgaben und Zuständigkeiten klar abgegrenzt und geregelt?	K
Werden Kennzahlen und Statistiken über Störungsverläufe geführt?	K
Ist parallel zum Service Desk eine eigenständige Problembehandlung möglich?	K

Configuration Management	
Sind Informationen zur IT-Infrastruktur im Sinne einer CMDB vorhanden?	M
Gibt es standardisierte Verfahren zur Beschaffung, Inbetriebnahme und Wartung von Hard- und Software?	M
Sind Datensicherungskonzepte vorhanden?	M
Sind die IT-Systeme durchgängig in ein Systems Management Tool eingebunden?	K
Gibt es gesicherte Informationen bzgl. Lizenzen und Herstellersupport?	K
Gibt es ein durchgängiges Benutzerkonzept?	K
Existiert ein separates Asset Management System	K

Release Management	
Gibt es ein zentrales Versionierungs- und Autorisierungskonzept?	M
Ist das Change Management im Release Management eingebunden?	M
Wird zur Versionierung und Verwaltung ein Tool eingesetzt?	K
Gibt es standardisierte Basiskonfigurationen für Clients und Server?	K
Sind Test- und Entwicklungssyteme parallel zur Produktion verfügbar?	K
Werden Integrations- , Last- und Stresstests gefahren?	K
Erfolgt die Softwareverteilung und der Aufbau von Rechnern automatisiert?	K

Change Management	
Ist der Change Management-Prozess innerhalb der IT einheitlich und durchgängig implementiert?	M
Gibt es signifikante Kennzahlen zur Bewertung von Risiken und Schadenspotentialen?	M
Gibt es eine zentrale Instanz zur Beurteilung und Verantwortung von Changes in der IT-Organisation?	K
Ist die Kommunikation und das Controlling bei Changes gewährleistet?	K
Hat das Change Management Zugriff auf alle benötigten IT-Informationen?	K

Service Level Management	
Gibt es einen initialen Prozess zur Definition und zur Änderung von Services?	M
Wird die Einhaltung und der Erfüllungsgrad der Service Level qualifiziert überprüft?	M
Sind die Services kundengerecht gestaltet?	K
Können Änderungen und neue Services flexibel produktiv umgesetzt werden?	K
Werden die SLAs zusammen mit dem Kunden vereinbart?	K
Sind die Kosten der Services transparent und marktgerecht?	K

Operational Management	
Wird die Organisation in einem Organigramm klar abgebildet?	M

Frage	
Sind die Abteilungen und deren Funktionen eindeutig beschrieben?	M
Existieren aktuelle und vollständige Betriebsdokumente, Handbücher, etc.?	K
Werden neue Technologien evaluiert und auf ihre Einsatzmöglichkeit in der Produktion hin geprüft?	K
Gibt es eine jederzeit zugängliche Knowledge Database für die Mitarbeiter?	K

Availability Management	
Gibt es eine Verfügbarkeitsstrategie?	M
Orientiert sich die Verfügbarkeit an den Services?	M
Wird die Verfügbarkeit differenziert gemessen?	M
Erfolgen regelmäßige Reportings und Reviews?	K

Capacity Management	
Werden Kapazitäten und Ressourcen methodisch geplant?	M
Wird der Bedarf mit Tools systematisch ermittelt?	K
Werden Statistiken geführt?	K
Können Kapazitätserweiterungen zügig umgesetzt werden?	K

Security Management	
Existieren wirksame Sicherheitskonzepte für alle Bereiche der IT-Organisation?	M

Werden die Sicherheitsrichtlinien ständig überprüft und auf dem neuesten Stand gehalten?	M
Werden regelmäßig Risiko- und Schadensanalysen angestellt?	K
Steht stets ein aktuelles und vollständiges Sicherheitshandbuch zur Verfügung?	K
Werden Tools zur Überwachung eingesetzt?	K
Werden die Mitarbeiter für Sicherheitsfragen sensibilisiert?	K

Service Continuity Management	
Gibt es einen Katastrophenplan?	M
Sind die Rollen und Zuständigkeiten im Katastrophenfall klar definiert?	M
Kann der IT-Betrieb innerhalb eines definierten Zeitraums wieder sicher hergestellt werden?	M
Werden die Katastrophenschutzmaßnahmen regelmäßig überprüft und aktualisiert?	K
Werden Katastrophenübungen durchgeführt?	K

Eine weitere Differenzierung der Ist-Daten besonders wichtiger Unternehmensbereiche, kann mit speziellen Analyseverfahren, wie z.B. der **ABC-Analyse**, durchgeführt werden.

CMM(I)-Assessment

CMM (**Capability Maturity Method**) ist ein Assessmentverfahren zur Bestimmung von definierten Prozessreifegraden. Es wurde durch das SEI (Software Engeneering Institute) der Carnegie Mellone University entwickelt und ist urheberrechtlich geschützt. Seit dem Jahr 2000 wird **CMM** durch **CMMI** abgelöst. **CMMI** vereint im Wesentlichen die verschiedenen CMM-Assessments aus unterschiedlichen Bereichen und erfüllt damit den Wunsch nach einer besseren Integration und einer allgemeingültigeren Anwendbarkeit und Vergleichbarkeit der ermittelten Reifegrade. (Reifegrade, die zuvor nach CMM ermittelt wurden, behalten ihre Gültigkeit und müssen nicht mit CMMI aktualisiert werden).

CMMI unterscheidet wie CMM fünf Reifegradstufen (Level), wobei die einzelnen Stufen der beiden Verfahren nicht durchgehend identisch sind.

Level	CMM	CMMI
5	optimized	optimized
4	managed	quantitatively managed
3	defined	defined
2	repeatable	managed
1	initial	initial

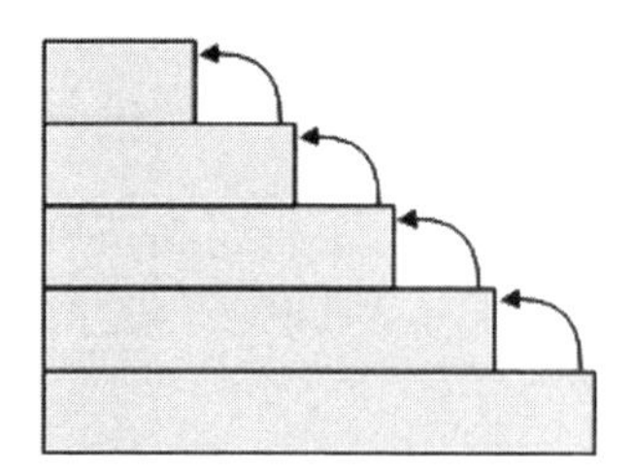

Abb. 3-5 CMMI-Level

1 Initial

Die erste Stufe bezeichnet Projekte und Prozesse, die ohne konkrete Planungs-, Steuerungs- und Kontrollmechanismen mehr oder weniger chaotisch ablaufen. Ein konsequentes Projekt- und Qualitätsmanagement findet nicht statt. Entscheidungen und Vorgehensweisen sind reaktiv getrieben, werden oft revidiert, und Terminüberschreitungen häufen sich.

Die Durchführung ist in erster Linie durch die Qualifikation und die Motivation der Mitarbeiter bestimmt. Ein projektübergreifender Erfahrungsaustausch findet kaum statt. Trotzdem können auf diese Weise durchaus gute Ergebnisse erzielt werden.

2 Managed

Die grundlegenden Projektmanagementaufgaben zur Planung, Steuerung und Kontrolle von Zeit, Kosten und Qualität werden wahrgenommen. Der Projektverlauf wird in einzelne Abschnitte unterteilt und mit definierten Kontrollpunkten (Milestones) versehen. Erfahrungen aus früheren Projekten werden einbezogen. Die Projektabwicklung verläuft stabiler, und Probleme und Aufwände sind besser abschätzbar.

3 Defined

Projekte und Prozesse der Stufe 3 sind als unternehmensweit eingeführte Standards etabliert. Sowohl Managementaufgaben als auch technische Belange (Hardware/Software) sind darin verbindlich geregelt. Aufgaben und Verantwortlichkeiten werden als Rollen wahrgenommen.

4 Quanitatively Managed

Mit Erreichen der Stufe 4 wird die Produktqualität anhand einer einheitlichen Metrik gemessen und in einem Datenbanksystem gesammelt. Mit den gewonnenen Werten können vielschichtige Auswertungen und Reportings erstellt werden, die als fundierte Grundlage zur aktiven Projektsteuerung und für Managemententscheidungen dienen.

5 Optimized

In der fünften Stufe wird ein kontinuierlicher Verbesserungsprozess auf Basis der in der vorausgegangenen Stufe gewonnenen Informationen etabliert. Innovative Ideen und Technologien werden zielgerichtet zur Festigung und zur Steigerung der erreichten Qualitätsniveaus eingesetzt.

Das Erreichen eines höheren Levels ist meistens mit erheblichen organisatorischen und technischen Anstrengungen verbunden, die auch nicht von heute auf morgen realisiert werden können. Im Durchschnitt muss pro Level mit einem Zeitraum von ca. 2 Jahren gerechnet werden.

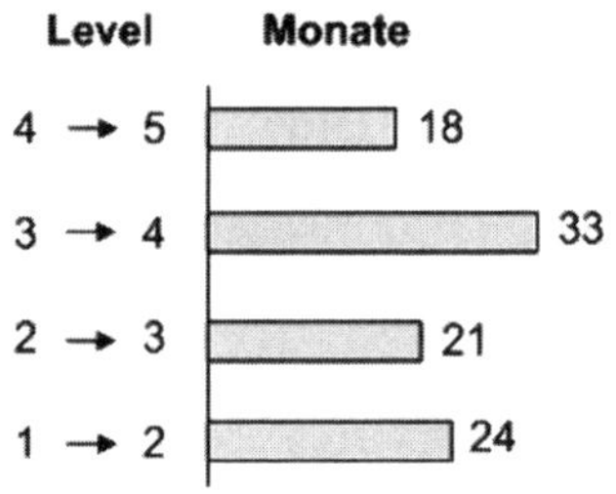

Level	Monate
4 → 5	18
3 → 4	33
2 → 3	21
1 → 2	24

Abb. 3-6 Durchschnittszeitfenster der CMMI-Level

Diverse Untersuchungsreihen haben ergeben, dass die meisten Unternehmen in der Praxis oft nur Level 1 erreichen. Als Zielsetzung sollte jedoch mindestens Level 2 angestrebt werden, womit erst eine solide tragfähige Arbeitsgrundlage für die Mitarbeiter und das Management gegeben ist, auf die dann weiter professionell aufgebaut werden kann.

ABC-Analyse

Die ABC-Analyse wird aufgrund ihrer einfachen Anwendbarkeit in den unterschiedlichsten Gebieten eingesetzt, z.B. im Projektmanagement, im Marketing, zur Betriebsanalyse, im Materialwesen, zur Produktplanung, in der Qualitätssicherung, etc.. Sie gibt zum einen Aufschluss darüber, welche Daten im Unternehmen überhaupt vorhanden sind, und zeigt zum anderen, welche Stellenwerte diese innerhalb des Unternehmens einnehmen. Eine wichtige Vorraussetzung für den erfolgreichen Einsatz dieser Methode sind detaillierte statistische Unterlagen, aus denen Beziehungen und Betrachtungszeiträume der Primärdaten (z.B. Stücklisten, Mengenangaben, etc.) klar hervorgehen.

Die **ABC-Analyse** ist ein Ordnungsverfahren zur Klassifizierung großer Datenmengen (Produkte, Prozesse, etc.). Die Klassifizierung erfolgt anhand von vorgegebenen Kriterien in drei Klassen, A, B und C.

Klasse A - hoher Stellenwert

Objekte von hohem Stellenwert beeinflussen bereits bei geringer Anzahl maßgeblich das Gesamtergebnis.

Klasse B – mittlerer/durchschnittlicher Stellenwert

Objekte mittleren Stellenwerts gehen in das Gesamtergebnis im Verhältnis ihrer Häufigkeit ein.

Klasse C - geringer Stellenwert

Objekte mit einem geringen Stellenwert nehmen auch bei großer Anzahl nur wenig Einfluss auf das Gesamtergebnis.

Die ABC-Analyse wird in drei Schritten durchgeführt:

- Festlegung der zu untersuchenden Merkmale und Objekte. Tabellarische Erfassung der Objektdaten.
- Auflistung der Objektdaten in absteigender Sortierreihenfolge. Bestimmung der Einzelanteile am Gesamtvolumen.
- Prozentuale Bewertung und Einteilung in Klassen. Grafische Auswertung der Ergebnisse (Summenkurve/ Lorenzkurve/ Paretokurve)

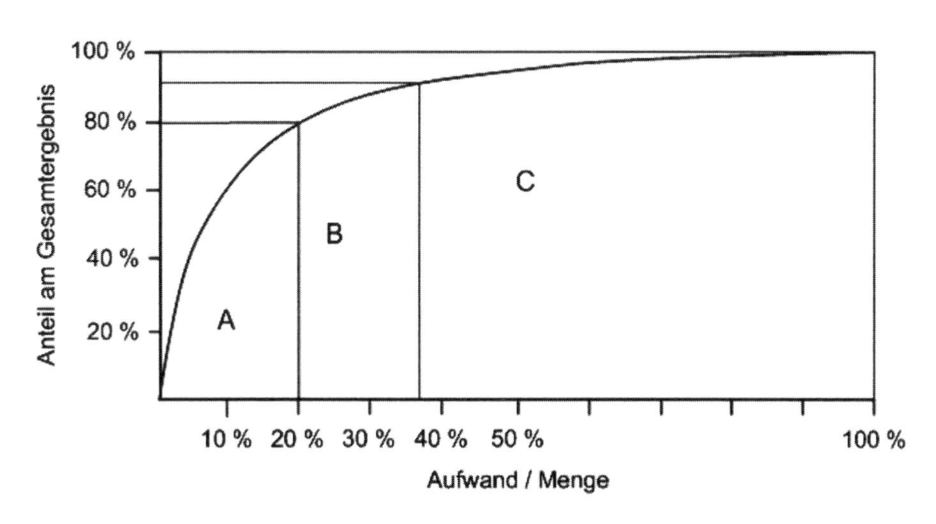

Abb. 3-7 Summenkurve (Lorenzkurve)

Die Kernaussage ist die, dass mit ca. 20% Einsatz, rund 80% des Gesamtergebnisses erzielt werden. Man kann diese Aussage auf vielfältige Weise interpretieren. Beispielsweise, 20% aller Kunden bringen 80% des Umsatzes, eine Fehlerquote von 20% verursacht 80% des Produktionsausschusses oder nach 20% der Projektlaufzeit sind 80% der Aufgaben erledigt.

Die ABC-Faustformel lautet ähnlich. 80% des Gesamtergebnisses werden mit einem Objektanteil von ca. 10% bestritten. 20 % der Objekte machen 15% des Gesamtergebnisses aus, und 70% der Objekte haben nur noch einen Anteil von 5% am Gesamtergebnis.

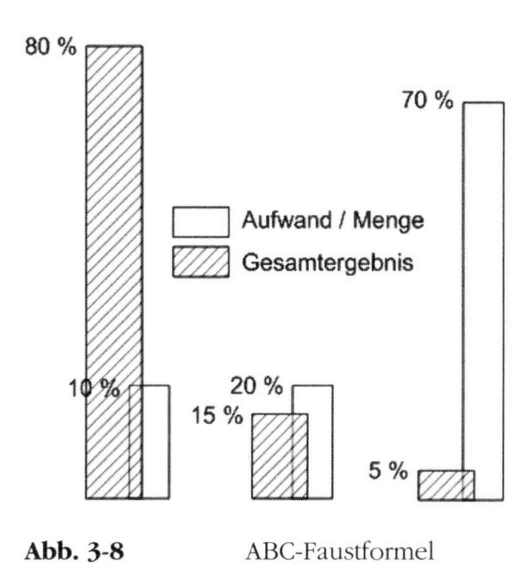

Abb. 3-8 ABC-Faustformel

GAP-Analyse

Die **Gap-Analyse** („Lücken"-Analyse, engl. Gap = Lücke) dient der Identifizierung der „Lücken" zwischen Ist-Stand und Soll-Stand. Daraus lassen sich die Notwendigkeit und der Umfang der strategischen Maßnahmen abschätzen, die zur Erreichung der gesetzten Unternehmensziele erforderlich sind. Budget, Mittelfristplanung und strategische Zielsetzung werden dazu systematisch verknüpft. Gap-Analysen werden als Instrument der strategischen Planung in allen Unternehmensbereichen eingesetzt.

Über einen bestimmten Planungszeitraum, z.B. 5 Jahre, werden die erwarteten Planungsgrößen der tatsächlichen Wertentwicklung gegenübergestellt. Bei entsprechenden Abweichungen (Gap) müssen geeignete Korrekturmaßnahmen eingeleitet werden (z.B. die vier strategischen Vorgehensweisen der Produkt-Markt-Matrix nach Ansoff). Zur Schließung der Lücken müssen Rationalisierungsmaßnahmen und Reservepotentiale einbezogen werden. Reicht dies nicht aus, müssen neue Potentiale geschaffen werden. Sonst sind die Unternehmensziele gefährdet.

Man unterscheidet die **einfache Gap-Analyse** und die **differenzierte Gap-Analyse**.

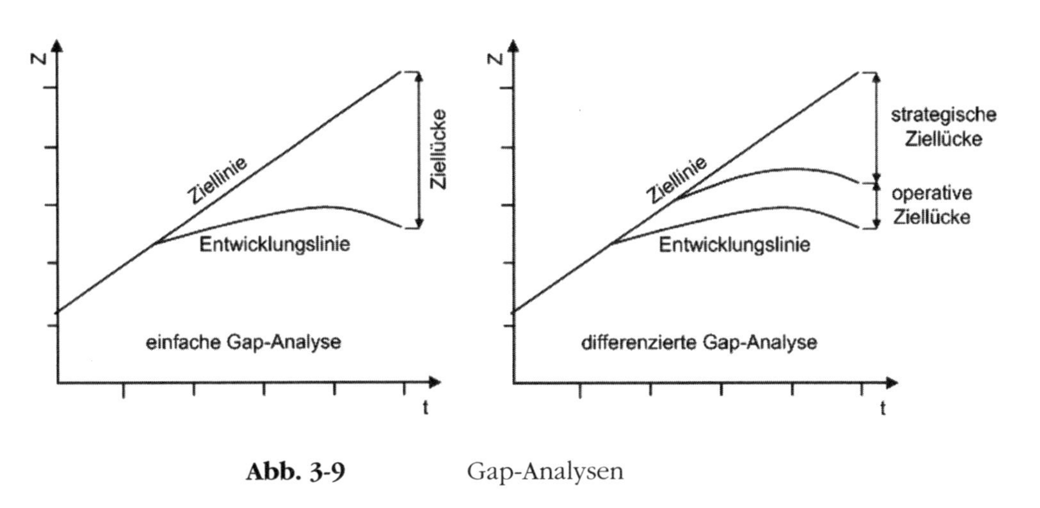

Abb. 3-9 Gap-Analysen

In der Abbildung steht Z allgemein für eine betrachtete Zielgröße (z.B. Umsatzrendite). Die Ziellücke ist stets die Abweichung der Entwicklungslinie von der Ziellinie (Soll-Zustand) zu einem bestimmten Zeitpunkt t. Wird die Entwicklungslinie nach bestimmten Kriterien gewichtet, kann auch die Ziellücke differenzierter beschrieben werden.

3.2 Organisationsstrukturen und Rollenmodelle

ITIL geht wenig auf die IT-Organisationsstrukturen von Unternehmen ein. Diese Strukturen sind sehr unternehmensspezifisch, und somit können allgemein gültige Richtlinien nur sehr schwer oder nur in begrenztem Umfang aufgestellt werden.

Die Organisationsstruktur eines Unternehmens wird von der Geschäftsführung vorgegeben. Sie ist eine Art Gliederung, die die Hierarchiestellungen und die einzelnen Unternehmensbereiche im Unternehmen abbildet. Die Unternehmensbereiche legen dabei die horizontale Ausdehnung, die Hierarchien die vertikale Ausdehnung der Organisationsstruktur fest.

Die Organisationsstruktur spielt für die Handlungsfähigkeit eines Unternehmens eine erhebliche Rolle. Flache Hierarchien, also wenig Hierarchieebenen, verkürzen die Informationswege und bewirken schnelle Entscheidungen. Andererseits müssen die Entscheidungsträger dann auch einen größeren Zuständigkeitsbereich abdecken. Die Anzahl der Unternehmensbereiche richtet sich nach der Unternehmensgröße und seinen Geschäftsfeldern. Die klassischen Bereiche sind beispielsweise Finanzbuchhaltung, Personalwesen, Entwicklung, Produktion und Vertrieb.

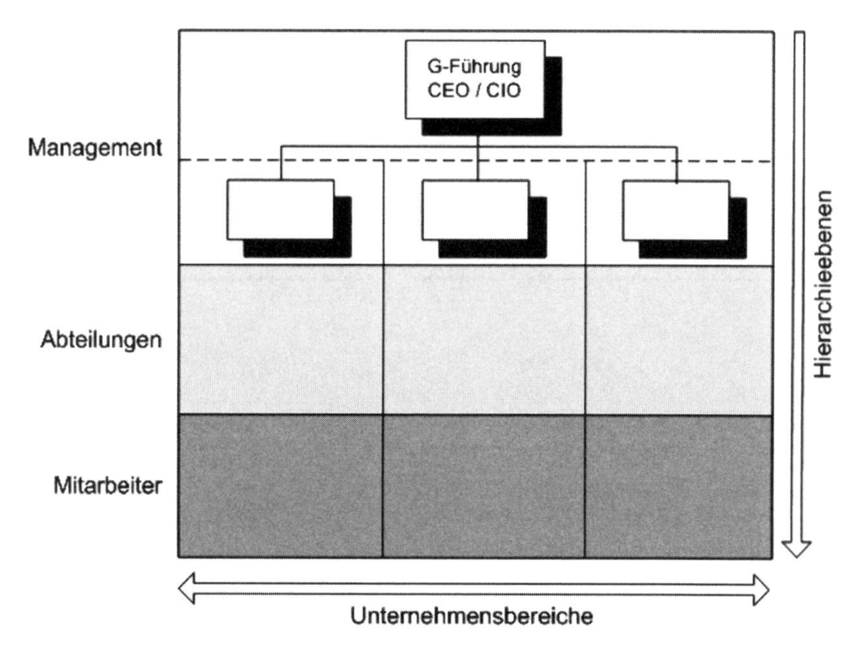

Abb. 3-10 klassischer Linienorganisationsaufbau

Die Organisationsstruktur gibt einen Rahmen vor, in dem Rollen, Prozesse und Schnittstellen definiert und gelebt werden müssen. In der Praxis sind in diesen Bereichen aufgrund von strikt getrennten Linienverantwortungen immer wieder große Schwierigkeiten bei bereichsübergreifenden Prozessaufgaben gegeben. ITIL unterscheidet im Rollenmodell vier Bereichsebenen:

Sponsor	Management Attention und Geldgeber
Owner	strategische Ausrichtung des Prozessdesigns
Manager	Umsetzung der Prozesse für den „gelebten“ Betrieb
Mitarbeiter	operative Ausführung der Aufgaben innerhalb der Prozesse

Für die konsequente Umsetzung des ITIL-Prozessmodells sind Linien übergreifendes Denken, Handeln und Verantwortung tragen unumgänglich. Die ideale Organisationsform bildet eine Matrixstruktur. Das nachfolgende Beispiel einer IT-Organisation soll Denkanstöße und Hilfestellungen zu diesem Thema liefern und zeigen, wie man Hierarchien und Rollen, an ITIL ausgerichtet, definieren kann. Man muss sich dabei immer wieder vergegenwärtigen, dass dies keine verbindlichen Regeln, sondern bestenfalls Empfehlungen sind. Je nach Sachlage können Rollen aggregiert oder weiter differenziert werden.

Generell gilt die Empfehlung, Aufgaben und Positionen nicht an Einzelpersonen fest zu machen, sondern als Rollen zu beschreiben. Sonst läuft man Gefahr, zu starke Abhängigkeiten, Bottleneck-Effekte und SPOFs zu erzeugen.

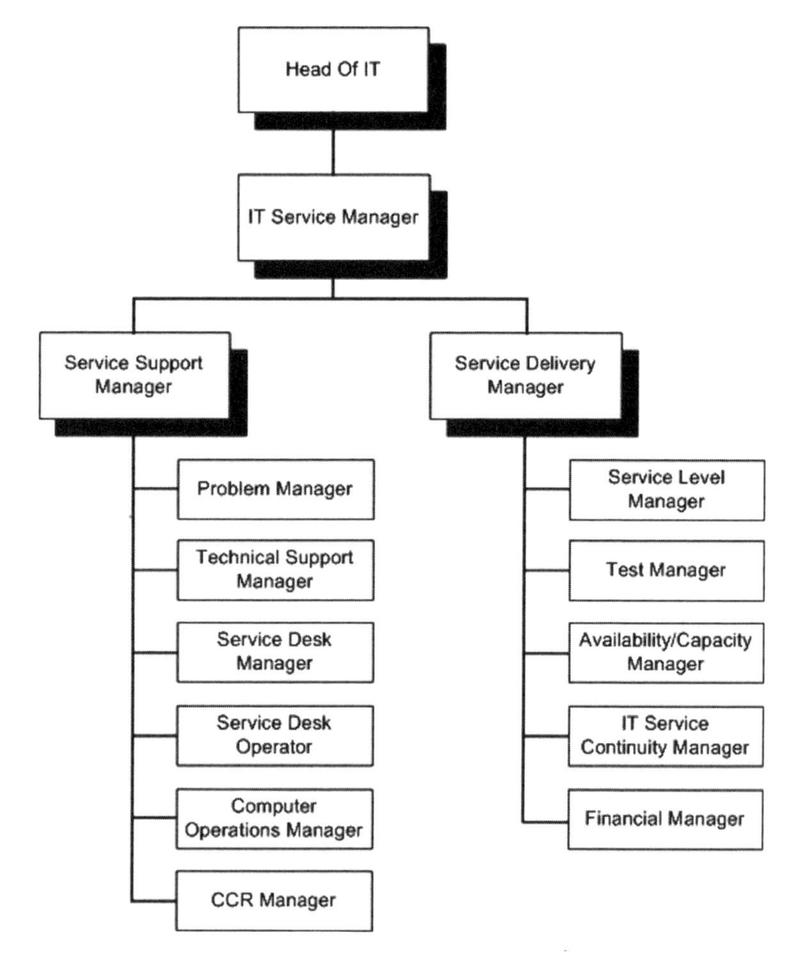

Abb. 3-11 Beispiel einer IT-Organisationsstruktur

Head of IT

Teil des Managements/Geschäftsleitung oder zumindest mit sehr weit reichenden Befugnissen ausgestattete Position mit strategischer Ausrichtung.

IT Service Manager

Für die Durchführung des gesamten IT-Tagesgeschäfts verantwortliche Position. Stark operativ ausgerichtet.

Service Support Manager

Verantwortliche Position für den Bereich Service Support. Position mit stark reaktivem Charakter.

Problem Manager

Verantwortlich für die Ursachenanalyse aktueller Probleme und proaktive Fehlervermeidung. (Diese Aufgabe wird, besonders in kleinen Organisationen, nicht als eigenständige Rolle implementiert. Eine Integration im Availibility Management, Capacity Management oder im IT Service Continuity Management wäre gut vorstellbar).

Technical Support Manager

Diese Rolle ist für die bedarfsgerechte technische Ausstattung und die Wartung zentraler Systeme zuständig (Server, Betriebssysteme, Speichersysteme, etc.). Sofern kein eigenes Capacity- und Availibilty Management existieren, müssen diese Aufgaben hier eingebunden werden.

Service Desk Manager

Diese Rolle hat die Verantwortung über den gesamten Service Desk. (Anmerkung: Die Rolle des Service Desk Managers könnte organisatorisch auch unter dem Service Delivery Manager angeordnet werden.).

Service Desk Operators

In dieser Rolle befasst man sich in erster Linie operativ mit den im Service Desk eingehenden Meldungen. Dabei unterscheidet man zwischen Service Desk Operator-Aufgaben (manchmal auch Service Desk Analyst-Aufgaben) und Second Line-Aufgaben, die mehr Erfahrung und Hintergrundwissen erfordern.

Computer Operations Manager

Dieser Aufgabenbereich umfasst die Organisation und Aufrechterhaltung allgemeiner Funktionen wie Datensicherungen, zentrale Druckservices, etc. rund um die Uhr.

CCR - Change-, Configuration- und Release Manager

In kleinen Organisationen werden diese drei Rollen oft in einer CCR-Rolle zusammengefasst.

Service Delivery Manager

Diese Rolle ist für den gesamten Bereich des Service Delivery zuständig. Das Aufgabenbild ist stark proaktiv und vorausplanend geprägt

Service Level Manager

Diese Rolle beinhaltet die komplette Vertragsgestaltung (SLAs, OLAs und UCs) und ggf. auch noch zusätzlich das **Supplier Management**, falls dieses nicht durch gesonderte Rollen abgebildet wird. In größeren Organisationen wird der Service Level Manager durch Customer Relationship Manager und Account Manager unterstützt.

Test Manager

ITIL fordert eine unabhängige Testdurchführung, ohne diese konkret einzuordnen. Diese Unabhängigkeit ist im Service Delivery am besten gegeben, da hier keine Abhängigkeiten zum Change und Release Management vorhanden sind. Oft findet man die Rolle des Test Managers aber innerhalb des Release Managements vor.

Availability und Capacity Manager

Diese beiden Rollen sind sehr eng miteinander verwandt und werden deshalb oft auch zusammengefasst oder in das Problem Management, bzw. in das IT Service Continuity Management integriert. Viele der hier anfallenden Aufgaben werden oft auch von den operativen Rollen übernommen.

IT Service Continuity Manager

Dieser Rolle obliegt die komplette Verantwortung über das ITSCM. In kleinen Unternehmen wird diese Rolle oft zusammen mit Sicherheitsthemen im Rahmen des Availability Managements oder des Capacity Managements abgedeckt.

Financial Manager

Diese Rolle verantwortet den gesamten Finanzsektor eines Unternehmens. Budget, IT Accounting, Kostenverrechnung (Charging), Einkauf (Procurement), Verkauf (Purchasing), etc.. Diese wichtige Funktion ist in der Regel direkt der Geschäftsleitung (Head of IT) unterstellt.

Ergänzende Rollen

Strategy Manager

Zur Unterstützung des Head Of IT in strategischen Fragen wird in großen Unternehmen diese Rolle implementiert. Hier ist dann z.B. auch der Freiraum für neue Ideen und Gedanken auf der „grünen Wiese" gegeben.

Account Manager und Customer Relationship Manager

Diese Rollen verbinden die IT- und die Geschäftswelt und sind eng mit dem Service Level Management verbunden.

IT Architect

Diese Rolle ist primär für die Planung und die Definition der technischen IT-Infrastruktur verantwortlich. Die Festlegung von Standards sowie die Evaluierung neuer Produkte und Technologien können als Erweiterung des Aufgabengebiets gesehen werden.

Sonderprojekte

Im Rahmen des Service Deliverys bietet sich die Definition einer Rolle an, die sich um Mittel und Ressourcen für Sonderprojekte kümmert, die nicht durch vorhandene Mittel und Ressourcen abgedeckt werden können.

Es sind sicher noch viele weitere Rollen denkbar, die ggf. nicht unbedingt Bestandteil von ITIL sind, sich in der Praxis jedoch als sehr nützlich und wirkungsvoll erwiesen haben. So z.B. Development Manager, Application Manager, Security Manager, Audit Manager und Project Manager. Was sinnvoll und nützlich ist, sollte man individuell bedarfsorientiert aufnehmen.

Wichtig ist, dass jede Rolle inhaltlich genau beschrieben wird. Dies kann in Form eines einfachen strukturierten Textdokuments oder mit Hilfe einer standardisierten Modellieungsmethode, wie z.B. der UML (Unified Modelling Language), erfolgen.

Configuration Manager
Verantwortung
Kontinuierliche Verbesserung und Weiterentwicklung des Configuration Management Prozesses. Ansprechpartner für alle Anforderungen innerhalb des Configuration Management Prozesses. Erster Ansprechpartner im Eskalationsfall.
Aufgaben
Unterstützung des Prozessowners bei der Ressourcenplanung, der Zieldefinition und der Festlegung von Indikatoren und Erfolgskriterien Identifizierung von Anforderungen und Ausarbeitung entsprechender Verbesserungsmaßnahmen unter Einbeziehung von Planungs- und Messdaten Umsetzung von Verbesserungs- und Weiterentwicklungsmaßnahmen in Abstimmung mit dem betroffenen Personenkreis Fachliche Abstimmung der Integration und Kommunikation innerhalb und außerhalb der Prozessgrenzen Überwachung der Prozessqualität und Reporting

Abb. 3-12 Exemplarische Rollenbeschreibung

Die UML bietet flexible Standardelemente, mit denen Prozesse, Rollen und Aktivitäten modelliert werden können. Mit Hilfe von Use Case-Diagrammen (UCD) kann übersichtlich dargestellt werden, wie die Akteure vom System in der Ausführung von Geschäftsprozessen unterstützt werden. Der Fokus liegt dabei auf dem IT-System.

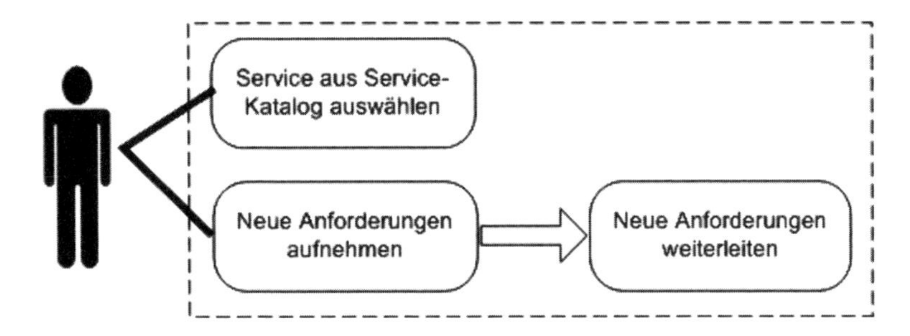

Abb. 3-13 Beispiel - Use Case Diagramm

Innerhalb der Prozessgrenzen (gestrichelter Kasten) wird der Akteur in seiner Rolle in diesem Beispiel nach außen durch zwei Use Cases unterstützt. Der Use Case „Service Auswählen" ermöglicht die zielgerichtete Selektion von Services. Der zweite Use Case „Neue Anforderungen aufnehmen" dient der Anpassung und Erweiterung von Services im Servicekatalog und den damit verbundenen SLAs. Intern wird dazu ein weiterer Use Case „Anforderungen weiterleiten" als Include-Beziehung benutzt, der somit nicht explizit vom Akteur angesprochen werden kann.

Jeder Use Case wird detailliert in seiner Funktionalität beschrieben, wobei Vorbedingungen, Entscheidungsklauseln und Nachlaufbedingungen festgelegt werden. Auch Gestaltungsmerkmale zur Benutzeroberfläche können darin enthalten sein. Konkrete Vorgaben zur praktischen Implementierung bleiben aber der Feinspezifikation vorbehalten.

Name:	**Service aus Service-Katalog auswählen**
Zweck:	Einen bestimmten Service inhaltlich ermitteln
Beschreibung:	Service anhand von Suchkriterien (Service-Nummer, Name-Alphabetisch, Kunde) ermitteln. Wurde der Service gefunden? ja: Status prüfen, Inhalte anzeigen und als Arbeitsbasis verwenden nein: Ähnlichen Service suchen oder mit Leerformular fortfahren
Vorbedingungen:	Service-Katalog ist freigegeben
Nachbedingungen:	keine
Sonstiges:	- Sortierbare Auswahlübersicht aller Services im Service-Katalog als Drop-Down-Menü - Suchmöglichkeiten mit erweiterten Kriterien (*,?, AND, OR)

3.3 Qualität und Management

Im ITIL-Framework werden Prozesse und Funktionen, um diese umzusetzen, klar definiert. Die stetige Kontrolle dieser Funktionen, bezüglich der Einhaltung von Unternehmensstandards oder der Übereinstimmung mit Vorhersagen und Business Plänen, ist für das Unternehmen von großer Bedeutung.

Nur das, was man messen kann, lässt sich auch gezielt überwachen, auswerten, bewerten, kontrollieren und belegen. Die Forderung nach messbaren und bewertbaren „Fakten" ist an vielen Stellen innerhalb eines Unternehmens von großem Interesse. Die Hauptschwierigkeit besteht dabei meist darin, jeweils die signifikanten Messparameter (**Key Indicators**) zu definieren.

3.3.1 Metriken und Messungen

Die **Metrik** ist die Lehre der Vermessung. Ein zentraler Bestandteil dieser Lehre ist die Definition von standardisierten absoluten Referenzgrößen, als konstante Basis für alle Messungen. Menschliche Körperteile, wie beispielsweise die Ellenlänge oder die Fußlänge, sind als Referenzmaße gänzlich ungeeignet, da sie je nach Körpergröße stark variieren, womit eine Länge von „20 Fuß" garantiert nicht immer und überall gleich lang ist.

Im Laufe der Zeit hat man sich national und international, auf viele Referenzgrößen verständigt, die in Normen verbindlich festgelegt sind. Die Messung physikalischer Größen hat dadurch ein hohes Maß an Standardisierung erfahren.

Weitaus schwieriger wird es im Bereich der Bestimmung von immateriellen Sachverhalten. Bewusst oder unbewusst nehmen Eindrücke, Empfindungen und Gefühle einen nicht zu unterschätzenden Einfluss auf viele Entscheidungsprozesse. Um diese subjektiven Unwägbarkeiten möglichst zu eliminieren, müssen Sachverhalte mit klar messbaren Größen assoziiert werden, die zu einer sachlichen Entscheidungsbasis führen.

Betrachten wir dazu als Beispiel die Störungsbearbeitung im Service Desk. Im Rahmen des First Level Supports wird hier Soforthilfe bei geringfügigen Vorkommnissen geleistet. Wie definiert man aber in diesem Kontext die Geringfügigkeit? Eine Möglichkeit wäre z.B. ein Zeitansatz – „Alle Vorkommnisse, die binnen 10 Minuten behoben werden können, gelten als geringfügig". Der Wissensstand der jeweiligen Sachbearbeiter spielt dabei eine entscheidende Rolle, da eine erfahrene Person weitaus mehr Situationen in dieser Zeit meistern kann als eine unerfahrene. Wenn es kaum Vorkommnisse gibt, die in einem vorgegebenen Zeitansatz gelöst werden können, muss am Zeitansatz und/oder am Schulungsniveau der Sachbearbeiter nachgebessert werden.

Bei der Definition von Metriken, die im IT Service Management eingesetzt werden, sollten folgende Punkte beachtet werden

Messbarkeit
Alle Messwerte sollten immer zweidimensional in einen zeitlichen Bezug gestellt werden. Nur so lassen sich Verläufe und Tendenzen erkennen und analysieren.
Eindimensionale Metriken, wie z.B. JA/NEIN-Mechanismen, können immer nur einen Momentzustand wiedergeben.

Erreichbarkeit
Der jeweilige Anzeigebereich sollte den maximal erreichbaren Messwert nicht überschreiten. Ziele, die außerhalb eines messbaren Bereichs liegen, können faktisch nie erreicht werden und suggerieren somit immer einen ständigen Verbesserungsbedarf für die betroffenen Prozesse.
D.h. wenn der Erfüllungsgrad eines Prozesses bei maximal 85% liegt, sollte die Zielvorgabe nicht bei 100% liegen.

Anpassungsfähigkeit
Zielvorgaben sollten den jeweils aktuellen Gegebenheiten angepasst werden können. Zu hoch gegriffene Ziele müssen nach unten und zu niedrig angesetzte Ziele nach oben korrigiert werden können.

Eindeutigkeit
Jede Metrik sollte stets klar, einfach und verständlich sein. Sie sollte über ihren Zweck möglichst selbsterklärend Aufschluss geben und keine Miss- oder Mehrdeutigkeiten hervorrufen. Dadurch wird sichergestellt, dass innerhalb eines definierten Geltungsbereichs (z.B. unternehmensweit), immer mit demselben Maß gemessen wird.

Stabilität
Eine Metrik sollte stets definierte Zustände liefern, unabhängig von den zu messenden Daten. D.h. Bereichüberläufe und fehlende Messgrößen dürfen keine Fehlfunktionen verursachen.

Prozessorientierung
Eine Metrik sollte stets dem gemessenen Prozessverlauf Rechnung tragen. Alle Eingangs- und Ausgangsgrößen müssen im richtigen Kontext und im richtigen Verhältnis zueinander abgebildet werden.

Zuordnungsfähigkeit
Metriken sollten den betreffenden CIs zugeordnet sein, sodass bei Änderungen auch eine entsprechende Anpassung erfolgen kann und keine Inkonsistenzen und fehlerhafte Messergebnisse entstehen.

Überwachung
Alle Metriken sollten stichprobenartig und periodisch daraufhin überprüft werden, ob sie ihren Zweck noch erfüllen.

Messungen

Messungen liefern konkrete Werte zu den unterschiedlichsten Sachverhalten. Für viele Anforderungen gibt es probate Standardmessverfahren. Messungen sind die Säule der Qualitätssicherung.

Die Grundlagen der Qualitätssicherung sind in den Normen DIN 40080, DIN ISO 5725, DIN 53803, DIN 53804, DIN 55302, DIN 55303, DIN 55350, etc. sowie in weiteren industriellen Richtlinien (z.B. VDI), beschrieben. Diese Normen enthalten vielerlei Informationen sowie konkrete Daten zu unterschiedlichen Messreihen.

Allen Messvorgängen gehen zunächst immer zwei grundsätzliche Fragen voraus, nämlich WAS soll gemessen werden? – und WIE soll gemessen werden?

Dabei muss zuerst klar definiert werden, welche Parameter im Einzelnen messtechnisch erfasst werden sollen. Die Genauigkeit der Messdaten, und damit ihre Aussagekraft, werden wesentlich von den jeweiligen Umgebungsbedingungen und den eingesetzten Messverfahren beeinflusst. Es ist durchaus möglich, dass die Messung ein und desselben Sachverhalts mit unterschiedlichen Messmethoden zu völlig unterschiedlichen Ergebnissen führt. Messungen müssen daher immer unter definierten Ausgangs- und Rahmenbedingungen durchgeführt werden, damit die Ergebnisse nicht verfälscht werden. Sonst läuft man schnell Gefahr, dass man „Mist misst" oder Äpfel mit Birnen vergleicht.

Ein weiterer wichtiger Aspekt in diesem Zusammenhang ist die Vertrauenswürdigkeit der Messdaten. Insbesondere dann, wenn abrechnungsrelevante Funktionen darauf aufsetzen, müssen die Qualität und die Integrität der Daten gewährleistet sein. Da jede Messung verfahrensbedingt fehlerbehaftet ist, müssen ggf. die Messergebnisse entsprechend korrigiert werden.

Ein Messwert ist stets eine Momentaufnahme zu einem bestimmten Zeitpunkt. Ein Messvorgang kann nur einen einzelnen Messwert oder beliebig viele Messwerte beinhalten. Bei sehr großen Datenmengen und über längere Zeitintervalle ist eine kontinuierliche messtechnische Erfassung nicht immer möglich. Man versucht dann durch repräsentative Stichproben hinreichend gute Aussagen auf die Gesamtheit zu treffen. Oft interessieren dabei nicht die absoluten Messwerte im Einzelnen, sondern die Durchschnitts- bzw. Mittelwerte. Die Statistik liefert dazu geeignete mathematische Verfahren, um die Ergebnisse zielgerichtet interpretieren zu können.

Wichtige Kenngrößen in Bezug auf die Zuverlässigkeit von Gerätschaften und IT-Services sind **Ausfallraten** und **Verfügbarkeiten**.

3.3.2 Balanced Score Card

Die Umsetzung der Strategiekonzepte des Top Managements großer Unternehmen gestaltet sich oft schwierig und verläuft vielerorts nicht zufriedenstellend. Die Hauptgründe dafür sind

- **Verständnisprobleme** (Vision Barrier)
  Die an der operativen Umsetzung beteiligten Personen können nicht genug Verständnis für die Zielsetzung der Managementstrategie entwickeln.

- **Unzureichende Entscheidungsgrundlagen** (Management Barrier)
  Das Management verfügt nur über unzureichend gefilterte Informationen aus den operativen Ebenen. Strategische Aspekte werden darin gar nicht oder zu wenig betont.
- **Unkoordinierte Operativplanung** (Operational Barrier)
  Budget- und Strategieplanung laufen unabhängig voneinander.
- **Persönliche Widerstände** (Personal Barrier)
  Persönliche Zielsetzungen, Zuständigkeiten und Kompetenzen stehen im Widerspruch zur strategischen Ausrichtung.

Der Kerninhalt einer Strategie besteht darin, gleich geartete Geschäftstätigkeiten anders und vor allem besser als die Mitbewerber auszuführen. Messbare Fakten sind hierzu ein entscheidendes Steuerinstrument, um ein Unternehmen so auszurichten, dass langfristige Wettbewerbsvorteile entstehen und der Bestand des Unternehmens am Markt gesichert ist.

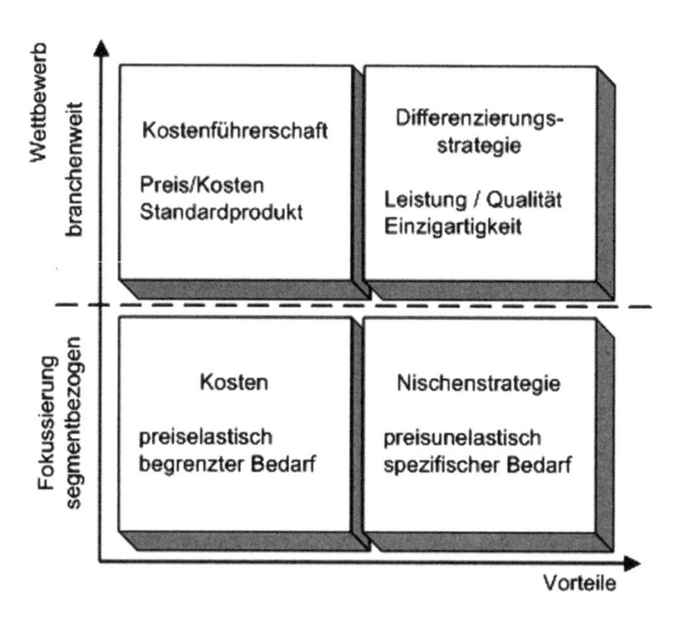

Abb. 3-14 Strategieausrichtung

Nur was messbar ist, kann auch umgesetzt werden

1992 stellten Robert S. Kaplan und David Norton im Harvard Business Review ein neues Managementinstrument vor, „The Balanced Scorecard – Measures That Drive Performance", mit dem sich die oftmals abstrakten Strategieziele, auf der Basis von Leistungsindikatoren, in messbaren Werten darstellen lassen. Die **Balanced Score Card (BSC)** verfolgt hierzu einen ganzheitlichen Ansatz, der nicht nur finanzielle Aspekte, sondern auch interne und kundenseitige Belange sowie Innovationspotentiale und die Lernfähigkeit mit einbezieht. Dies ergibt ein ausgewogenes Kennzahlen- und Rückkopplungssystem, mit dem die Erfolgswahrscheinlichkeit zur wirkungsvollen Durchsetzung der Strategieziele, deutlich verbessert werden kann.

Betrachtung finanzieller und nicht finanzieller Aspekte (Finanzsicht, Prozesssicht, Kundensicht, Entwicklungsperspektiven)
Strategische Grundkonzepte, Markteinführungsstrategien, Hyperwettbewerb
Abbildung kurzfristiger und langfristiger Zusammenhänge
Wahrnehmung von Trends und Tendenzen
Stärken- und Schwächenanalyse
Struktur- und Prozessanalysen
Kunden- und Wettbewerbsanalysen
Ergebnisorientierte Messgrößen zur Darstellung abhängiger und unabhängiger Sachverhalte
Gezielte Performancemaßnahmen zur Erreichung der Strategieziele

Alleinstellungsmerkmale und Wettbewerbsvorteile herausarbeiten
Kundennutzen darstellen

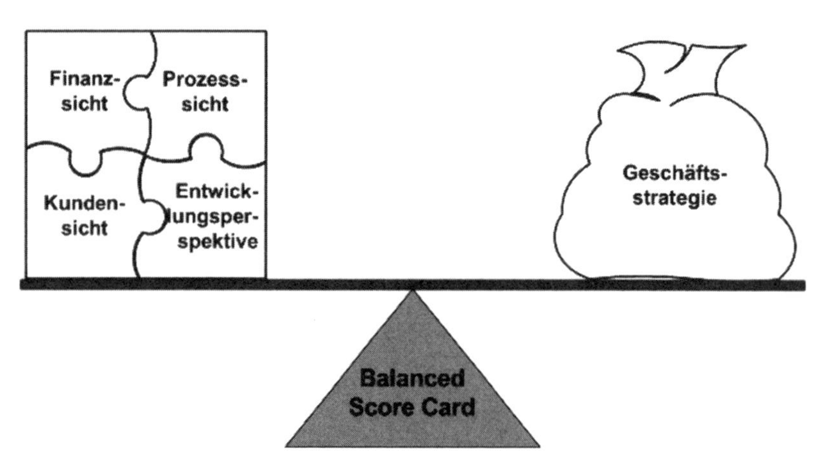

Abb. 3-15 Balanced Score Card

Der Aufbau der Balanced Score Card gliedert sich inhaltlich in vier Hauptbereiche. Jede dieser Bereiche verfolgt bestimmte Zielsetzungen, die sich wechselseitig unterstützen, sodass ein harmonisches Gleichgewicht entsteht.

Finanzsicht

Die Finanzsicht beleuchtet alle Erwartungen und Ziele in Bezug auf die Kosten eines Unternehmens. Die Ziele der BSC werden in ITIL durch die Prozesse Financial Management und Service Level Management abgebildet.

- Wachstum des Unternehmens
- Wirtschaftlichkeit und Profitsteigerung
- Kostentransparenz und Kostenkontrolle
- Leistungsfähigkeit
- Return On Invest
- Vertragsmanagement

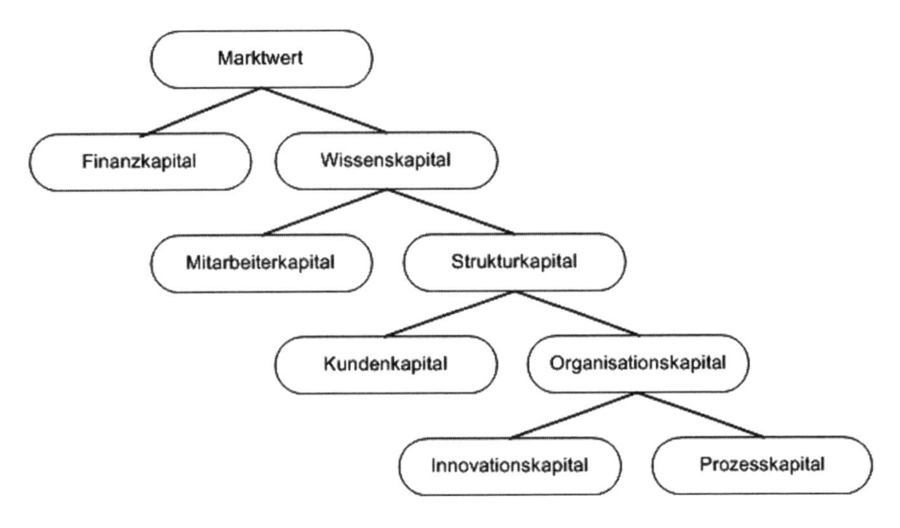

Abb. 3-16 Kapitalblöcke eines Unternehmens

Prozesssicht

Die Prozesssicht beinhaltet alle Aspekte, die die Leistungserbringung betreffen, sodass Kunden und Gesellschafter gleichermaßen zufriedengestellt sind. Auf die IT bezogen, wird diese Sicht in den ITIL-Prozessen des Service Supports und des Service Deliverys, umgesetzt.

- Standardisierung
- Steigerung der Produktivität
- Aufrechterhaltung und Sicherung des Geschäftsbetriebs
- Qualifizierte Fachkräfte

- Einhaltung der Lieferzeiten
- Einheitliches Geschäftsverständnis
- Durchgängige Kommunikation und Information
- Ressourcen Management
- Prozess Controlling
- Unternehmens- und Servicekultur

Kundensicht

In der Kundensicht werden die Interessen des Kunden beleuchtet und in die Geschäftspolitik integriert. In ITIL spiegelt sich diese Sicht vor allem in den Prozessen Incident Management (Service-Desk), Service Level Management, Availability Management, Financial Management und IT Continuity Management wider.

- Kundenzufriedenheit
- Qualitätsgesicherte Produkte und Services
- Realistische Preispolitik
- Starke Kundenorientierung
- Positive Imagebildung

Entwicklungsperspektive (Innovation und Lernen)

Unter Entwicklungsperspektive versteht man hier gewissermaßen jede Art von Sourcing, um die Aktivitäten aller Geschäftsbereiche weiter voran zu treiben. Es wird nach Möglichkeiten gesucht, eigene Fähigkeiten und Innovationspotentiale besser zu nutzten. Die ITIL-Prozesse Change Management, Problem Management, Service Level Management, Capacity Management und Financial Management leisten hierzu einen erheblichen Beitrag.

- Effektives Marketing
- Marktorientierte Flexibilität
- Forschung, Entwicklung, Technologieinnovation

- Kontrolle durch verbesserte Messungen
- Lernfähigkeit, Weiterbildung, Reifeprozess
- Planung und Design der IT-Infrastruktur
- Verkürzung von Prozess- und Produktionszeiten

Bestimmung der Kennzahlen

Die wohl schwierigste Aufgabe ist die konkrete Bestimmung der eigenen signifikanten Kennzahlen. Jedes Unternehmen muss dabei individuell für sich alleine entscheiden, welche Indikatoren in die BSC einfließen sollen, sodass die eigenen Kernkompetenzen bestmöglich abgebildet werden können. Ein Blick zu den Mitbewerbern bietet hierbei wenig Orientierungshilfe.

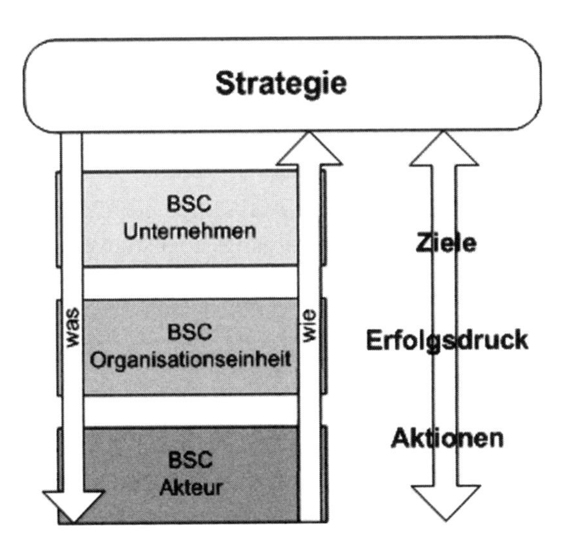

Abb. 3-17 Top-Down-Prinzip

Die Umsetzung der BSC im Unternehmen erfolgt nach dem Top-Down-Prinzip. Basierend auf den jeweils übergeordneten Vorgaben, leitet jede Einheit quasi ihre eigene BSC für ihren Bereich ab. Dabei ist es wichtig, dass anhand von Rückkopplungen die realistische Erreichbarkeit der Zielsetzungen über die gesamte Kette hinweg überprüft wird, um ggf. Korrekturen rechtzeitig einsteuern zu können.

Bei der Definition der Kennzahlen sollte unbedingt auch darauf geachtet werden, dass diese nicht primär durch äußere Abhängigkeiten bestimmt sind, sondern durch das Unternehmen tatsächlich auch gesteuert werden können. Die Werte der Kennzahlen sollten regelmäßig ohne großen Aufwand generiert werden können. Insgesamt sollten nicht mehr als vier bis sieben Kennzahlen pro Bereich festgelegt werden.

Man könnte beispielsweise in der Kundensicht die durchschnittliche Dauer einer Kundenbeziehung, die Anzahl der Neukunden pro Jahr, die Anzahl verlorener Kunden pro Jahr, den Jahresumsatz pro Kunde, einen Zufriedenheitsindex sowie einen Kundenbewertungsindex als BSC-Indikatoren setzen.

Monetäre Kennzahlen (Hard Facts)
Nicht monetäre Kennzahlen (Soft Facts)

Leistungsindikatoren (KPI - Key Performance Indicators)
kritische Prozessindikatoren (PCI - Process Critical Indicator)
Frühindikatoren (Leading Indicators)
Spätindikatoren (Lagging Indicators)

Kennzahlen zur Vergangenheitsbewertung (Review Indicators)
Kennzahlen für Prognosen (Forward Indicators)

Zusammenfassung

Gegenüber traditionellen Kennzahlensystemen und Managementmethoden weist die BSC etliche Vorteile auf.

- Die Unternehmensstrategie wird in quantitativ messbaren Zielgrößen abgebildet. Die Strategieinhalte sind dadurch präziser fassbar und verständlicher zum Ausdruck gebracht.
- Die Indikatoren sind bekannt und zielgerichtet steuerbar. Persönliche und unternehmensweite Zielvereinbarungen können daran ausgerichtet werden.
- Die hohe Transparenz und Verbindlichkeit fördert das Vertrauen von Kunden und Mitarbeitern in die Unternehmensstrategie und in die Unternehmensführung.

- Die Komplexität bei der Informationsfilterung wird deutlich verringert, und die Informationsmengen nehmen ab.
- BSC ist ein flexibles, zukunftsfähiges Steuerungsinstrument, mit dem sich Veränderungen schnell erkennen lassen.
- Unternehmensspezifische Abhängigkeiten unterschiedlicher Indikatoren werden ersichtlich.
- BSC lässt sich auch gut mit anderen Qualitätsmethoden kombinieren, z.B. mit **Sixt Sigma** oder **TQM.**

Das bloße Erfassen von Zahlen führt aber noch lange nicht zur Umsetzung einer Unternehmensstrategie. Auch sollte die Einführung einer zukunftsweisenden Strategie nicht daran festgemacht werden, ob bereits alle Zahlen und Indikatoren verabschiedet worden sind.

Es ist nicht genug zu wissen, man muss es auch anwenden.

Es ist nicht genug zu wollen, man muss es auch tun.

Johann Wolfgang von Goethe

ITIL und die Balanced Score Card

Die **Balanced Score Card** ist kein Bestandteil von ITIL. Aufgrund der Konformität eignet sich die BSC jedoch ideal dazu, im Sinne der „Best Practice“ die Umsetzung der ITIL-Prozesse wirkungsvoll zu unterstützen.

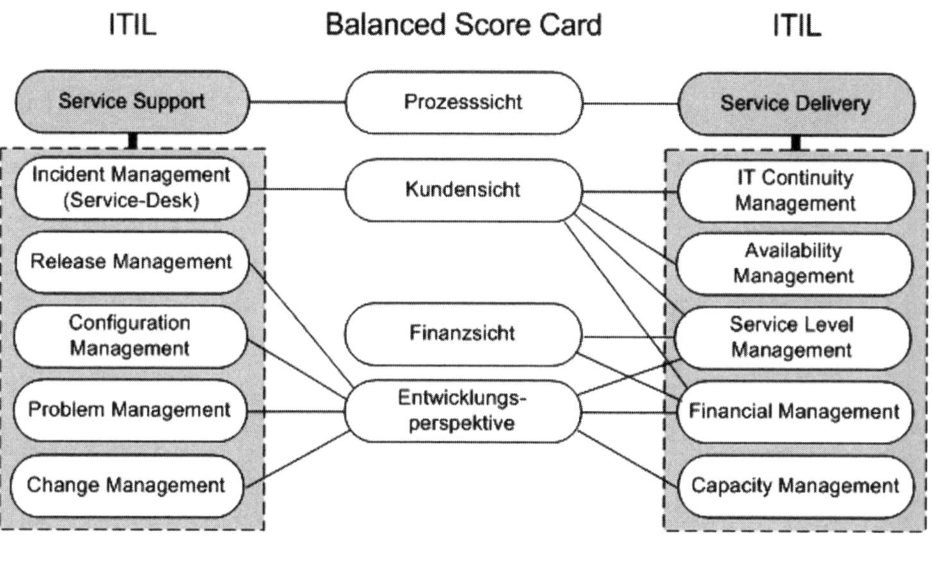

Abb. 3-18 BSC / ITIL Konformität

3.3.3 Six Sigma

Six Sigma ist eine Qualitätsmanagementmethode, die in den 80er Jahren von der Firma Motorola (USA), aufgrund erheblicher Qualitätsprobleme in der Produktion, entwickelt wurde. Das Ziel ist, nahezu fehlerfrei ablaufende Prozesse zu erreichen mit dem Optimum einer 0-Fehler Zielmarke. Heute wird Six Sigma nicht nur produktionsnah, sondern auch im Prozess- und Dienstleistungsbereich erfolgreich angewendet.

Die Namensgebung leitet sich aus der Statistik ab. Sigma (dσ), die Standardabweichung in der Gaußschen Normalverteilung, ist in diesem Kontext als Maß zur Darstellung der Fehlerhäufigkeit bzw. der Erfolgsquote in einem Prozess zu verstehen. Das Qualitätsniveau wird in sechs (Six) Stufen unterteilt. Auf der höchsten Stufe (6) liegt die Fehlerquote nur noch bei 0,00034 %. D.h., dass unter 1 Million Fehlermöglichkeiten maximal 3,4 Fehler (DPMO – Defects per Million Opportunities) zulässig sind.

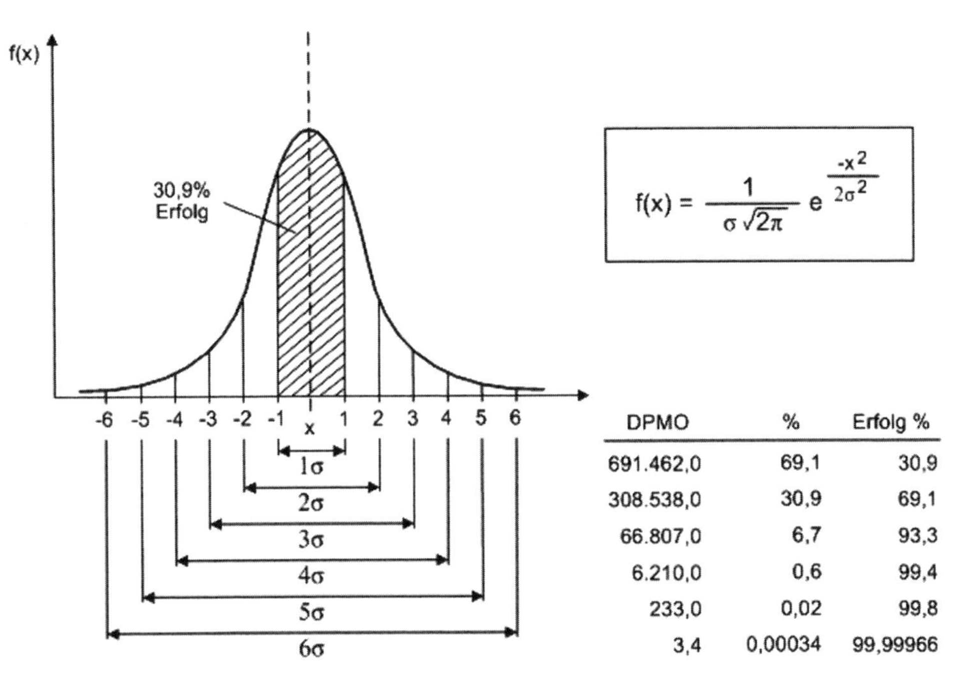

DPMO	%	Erfolg %
691.462,0	69,1	30,9
308.538,0	30,9	69,1
66.807,0	6,7	93,3
6.210,0	0,6	99,4
233,0	0,02	99,8
3,4	0,00034	99,99966

Abb. 3-19 Normalverteilung nach Gauß

Mathematisch sind 100% (= Null Fehler) nicht möglich. Die meisten Prozesse liegen in der Praxis zwischen 3σ und 4σ. Die Erreichung höherer Stufen ist meist nur mit sehr hohem Aufwand möglich. Bei extrem sensiblen Systemen (z.B. Flugzeuge) ist jedoch sogar das Niveau 6σ nicht ausreichend.

Die Qualitätsbestimmung von Prozessen nach Six Sigma erfolgt unter bestimmten Randbedingungen. Jeder betrachtete Prozess wird dabei in einzelne Prozessschritte zerlegt, die dann einzeln für sich bewertet werden. Das Ergebnis für den Gesamtprozess ergibt sich aus dem Produkt der einzelnend-Werte.

Die Qualitätsbetrachtung bezieht sich dabei immer nur jeweils auf einen konkreten Einflussfaktor, der den Prozess signifikant beeinflusst (CTQ – Critical To Quality). Die errechneten Werte werden auf 1 Million Fehlermöglichkeiten als Bezugsgröße normalisiert, wodurch übergreifende Vergleiche der Prozessqualität möglich sind. Für die Berechnung des Kurvenverlaufs wird eine Standardabweichung von 1,5 zugrunde gelegt, ein Erfahrungswert, der sich in der Praxis gut bewährt hat.

Für die konkrete Anwendung von Six Sigma haben sich je nach Aufgabenstellung zwei Methoden etabliert:

DMAIC (Define Measure Analyze Improve Control) kommt bei bereits bestehenden Prozessen zum Einsatz, wenn die Kundenanforderungen oder die Performance nicht erfüllt werden.

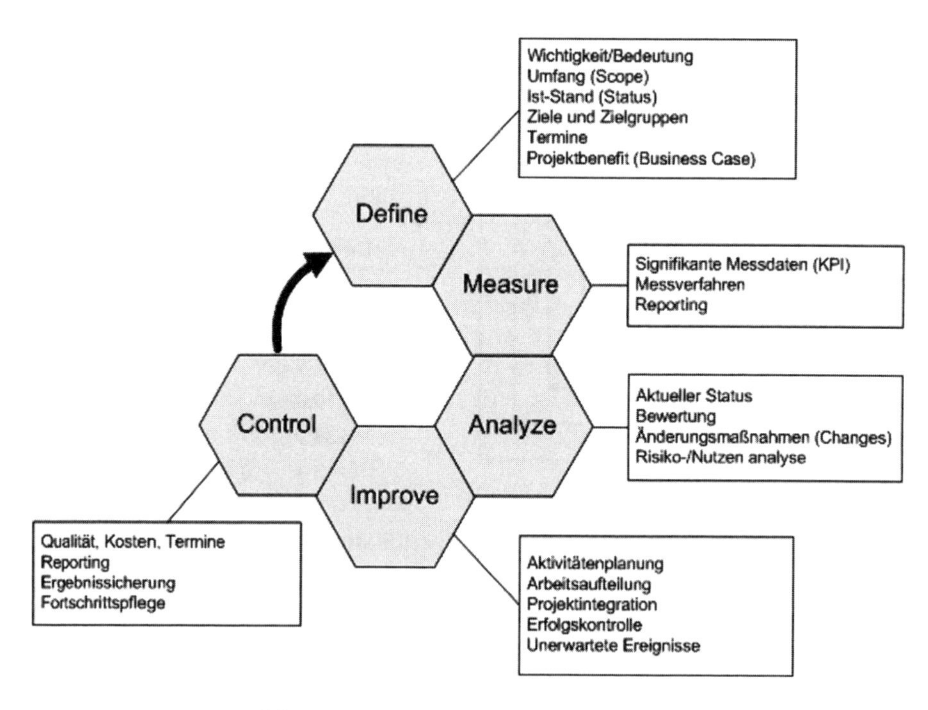

Abb. 3-20 DMAIC

DMADV (Define Measure Analyze Improve Verify) wird bei neu zu entwickelnden Prozessen eingesetzt oder wenn nach der Durchführung von DMAIC die Sollvorgaben immer noch nicht erreicht werden.

3.3.4 Prince2

PRINCE (Projects in Controlled Environments) ist eine Projektmanagement-Methode, die 1989 von der OGC (ehem. CCTA) unter Einbeziehung über 150 öffentlicher und privater Organisationen entwickelt wurde. Seit der Veröffentlichung hat diese Methode in der aktuellen Version PRINCE2 eine weite Verbreitung erfahren und zählt in UK (United Kingdom) als de facto IT-Standard. Ursprünglich nur auf IT-Projekte ausgerichtet, wird PRINCE2 heute auch in anderen Bereichen bei beliebigen Projekten erfolgreich eingesetzt.

PRINCE2 teilt den Projektverlauf stufenweise in überschaubare und kontrollierbare Einheiten bzw. Phasen auf. Nur wenn eine Phase abgeschlossen wurde, wird mit der nächsten begonnen. Die jeweilige Entscheidung darüber wird im Projektlenkungsausschuss gefällt. Der Projektlenkungsausschuss tritt nur bei wichtigen Entscheidungen auf. Regelmäßige Sitzungen sind somit nicht erforderlich.

Zu jedem Prozess werden, bezogen auf die zu erreichenden Ziele und den dazu vorgesehenen Aktivitäten, Input- und Output-Parameter definiert, wobei die Projektplanung stark Ergebnisorientiert verläuft. Der Business Case des Projekts ist dabei als Steuerungsinstrument von zentraler Bedeutung. Der regelmäßige Abgleich mit dem Busines Case stellt sicher, dass auch bei veränderten Sachverhalten während des Projektverlaufs die Zielsetzung weiterhin erreichbar ist.

PRINCE2 schafft eine gemeinsame Sprachbasis unter allen am Projekt beteiligten Interessensgruppen und sorgt für ein geregeltes Zusammenarbeiten.

Da sowohl ITIL als auch PRINCE2 aus dem Hause OGC stammen, finden sich hier viele terminologische Gemeinsamkeiten wieder, weshalb PRINCE2 von der OGC auch als Managementmethode für die Implementierung von ITIL-Prozessen empfohlen wird.

Kerninhalte von PRINCE2

- Kontrollierte Projektphasen: Projektstart, Projektabschnitte und Projektende
- Regelmäßige Soll-Ist-Abgleiche mit dem Business Case
- Automatisches Management bei Planabweichnungen
- Rechtzeitige Einbindung des Managements und betroffener Interessensgruppen im gesamten Projektverlauf
- Flexible Beschlussfassung (Projektlenkungsausschuss)
- Durchgängige Kommunikationsstruktur

Es gibt derzeit zwei offiziell anerkannte Zertifikate für PRINCE2, das Foundation-Examen und das Practitioner-Examen.

3.3.5 Reporting und Eskalation

Genauso wichtig wie die Definition von Metriken und die Gewinnung der Messdaten ist die Auswertung und die Präsentation der Ergebnisse, das Reporting. Ein gutes Reporting zeichnet sich durch seine zielgerichtete Zweckbestimmung für eine bestimmte Zielgruppe aus. Management-Informationen, beispielsweise, sollten nur solche Angaben enthalten, die dem Management einen schnellen Überblick zur Sache verschaffen und als Entscheidungsgrundlage dienlich sind. Tief gehende technische Details, womöglich noch Log-Listings, sind hier fehl am Platz. Für einen Administrator hingegen stellen solche Listen eine wichtige Arbeitsgrundlage dar.

Besonders durch den Einsatz von so genannten Agenten, lassen sich heute mühelos automatisiert in kürzester Zeit Unmengen verschiedenartigster Daten über ein IT-System gewinnen. Das richtige Maß der Abstrahierung ist dabei entscheidend. Aus der Fülle der Daten müssen die Kerninhalte herausgefiltert und übersichtlich dargestellt werden. Dabei ist vor allem die Objektivität zu wahren. Die jeweiligen Prozessowner können diese Aufgabe am besten wahrnehmen, da sie am besten mit der Materie vertraut sind und wissen, worauf es ankommt.

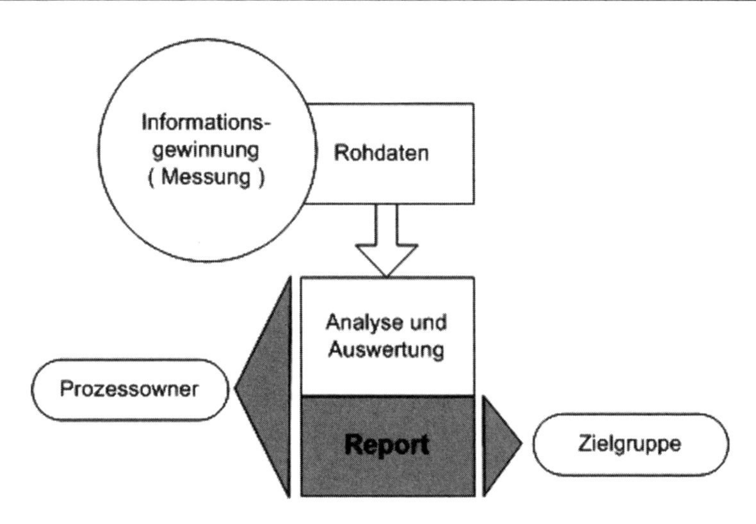

Abb. 3-21 Informationsverarbeitung beim Reporting

Eskalation

Die **Eskalation** ist primär ein skalierbares Instrument zur Begrenzung und zur Verhinderung von materiellen und immateriellen Schäden. Leider wird sie oft auch als disziplinarischer Weg und zur Schuldzuweisung missbraucht, wodurch dem ganzen Umfeld ein negativer Beigeschmack anhaftet. Die Eskalation soll hier aber ins rechte Licht gerückt werden. Denn durch rechtzeitig, richtig und sachlich eingeleitete Eskalationen können wirksame Gegenmaßnahmen ergriffen und durchgesetzt werden. Also ein durchweg positiver und konstruktiver Vorgang, der der Qualitätssicherung dient.

Eskalationswege müssen in allen Prozessen jederzeit verfügbar sein. Eine Eskalation gliedert sich in drei Teile, den **Anlass (Auslöser)**, die **Maßnahmen** und die **Eskalationsstufe**.

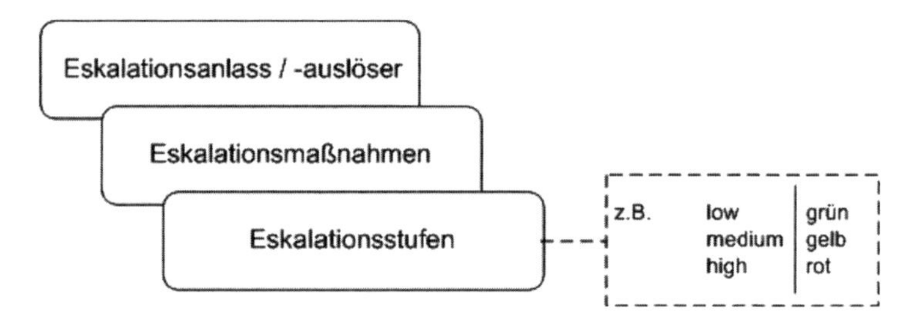

Abb. 3-22 Eskalation

Jedes eingetretene oder absehbare Vorkommnis, das die Erreichung der vereinbarten Geschäftsziele mittelbar oder unmittelbar gefährdet, ist ein potentieller Anlass zur Eskalation. Eskalationsanlässe können ursächlich und in ihrer Wirkung sehr unterschiedlich sein, z.B. technisch, organisatorisch oder aber auch (zwischen)menschlich. Zur Einschätzung und Bewertung von Eskalationsanlässen und zur nachfolgenden Einleitung angemessener Eskalationsschritte sind messbare Grenzwerte und Indikatoren erforderlich. Diese bestimmen sich aus dem jeweiligen Geschäftsumfeld heraus, z.B. Termine, Zeitintervalle, Mengenangaben, Häufigkeiten, etc.. Erfahrungswerte sind bei der Festlegung oft von großem Nutzen. Die Überschreitung eines dieser Werte löst dann die Eskalation aus.

Eskalationsprozesse basieren meist auf einem Stufenkonzept, denn nicht jeder Vorfall sollte immer gleich direkt beim Vorstand landen. Im Kapitel Incident Management wurden die Begriffe vertikale Eskalation und horizontale Eskalation bereits erklärt. Über das Prozessdesign wird der Eskalationspfad festgelegt. D.h., ob die Stufen im Einzelnen immer strikt hierarchisch von unten nach oben durchlaufen werden müssen oder ob man auch Stufen überspringen kann. Je höher die Eskalationsstufe wird, desto brisanter ist die Lage.

Außergewöhnliche Aufwände an Ressourcen, Budget, Personal, Material und Technik können im Rahmen von Eskalationen notwendig sein. Hierzu müssen die entsprechenden Entscheidungsträger auf jeden Fall eingebunden sein.

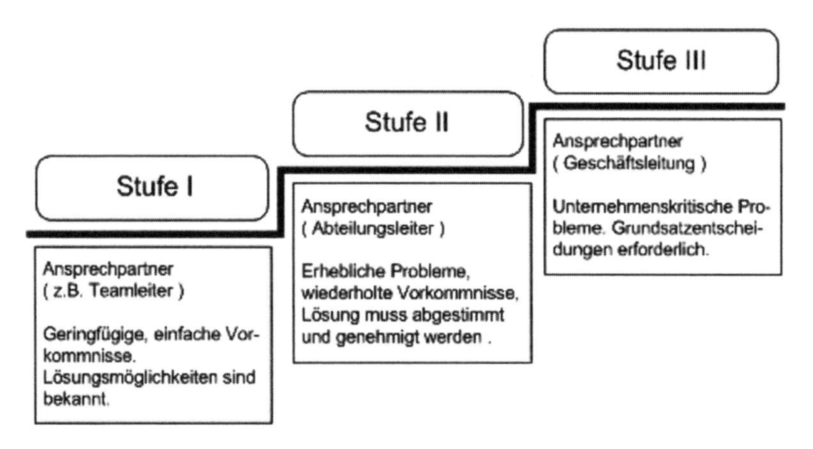

Abb. 3-23 Eskalation Stufenmodell

Für jede Eskalationsstufe müssen ein Ansprechpartner und ein Stellvertreter benannt sein. Alle möglichen Eskalationswege müssen gegenüber dem Kunden in den SLAs klar genannt sein.

3.4 Arbeitsmittel

Um die vielfältigen Aufgaben innerhalb der unterschiedlichen Prozesse effizient bewältigen zu können, müssen leistungsfähige Arbeitsmittel, so genannte Tools, eingesetzt werden. Damit sind in erster Linie weniger Office-Produkte wie Word, Excel, Access, udgl. gemeint, sondern spezialisierte Standardprodukte, die in der Lage sind, die Aktivitäten der Prozesse möglichst vollständig und durchgängig abzubilden.

ITIL selbst legt sich in diesem Punkt weder fest, noch werden Produktempfehlungen gegeben. Im Nachfolgenden sollen daher zumindest die wesentlichsten Punkte angeschnitten werden, die bei der Bedarfsermittlung und zur Bewertung solcher Tools berücksichtigt werden sollten.

Standardprodukte - Wer die Wahl hat, hat die Qual!

Der Markt bietet eine Fülle unterschiedlichster Produkte an. Es gilt nun, die Funktionen und die Leistungsfähigkeit hinsichtlich der operativen Einsatzfähigkeit im Wirkbetrieb des Unternehmens zu prüfen. Solche Produktevaluierungen sind nicht immer ganz einfach, und sie erfordern einiges an Zeitaufwand und Know-how.

Vor allem im Datenbankbereich erfreuen sich so genannte CASE-Tools (Computer Aided System Engeneering) einer großen Beliebtheit. Diese Tools bieten mächtige Funktionen, um direkt aus der Modellierung heraus Anwendungscode zu generieren. So werden, der Vorgabe des Datenbankmodells entsprechend, automatisch Tabellen und Verknüpfungen unmittelbar im Zieldatenbanksystem erzeugt. Die DB-Administration wird dadurch erheblich entlastet. Derartige Mechanismen arbeiten jedoch sehr stark produkt- bzw. herstellerorientiert. Im Bereich der Prozessmodellierung sind ähnliche Mechanismen vorhanden, wobei man aber auch hier einschränkend festhalten muss, dass diese Vorgehensweise meist nur innerhalb bestimmter Produktlinien möglich ist und dass das Fine-Tunig weitgehend manuell nachgezogen werden muss.

Man darf nie dem Glauben verfallen, mit einem noch so guten Produkt fachliche Defizite ausgleichen zu können. Die wichtigste Voraussetzung für eine erfolgreiche Evaluierung ist die genaue Beschreibung der eigenen Anforderungen und Vorstellungen. Je detaillierter diese sind, desto besser sind die Entscheidungsgrundlagen für die Bewertung, für oder gegen ein Produkt. In die Überlegungen sollte die mittel- und langfristige Unternehmensplanung unbedingt mit einbezogen werden.

Alice: "Kannst Du mir bitte sagen, welchen Weg ich nehmen soll?"

Katze: "Das hängt ganz davon ab, wohin Du willst".

Alice: "Ich weiß nicht so recht wohin ..."

Katze: " Nun, dann ist es egal, welchen Weg Du gehst!"

aus Alice im Wunderland

von Lewis Carroll

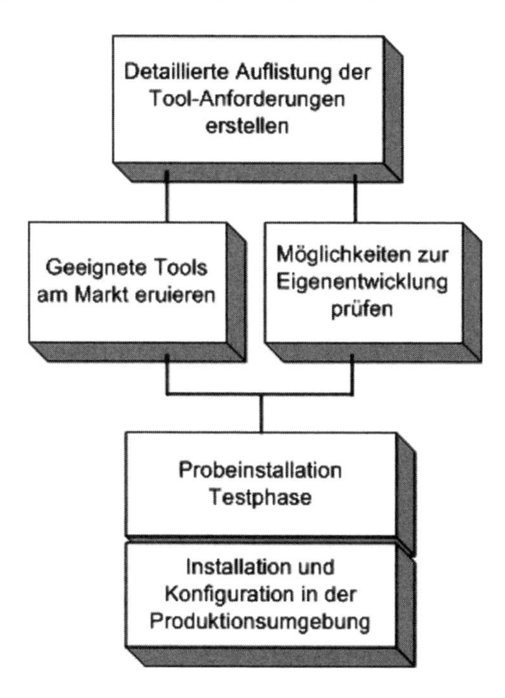

Abb. 3-24 Strategie zur Tool-Evaluierung

Nachfolgend sind einige grundsätzliche Fragestellungen unterschiedlicher Themenbereiche aufgeführt, die im Rahmen einer Produktevaluierung näher beleuchtet werden sollten. Die Liste erhebt keinen Anspruch auf Vollständigkeit und sollte, den jeweiligen Gegebenheiten angepasst, weiter detailliert werden. Daraus kann dann ein qualifizierter Fragenkatalog zusammengestellt werden.

Grundsätzliche Fragen zur Produktevaluierung

- Für welche Plattformen ist ein Produkt erhältlich (Microsoft, Unix, etc.)?
- Wie lange ist das Produkt schon am Markt?
- Gibt es repräsentative Produktreferenzen zum Verbreitungsgrad und zur Qualität des Produkts (Anzahl produktiv eingesetzter Installationen, namhafte Firmen, Fachpresse, ISO9000 Zertifikat, etc.)?

- Sind Support und Weiterentwicklung über einen ausreichend langen Zeitraum durch den Produkthersteller sichergestellt?
- In wie weit kann auf die Weiterentwicklungen Einfluss genommen werden?
- Welche Skalierungsmöglichkeiten sind gegeben?
- In welchen Intervallen werden neue Versionen auf den Markt gebracht?
- Sind die Versionsstände abwärtskompatibel, bzw. wie aufwendig sind Migrationen auf neue Versionen?
- Wie hoch ist der Implementierungsaufwand, und welche Systemressourcen an Software und Hardware müssen dazu vorhanden sein?
- Ist das eigene Unternehmen in der Lage, das Produkt selbst zu installieren und zu warten (Erfahrungen, Fachwissen, Ressourcen)?
- Wie lange dauert die Einführungsphase?
- Wie wird das Produkt nach einem Crash wieder lauffähig (Backup/Restore)?
- Welche Möglichkeiten des Customizings sind gegeben (z.B. zusätzliche proprietäre Entwicklungsmodule, API-Schnittstellen, Source Code, etc.)
- Welche Grenzwerte sind zu beachten (z.B. max. Anzahl an Datensätzen, Transaktionsumfang, Detaillierungsgrad, etc.)
- Ist performantes Arbeiten möglich (z.B. Mehrplatzfähigkeit, parallele Bearbeitungsschritte, Antwortzeitverhalten, Prioritäten, etc.)?
- Werden Performance und Auslastung als Basis für Tuningmaßnahmen gemessen?
- Enthält das Produkt Mechanismen in Bezug auf Vollständigkeits- und Plausibilitätsprüfungen und Fehlertoleranz?
- Wie bedienerfreundlich ist das Produkt (logischer übersichtlicher Aufbau, intuitive Benutzerführung, etc.)?
- Kann das „Look And Feel“ den Styleguides des Unternehmens entsprechend angepasst werden?

- Können wieder verwendbare Komponenten (Objekte, Templates) erstellt werden?
- Werden alle fachlichen Anforderungen erreicht?
- Welche Exportmöglichkeiten zur Weiterverarbeitung in anderen Programmen gibt es?
- Wie viel Prozent der enthaltenen Produktfunktionalität wird effektiv genutzt?
- Wie hoch ist die Redundanz im Aufgabenspektrum, d.h. welche Funktionalitäten werden bereits durch andere sich im Einsatz befindende oder geplante Produkte im Unternehmen abgedeckt?
- Wie werden Zugriffsberechtigungen und Datensicherheit gewährleistet (Autorisierung, Integrität)?
- Sind online praxistaugliche Lookup- und Hilfefunktionen vorhanden?
- Sind Benutzerhandbücher und technische Dokumentationen ausreichend und in der Landessprache verfügbar (z.B. Deutsch)?
- Wie hoch ist der Schulungsaufwand zur Einarbeitung, Training und Weiterbildung?
- Was kostet das Produkt (Vollversion, Update, Lizenzen)?
- Wird das Produkt direkt vom Hersteller vertrieben?
- Bietet der Hersteller weitere ergänzende Produkte an, und in wie weit sind diese zueinander kompatibel?
- Wie stark ist die Produktbindung und damit die Abhängigkeit vom Hersteller nach der Einführung des Produkts?
- Ist vor dem Kauf ein ausführlicher Test- und Probebetrieb möglich?
- Welches Budget steht für den Erwerb und die Einführung maximal zur Verfügung?
- Welche Alternativen gibt es zur Einführung eines Standardprodukts (z.B. Eigenentwicklungen)?

Generalisten vs. Spezialisten

Aufgrund der verschiedenen Anforderungen der einzelnen ITIL-Prozesse, sind unterschiedliche Schwerpunkte in den Arbeitsmitteln gefordert. Prozess- und Datenmodellierung, Workflow, Dokumentenmanagement, Knowledgedatabase, Buchhaltung und Rechnungswesen, Inventory, Kommunikation, Textverarbeitung, Präsentation, Systems Management, Simulation, Test, etc.. Hinter all diesen Themengebieten steckt im Einzelnen ein enormes Detailwissen vieler Entwicklungsjahre, das in einem hohen Spezialisierungsgrad resultiert. Produkte, die den Eindruck vermitteln, Alles zu können, sind schlichtweg Illusionen.

Auch in der IT gibt es keine „Eierlegendewollmilchsau"!

Das Produkt, das die meisten Funktionen besitzt, muss nicht unbedingt immer automatisch überall auch das Beste sein. Und der gute Name, bzw. der Bekanntheitsgrad eines Herstellers, ist auch kein Garant für eine Rundum-Sorglos-Lösung. Die Frage, was ein Produkt wirklich produktiv können muss, sollte stets im Vordergrund stehen. Realistisch ist daher nur eine Klassifizierung bezüglich der universellen Einsetzbarkeit und der Spezialisierung.

Universell einsetzbare Produkte sind primär so ausgerichtet, dass sie die am häufigsten benötigten Funktionalitäten von Standardaufgaben innerhalb eines möglichst großen Aufgabenbereichs, praxisnah auch auf einem durchaus hohen Standardniveau, abdecken. Bei tiefer gehenden fachlichen Anforderungen, stößt man im Detail dann relativ bald an die Grenzen. Spezialprodukte hingegen konzentrieren sich gezielt nur auf wenige Bereiche, bilden diese dafür aber in einer wesentlich umfangreicheren fachlichen Tiefe ab.

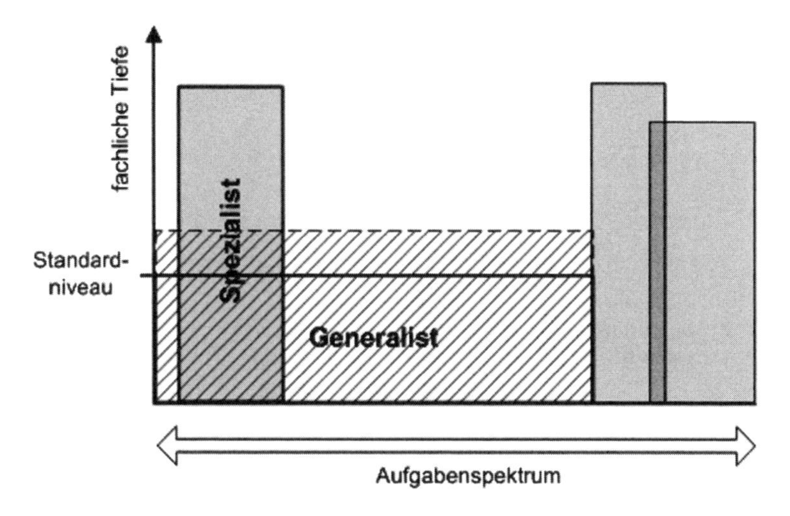

Abb. 3-25 Generalisten vs. Spezialisten

Die Grafik veranschaulicht den Sachverhalt nochmals. Allgemein lässt sich daraus ableiten, dass in Bereichen, in denen ein hohes fachliches Niveau unabdingbar ist, sicherlich Spezialprogramme gefordert sind. Dies betrifft in der Regel jedoch selten das gesamte Aufgabenspektrum. Beim Einsatz mehrerer Programme ist darauf zu achten, dass Redundanzen (Überlappungen) über das jeweilige Aufgabenspektrum möglichst vermieden werden. Besonders große Überlappungen entstehen immer dann, wenn innerhalb eines Aufgabenbereichs Generalistenprodukte und Spezialprodukte parallel eingesetzt werden:

In der Praxis findet man häufig die Situation vor, dass ein universell eingesetztes Standardprodukt, das über einen längeren Zeitraum gute Dienste geleistet hat, den steigenden Anforderungen nicht mehr gewachsen ist und nun eine erweiterte Lösung herbeigeführt werden muss. Folgende Möglichkeiten sollten dabei geprüft und gegeneinander abgewogen werden.

Option	Bedingung	Vor-/Nachteile
Bestehendes Produkt weiter ausbauen, bzw. ergänzen	Hersteller bietet geeignete Erweiterungsmodule an	Gewohnte Produkte bleiben erhalten kurzfristige Realisierbarkeit Erweiterungen reichen nicht auf längere Sicht
Paralleleinsatz von Spezialprodukten zum bestehenden Produkt	Geeignete Produkte sind am Markt fristgerecht verfügbar	Gewohnte Produkte bleiben erhalten gezielter Ausbau der Funktionalität Spezialprodukte müssen evaluiert werden Datenschnittstellen (Interoperabilität), Anpassungs- und Einführungsschwierigkeiten, erhöhter Schulungsbedarf
Bestehendes Produkt durch ein leistungsfähigeres, neues Produkt ersetzen	Geeignete Produkte sind am Markt fristgerecht verfügbar	Aktuelle Technik „aus einem Guss“ ausreichend Reserven Produkte müssen evaluiert werden Datenmigration, Anpassungs- und Einführungsschwierigkeiten, erhöhter Schulungsbedarf

Eigenentwicklung

Besonders in produktionsnahen Bereichen sind viele Anforderungen meist so unternehmensspezifisch, dass diese mit marktüblichen Standardprodukten kaum zufriedenstellend bedient werden können. Wenn ein Customizing von Standardprodukten grundsätzlich nicht möglich ist oder aus anderweitigen Gründen und Überlegungen heraus nicht zielführend erscheint, kann die Entwicklung eigener Produkte durchaus eine sinnvoll gangbare Lösung sein.

Standardprodukt	Eigenentwicklung
WYSWYG – "what you see is what you get" Fertiges Produkt kann sofort eingesetzt werden. Die fachliche Qualität ist getestet.	Know-how bleibt im Haus Spezifikationen müssen selbst erstellt werden Hoher Entwicklungs- und Testaufwand.
Kaum Einfluss auf die Produktentwicklung	Volle Kontrolle über die Produktentwicklung. Zielgerichtetes Produkt, wenig Overhead.
Herstellerbindung (Abhängigkeit). Produktwechsel ist oft schwierig.	Ressourcen zur Entwicklung müssen bereitgestellt werden (Personal, Entwicklungsumgebung, Testsysteme, etc.).
Product-Customizing kann sehr teuer werden	Entwicklungskosten können schnell aus dem Ruder laufen.
Kosten sind besser planbar. Flexible Finanzierungsmodelle (z.B. Leasing) können genutzt werden.	Entwicklungskosten können als interne Aufwände verrechnet werden („EH DA – Kosten")
Schulung der Mitarbeiter durch den Hersteller oder am freien Markt	Schulung der Mitarbeiter muss intern organisiert werden

Fazit

Es gibt an sich keine „ITIL-Tools", sondern nur Software, die in der Praxis die Erledigung der täglichen Aufgaben, speziell hier im Rahmen der ITIL-Prozesse, leichter und rationeller gestalten. Einige Hersteller haben dazu bereits die ITIL-Terminologie in ihre Produkte aufgenommen und vielfältige Templates für die Prozessgestaltung definiert. Das beschleunigt den Startup an vielen Stellen und sorgt für ein entsprechendes Maß an Flexibilität. Der größte Arbeitsaufwand besteht aber letztlich immer noch darin, die unternehmensspezifischen Anforderungen und Verknüpfungen im Detail funktionsfähig abzubilden (Customizing!!!). Die Interoperabilität hat eine hohe Priorität, wenn mit mehreren Systemen parallel gearbeitet werden muss. Insbesonbdere dann, wenn es sich um die An-/Einbindung schon bestehender (produktiver) Systeme handelt.

Über einen mittel- oder gar langfristigen Betrachtungszeitraum gesehen eröffnet, beispielsweise im Rahmen einer Um- oder Neuorganisation nach ITIL, die Einführung von unternehmensweit einheitlichen Standardtools sicherlich interessante Perspektiven.

Das Prädikat „ITIL-konform" oder gar ITIL-Zertifikate, mit denen einige Hersteller für ihre Tool-Produkte werben, sollte man nicht überbewerten. Die Firma Pink Elephant beispielsweise propagiert ITIL-Zertifikate für Tools und stellt solche auch aus. Ein anerkannter Qualitätsstandard oder bessere Vergleichsmöglichkeiten derart zertifizierter Produkte untereinander ist damit leider nicht gegeben. Von offizieller Seite der OGC, EXIN oder ISEB werden derzeit keine Tool-Zertifikate vergeben oder bestätigt.

Meist lassen sich aus vorhandenen Mitteln gleich gute Ergebnisse erzielen. Mir ist nicht bekannt, dass eine ITIL-Einführung aufgrund der Tool-Frage gescheitert wäre.

A fool with a tool is still a fool!

4 Ausbildung

4.1 Ausbildungsmöglichkeiten

Ausgehend von einem gemeinsamen Grundlagenblock (ITIL Foundation), erfolgt die weitere Spezialisierung in Richtung Management und in Richtung Praxis.

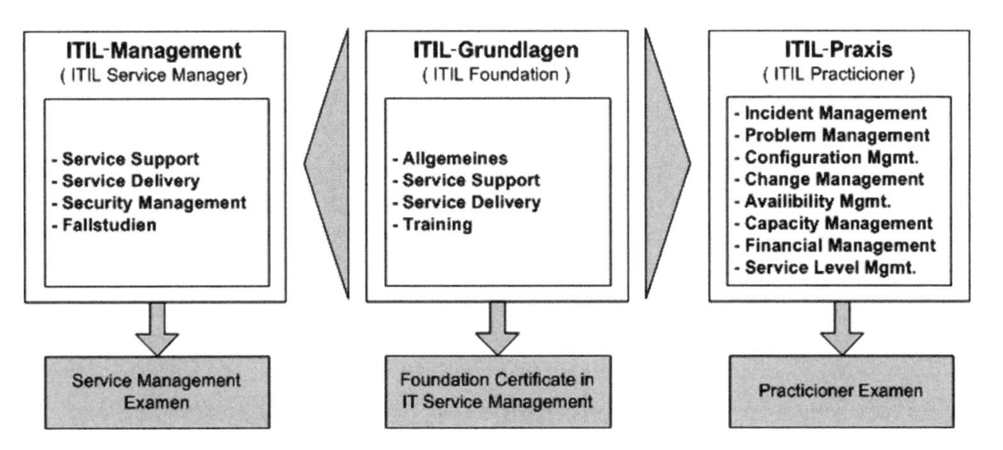

Abb. 4-1 Ausbildungswege

ITIL Foundation

In den Grundlagen wird das ITIL-Basiswissen vermittelt, etwas Historie, die wichtigsten ITIL-Organisationsstrukturen sowie die wesentlichen Merkmale der Hauptprozesse des IT Service Managements und die jeweilige Fachterminologie. Man entwickelt dabei ein erstes Gefühl dafür, was mit ITIL geleistet werden kann. Am Schluss steht eine einstündige Examensprüfung („Foundation Certificate in IT Service Management") in Form eines Multiple Choice-Tests, die als Eingangsvoraussetzung für die weiterführenden Examen erforderlich ist. Die Prüfung ist bei gründlicher Vorbereitung problemlos zu bestehen. Die Lerninhalte werden üblicherweise in einer zweitägigen Seminarveranstaltung vermittelt.

IT Service Manager

Die Qualifizierung zum IT Service Manager erfordert tief gehende Kenntnisse in den Kernbereichen Service Support, Service Delivery und IT Security Management. Umgang und Detailwissen zu diesen Themen werden anhand einer umfangreichen Fallstudie abgeprüft. Die Fallstudie selbst wird ein paar Wochen vor der Prüfung zur Vorbereitung bekannt gegeben, aber am Prüfungstag durch eine unbekannte „aktuelle Situation“ variiert. Die Schulung zum IT Service Manager erfolgt in der Regel in drei um jeweils vier Wochen auseinander liegenden Schulungsblöcken zu je drei Tagen. Einige Schulungsunternehmen bieten auch eine „Intensiv-Variante“ an, die den gesamten Stoff in sieben Tagen am Stück durchpaukt. Die Prüfungsdauer für die Kernbereiche Service Support und Service Delivery beträgt jeweils drei Stunden. In jeder Prüfung können maximal 100 Punkte erreicht werden, wobei zum Bestehen der Prüfung mindestens 50 Punkte in jeder Prüfung erreicht werden müssen. Das Prüfungsniveau sollte nicht unterschätzt werden. Über die Schulungsteilnahme hinaus ist auf jeden Fall ein entsprechend weiterer Lerneinsatz erforderlich.

Prüfungsvoraussetzung zum IT Service Manager sind eine bestandene ITIL Foundation-Prüfung sowie ein Incourse Assessment, eine Beurteilung der eigenen Präsentations-, Führungs- und Managementfähigkeiten, die im Laufe der Ausbildungsveranstaltung vom Schulungsunternehmen ausgestellt wird.

Die Ausbildung zum Service Manager ist in erster Linie für Verantwortliche für Management und Betrieb von operativen Dienstleistungen, Geschäftsführer, IT-Manager, Projektleiter und IT-Berater mit Verantwortung für die Implementierung der Managementprozesse sinnvoll.

IT Practioner

Die Qualifizierung zum ITIL Practicioner erfordert tief gehende Kenntnisse ausgewählter Prozesse des Service Supports und des Service Deliverys. Der Fokus liegt dabei auf der praktischen Umsetzung und dem Betrieb der Managementprozesse. Man versucht mit diesem Zweig die Lücke von der Prozessmodellierung zur operativen Prozessumsetzung zu schließen. Das Prüfungsniveau ist hoch und erfordert einen entsprechenden Lerneinsatz.

Der Schulungsumfang beträgt ca. acht Tage. Hinzu kommen praktische Übungsaufgaben, die exemplarisch im eigenen Betrieb behandelt werden sollen. Die Prüfung dauert 120 min.

Zielgruppen sind Verantwortliche für den Betrieb von operativen Dienstleistungen, Projektleiter und operative IT Berater.

Wer mit dem Thema ITIL weiter arbeiten will oder eine der Prüfungen Service Manager bzw Practioner anstrebt, der sollte sich auf jeden Fall mit der Original OGC-Literatur befassen. Vor allem die Bände „Service Support“ und „Service Delivery“ sind hier sehr zu empfehlen (siehe Literaturverzeichnis). Eventuell noch „Planning To Implement“, da hier die KPIs und CSFs)

Zertifizierung

Die EXIN (Examination Institute) und die ISEB (The Information Systems Examining Board) sind die weltweit einzig anerkannten Instanzen zur Vergabe von ITIL-Zertifikaten. Dort werden die Voraussetzungen, die Inhalte und das Niveau der Prüfungen festgelegt, sodass ein einheitlicher Qualitätsstandard gewährleistet ist. Andere Institutionen, die gültige ITIL-Zertifikate ausstellen wollen, müssen dazu von der EXIN bzw. ISEB autorisiert sein. In Deutschland beispielsweise werden ITIL-Prüfungen von der TÜV-Akademie vom Technischen Überwachungsverein (TÜV) abgenommen und Zertifikate ausgestellt.

Unternehmen, die über die Foundation-Schulung hinaus Schulungen im ITIL-Umfeld anbieten, müssen bei der EXIN bzw. ISEB akreditiert sein.

4.2 Musterfragen

Die nachfolgenden Musterfragen beziehen sich auf das ITIL Foundation-Examen.

Zum ITIL Foundation-Examen müssen 40 Aufgaben in einer Stunde gelöst werden. Zu jeder Frage gibt es immer nur eine richtige Antwortmöglichkeit. Die Fragen sollten wirklich sehr genau gelesen werden, da man bei manchen Fragestellungen sehr leicht in die Irre geführt werden kann.

Im Anschluss an die Fragen sind die Lösungstabelle und das Bewertungsschema angegeben.

1 Daten in der Configuration Management Database (CMDB) dürfen nur nach vorheriger Genehmigung zu einer Änderung der Infrastruktur modifiziert werden.

Welcher Prozess erteilt diese Genehmigung?

A) Realease Management

B) Configuration Management

C) Change Management

D) Incident Management

2 Die Abteilung Netzwerk einer Organisation hat wegen der Einhaltung eines Vertrages mit einem internen Kunden eine Vereinbarung mit einer externen Organisation getroffen.

Worin wird die Vereinbarung mit der externen Organisation festgelegt?

A) Underpinning Contract (UC)

B) Service Level Agreement (SLA)

C) Service Level Requirement (SLR)

D) Operational Level Agreement (OLA)

3 Was ist der Unterschied zwischen der Verwaltung von Vermögenswerten (Assets) und der Konfigurationsverwaltung (Configuration Management)?

A) Das Asset Management kümmert sich nur um die Verwaltung der Vermögenswerte. Das Configuration Management behandelt alles in der Infrastruktur.

B) Das Asset Management entspricht dem Configuration Management, aber betrifft nur die anderen Nicht-IT-Besitztümer, wie Stühle und Tische.

C) Das Asset Management behandelt die finanziellen Aspekte der Configuration Items. Das Configuration Management behandelt ausschließlich die technischen Einzelheiten der Infrastruktur.

D) Das Configuration Management geht viel weiter als das Asset Management, weil es auch die Beziehungen zwischen den Configuration Items behandelt.

4 Wie arbeitet das Availability Management mit dem Security Management zusammen?

A) indem Vereinbarungen über die Verfügbarkeit der Security Database getroffen werden,

B) indem Grenzen für den Schutz aus den Anforderungen der Verfügbarkeit heraus bestimmt werden,

C) indem Vereinbarungen hinsichtlich des Schutzes der Availability Database getroffen werden,

D) indem Maßnahmen über den Datenschutz verwirklicht werden.

5 Was wird als Configuration Item (CI) angesehen?

A) ein Anruf

B) eine Dokumentation

C) ein Zwischenfall

D) ein Prozess

6 Eine Organisation hat den Prozess Incident Management implementiert. Dabei wurden mehrere Abteilungen eingerichtet, die sich mit der Lösung von Zwischenfällen beschäftigen. Es gibt ein Lösungsteam für PC Störungen, eines für Netzwerklösungen, einen Service-Desk und eine Gruppe von Spezialisten, die diese Teams unterstützt. In einer IT-Organisation sind die Unterstützungsgruppen in der Regel nach ihrem Leistungsniveau gekennzeichnet, z.B. Gruppe I, Gruppe II, etc.

Wie würden Sie die Unterstützungsniveaus aufteilen?

A) 1-Gruppe I, 2-Gruppe II, 3-Spezialisten

B) 1-Service Desk, 2-PC-Lösungsteam, 3-Netzwerk-Lösungsteam, 4-Spezialisten

C) 1-Service Desk, 2-beide Lösungsteams, 3-Spezialisten

D) 1-beide Lösungsteams, 2-Service Desk, 3-Spezialisten

7 **Wie trägt das IT Servicemanagement zur Qualität von IT-Dienstleistungen bei?**

A) indem Vereinbarungen zwischen internen und externen Kunden und Lieferanten in formalen Dokumenten festgelegt werden,

B) durch allgemein anerkanntes Normen der Service Levels,

C) indem dafür gesorgt wird, dass unter allen Angestellten der IT-Organisation die Kundenfreundlichkeit gefördert wird,

D) indem Prozesse zur Verwirklichung der Dienstleistungen eingerichtet werden, die einfach zu handhaben und aufeinander abgestimmt sind.

8 Ein schwerer Fehler ist aufgetreten. Das zugewiesene Lösungsteam kann das Problem nicht innerhalb der vereinbarten Zeit beheben. Der Incident Manager wird eingeschaltet.

Weche Form der Eskalation liegt hier vor?

A) fachliche Eskalation

B) operative Eskalation

C) hierarchische Eskalation

D) formelle Eskalation

9 Was ist die beste Definition eines Problems?

A) eine unbekannte Ursache eines oder mehrerer Vorfälle

B) ein anderer Begriff für einen erkannten Fehler

C) eine bekannte Ursache eines oder mehrerer Incidents

D) ein erkannter Fehler mit einem oder mehreren Incidents

10 Was ist eine der Aufgaben im Availability Management?

A) Verträge mit den Lieferanten abzuschließen

B) Die Überwachung der Verfügbarkeit eines Weiterberechnungssystems

C) Die Kontrolle der Zuverlässigkeit und des Leistungsniveaus von Configuration Items, die gekauft und von Dritten gewartet werden

D) Die Planung und die Verwaltung der Zuverlässigkeit und der Verfügbarkeit von Dienstleistungsverträgen (SLAs)

11 Wofür benutzt das Service Level Management die Daten aus der Incident-Registrierung des Service Desks?

A) um zusammen mit anderen Daten zu überprüfen, ob das vereinbarte Leistungsniveau eingehalten wurde

B) zum Erstellen von Verträgen (SLAs)

C) beim Erstellen von Berichten über die Art und Anzahl der Störungen innerhalb eines bestimmten Zeitraums

D) um anhand der Anzahl der gelösten Zwischenfälle die Verfügbarkeit des IT-Services zu bestimmen

12 Welches ist eine Aktivität des Service Desks?

A) Im Namen des Kunden die Störungsursache untersuchen

B) als erster Ansprechpartner für den Kunden fungieren

C) die Ursache des Zwischenfalls lokalisieren

D) Neue Releasestände koordinieren

13 Die Netzwerkadministratoren sind voll ausgelastet. Sie haben kaum Zeit für die Verwaltung des Netzwerks. Ein Grund dafür ist, dass die Benutzer sie direkt zur Störungsbeseitigung kontaktieren.

Welcher ITIL-Prozess könnte hier Abhilfe schaffen?

A) Change Management

B) Service Desk

C) Incident Management

D) Problem Management

14 Die Daten für die Finanzverwaltung sind nur befugten Benutzern zugänglich. Die Funktion Security Management unternimmt Schritte, um dies zu garantieren.

Welcher Sicherheitsaspekt ist damit gewährleistet?

A) Verfügbarkeit der Daten (Availability)

B) Stabilität der Daten (Stability)

C) Integrität der Daten (Integrity)

D) Vertraulichkeit der Daten (Confidentiality)

15 Ein Computer-Operator stellt fest, dass die Festplattenkapazität bald erschöpft sein wird.

Welchem ITIL-Prozess muss dies mitgeteilt werden?

A) Availability Management

B) Change Management

C) Incident Management

D) Capacity Management

16 Welcher Begriff gehört nicht zum IT Financial Management?

A) Einkaufen (Procuring)

B) Tariffestlegung (Pricing)

C) Weiterberechnung (Charging)

D) Budgetieren (Budgeting)

17 Welche Rolle kommt ITIL im IT Service Management zu?

A) Standardmodell für IT-Dienstleistungen

B) Auf den besten Praxisbeispielen basierte Vorgehensweise

C) Internationale Norm für IT Service Management

D) Theoretischer Rahmen zur Prozesseinrichtung

18 Welche der nachfolgenden Aufgaben obliegt dem Problem Management?

A) Die Koordination aller an der IT-Infrastruktur vorgenommener Änderungen

B) Die Aufzeichnung aller Zwischenfälle für spätere Untersuchungen

C) Die Genehmigung von Änderungen, die in der Known Error-Datenbank vorgenommen werden

D) Die Bedürfnisse des Benutzers definieren und anhand dessen Änderungen an der IT-Infrastruktur vornehmen

19 Im Service-Desk wurden diesen Monat 3126 Anrufe bearbeitet.

Welcher Art waren diese Anrufe?

A) Änderungen von Dienstleistungsverträgen (SLAs)

B) Meldungen über geänderte Configuration Items (CIs)

C) Anfragen an die IT-Organisation, Benutzer zu unterstützen

D) Private Mitteilungen

20 Für welche der folgenden Aktivitäten ist das Release Management verantwortlich?

A) Überprüfen, ob auf den Computern der Organisation illegale Software installiert wurde

B) Speichern der Originalkopien der gesamten in der Organisation eingesetzten Software

C) Registrieren, wo welche Softwareversionen erhältlich sind

D) Die eingesetzte Software zertifizieren

21 Ein Vermittlungsbüro ist im Laufe der Jahre immer abhängiger von seinen Informationssystemen geworden. Daher wird beschlossen, die Stabilität der IT-Dienstleistungen unter allen Umständen sicherzustellen.

Welcher Prozess wird dazu implementiert?

A) Availability Management

B) IT Service Continuity Management

C) Service Level Management

D) IT Service Management

22 Ein Bauunternehmen beabsichtigt die Fusion mit einem Konkurrenten. Die IT-Abteilungen und die IT-Infrastrukturen der beiden Unternehmen sollen zusammengeführt werden.

Welcher Prozess ist für die Bestimmung der Festplatten- und Speicherkapazitäten der Anwendungen der vereinten IT-Infrastrukturen verantwortlich?

A) Anwendungsmanagement (Application Management)

B) Capacity Management

C) Computer Operations Management

D) Release Management

23 Die Anforderungen an das Dienstleistungsniveau (Service Level Requirements) werden im Service Level Management-Prozess benutzt.

Was versteht man unter Service Level Requirements?

A) Die Erwartungen und Bedürfnisse des Kunden bezüglich der Dienstleistungen

B) Die Erwartungen der Organisation in Bezug auf den Kunden

C) Die Bedingungen, die für den Dienstleistungsvertrag (SLA) erforderlich sind

D) Einen Paragraphen des SLA mit Zusatzspezifikationen zur Ausführung von SLAs

24 Einem Benutzer steht ein neuer PC zur Verfügung, der an das lokale Netzwerk angeschlossen ist. Sein alter PC wird anderweitig verwendet.

Welcher Prozess ist für die Registrierung dieser Änderung in der Configuration Management Database (CMDB) zuständig?

A) Change Management

B) Configuration Management

C) Problem Management

D) Release Management

25 Welcher der Begriffe gehört zum Change Management?

A) Einschätzung (Bewertung) nach der Implementierung (Post Implementation Review)

B) Notausgabe (Emergency Release)

C) Anfrage um einen Service (Service Request)

D) Zeitlich begrenzte Lösung (Workaround)

26 Ein Benutzer ruft beim Service-Desk mit einer Beschwerde an, dass bei der Benutzung einer bestimmten Anwendung immer ein Fehler auftritt und dadurch die Verbindung mit dem Netzwerk unterbrochen wird

Welcher Prozess ist für die Lokalisierung der Ursache zuständig?

A) Availability Management

B) Incident Management

C) Problem Management

D) Release Management

27 **Welcher der Begriffe gehört zum IT Service Continuity Management?**

A) Anwendungsdimensionierung (Application Sizing)

B) Empfindlichkeit/Verwundbarkeit (Vulnerability)

C) Wartungsfähigkeit (Maintainability)

D) Reparaturvermögen (Resilience)

28 **Zu welchem Prozess gehören Performance Management und Ressource Management?**

A) Availability Management

B) Capacity Management

C) IT Service Continuity Management

D) Service Level Management

29 Eine Firma hält es für wichtig, dass alle Störungen zentral effizient und effektiv bearbeitet werden.

Welche Maßnahme ist hierzu geeignet?

A) Die Einrichtung von 24h-Hotlines

B) Die Einrichtung eines Single Point of Contact (SPOC)

C) Die Einrichtung eines Notdienstes

D) Die Bereitstellung von Online-Hilfen im Internet

30 Wie unterstützt das Problem Management die Aktivitäten des Service Desk?

A) Es löst ernste Zwischenfälle für den Service Desk

B) Es löst einfache Zwischenfälle für den Service Desk

C) Es entlastet den Service Desk, indem es die Lösung eines Problems direkt an die Kunden weitergibt

D) Es stellt dem Service Desk Informationen über erkannte Fehler zur Verfügung

31 Was ist eine der Aufgaben der Fehlerkontrolle (Error Control)?

A) Zeitliche Lösungen bedenken und ausarbeiten (Workarounds)

B) Erkannte Fehler (Known Errors) durch den ITIL-Prozess Change Management korrigieren lassen

C) Known Errors erkennen und registrieren

D) Known Errors registrieren und verwalten

32 Was versteht man unter einer Basiskonfiguration (Configuration Baseline)?

A) Eine Standardkonfiguration für die Configuration Management Database (CMDB)

B) Eine Beschreibung eines standardisierten CIs

C) Ein Set von Configuration Items, das einmalig ausgeliefert wird

D) Eine Standardkonfiguration, die an die Benutzer ausgeliefert wird

33 Bei welchem ITIL-Prozess ist Mean Time between Failure (MTBF) ein gebräuchlicher Begriff?

A) Availability Management

B) Capacity Management

C) IT Service Continuity Management

D) Service Level Management

34 Welche Rolle spielt die Definitive Software Library (DSL) im Release Management-Prozess?

A) Ein physikalischer Speicher für die Originalversionen der gesamten eingesetzten Software

B) Ein Nachschlagewerk mit der gesamten Softwaredokumentation

C) Ein Registrierungstool für alle Software Items

D) Eine Art CMDB für Software

35 Eine Firma beginnt mit dem Aufbau eines Intranets und startet mit grafischen Design-Arbeitsplätzen. Da viele Abbildungen über das Netzwerk gehen, muss die Netzkapazität erweitert werden.

Welcher Prozess muss die Implementierung dieser Erweiterung genehmigen?

A) Change Management

B) Availability Management

C) Release Management

D) Capacity Management

36 Welche Frage wird beantwortet, wenn eine Organisation Zukunftsvisionen und Ziele festlegt?

A) Wie gelangen wir dorthin, wo wir sein wollen?

B) Wie wissen wir, wo wir gerade sind?

C) Wo wollen wir hin?

D) Wann haben wir das Ziel erreicht?

37 Nach der erforderlichen Suche wurde die gemeinsame Ursache einer Reihe vergleichbarer Fehler gefunden. Dies führte zu einem erkannten Fehler (Known Error).

Was hat nun in der Regel zu geschehen?

A) Alle Zwischenfälle müssen schnellstmöglich beseitigt werden

B) Der Fehler muss durch eine Änderung behoben werden

C) Der Fehler muss in die Configuration Management Database aufgenommen werden

D) Das betreffende Problem muss identifiziert werden

38 Der Change Manager wird im Fall einer Änderungsanforderung (Request For Change) eine Aktivität starten.

Was tut er, wenn es sich um eine komplexe Änderung handelt?

A) Die Änderung beim Problem Management anmelden

B) Die Änderung beim Incident Management anmelden

C) Die Änderung dem IT Manager vorlegen

D) Die Änderung dem Change Advisory Board vorlegen

39 **Welche der Aufgaben gehört zum Configuration Management?**

A) Einberufen des Configuration Advisory Boards

B) Physikalisches Verwalten der Software Items

C) Installieren der Apparatur am Arbeitsplatz

D) Aufzeichnen der Beziehungen zwischen den Configuration Items (CIs)

40 **Bei welchem ITIL-Prozess kann eine Einschätzung (Bewertung) nach einer Implementierung (Post Implementation Review) benutzt werden?**

A) Incident Management

B) Application Management

C) Problem Management

D) Release Management

41 Wo werden Kapazitätsanforderungen definiert?

A) Im Kapazitätsplan (Capacity Plan)

B) Im Service-Optimierungsprogramm (SIP)

C) Im Service-Qualitätsplan (SQP)

D) In den Service-Anforderungen (SLR)

42 Wer ist innerhalb einer Organisation befugt, mit der IT-Abteilung ein SLA über die Lieferung von IT-Dienstleistungen abzuschließen?

A) Service Level Manager

B) Anwender der IT-Mittel

C) ITIL-Prozesseigentümer

D) Auftraggeber der IT-Abteilungen auf Kundenseite

43 Welche Daten gehören nicht in die Capacity Management Database (CDB)?

A) Verknüpfungsdaten von CIs

B) Auslastungsdaten

C) Businessdaten (Geschäftsdaten)

D) Finanzdaten

44 Problem Control ist ein Unterprozess im Problem Management. Die erste Aktivität innerhalb von Problem Control ist es, Probleme zu identifizieren und aufzuzeichnen.

Welcher Schritt sollte bei der Identifikation eines Problems als erster unternommen werden?

A) Analysieren aller bestehenden Vorfälle (Incidents)

B) Klassifizierung und Priorisierung der Probleme

C) Lösung von Problemen

D) Managementinformationen bereitstellen

45 Welche Rolle übernimmt die Geschäftsführung im Krisenfall?

A) Keine, da alles bereits durch Notfallpläne geregelt ist

B) Sie koordiniert die operativen Katastrophenschutzmaßnahmen

C) Sie führt Analysen und Reportings durch

D) Sie fungiert als Krisen-Management

46 Welche Kenngröße wird in ITIL durch Auswirkung und Dringlichkeit beschrieben?

A) Die Leistungsfähigkeit der IT-Infrastruktur

B) Die Priorität

C) Die Strategie zur Notfallplanung

D) Das Schadenspotential

47 Was ist eine andere Bezeichnung für Uptime?

A) Durchschnittliche Zeit zwischen zwei Ausfällen (MTBF)

B) Durschchnittliche Wiederherstellungszeit (MTTR)

C) Durchschnittliche Zeit zwischen zwei System-Zwischenfällen (MTBSI)

D) Verhältnis zwischen MTBF und MTBSI

48 Ein Unternehmen ist an mehreren Standorten vertreten. In der Hauptstelle ist ein Service Desk eingerichtet, an den sich die User aller Standorte bei Problemen wenden können.

Welches Service Desk-Modell wird hier verwendet?

A) Lokaler Service Desk

B) Virtueller Service Desk

C) Zentraler Service Desk

D) Keines der eben genannten

49 Welcher der nachstehenden Begriffe drückt das Maß aus, in dem ein Vorfall (Incident) zu einer Abweichnung vom normalen Serviceniveau führt?

A) Eskalation

B) Auswirkung (Impact)

C) Priorität

D) Dringlichkeit (Urgency)

50 Über welche Vertragsgestaltung wird die interne Leistungserbringung festgelegt?

A) Service Level Agreement (SLA)

B) Operational Level Agreement (OLA)

C) Underpinning Contract (UC)

D) Leistungskatalog

51 Die Verfügbarkeit eines zentralen Servers soll durch einen weiteren Server verbessert werden.

In welcher Anordnung muss der zweite Server in das System eingebunden werden?

A) Parallel zum Zentralserver

B) Seriell zum Zentralserver

C) Hierarchisch über dem Zentralserver

D) Hierarchisch unter dem Zentralserver

52 Was fällt bei ITIL nicht unter den Begriff Eskalation?

A) Fachliche Weitergabe von Problemstellungen

B) Problemmeldung an übergeordnete Stellen

C) Technische Konfliktlösung

D) Einbeziehung verantwortlicher Personen

53 Welche der folgenden Informationen über einen bereits ausgeführten Change ist im Change Management Bestandteil der Management-Berichterstattung?

A) Anzahl der Zwischenfälle (Incidents) bezogen auf die durchgeführten Changes

B) Anzahl gelöster Incidents wegen durchgeführter Changes

C) Falsch oder fehlerhaft registrierte CIs

D) Aufbau und Zusammenstellung der CIs nach dem Change

54 Welcher Bereich ist nicht als Configuration Items (CI) in der CMDB abgebildet?

A) Telekommunikationsanlagen

B) IT-Netzwerkkomponenten

C) Vertragsdokumente, Betriebshandbücher

D) Personalbestand

55 Was versteht man unter MTBF (Mean Time Between Failure)?

A) Die Zeitspanne zwischen dem Auftreten zweier Störungen

B) Die Zeit, die ein System nicht verfügbar ist

C) Die Zeit ab der Wiederherstellung eines Systems bis zum nächsten Zwischenfall (Incident)

D) Die Reparaturzeit zwischen zwei Störungen

56 Welcher ITIL-Prozess liefert eine Einschätzung über die

Folgen einer unerwarteten schweren Katastrophe?

A) Change Management

B) IT Security Management

C) Problem Management

D) Service Level Management

57 Im Rahmen eines Katastrophenfalls müssen besondere Mittel und Ressourcen bereitgestellt werden.

Wer ist für die Freigabe verantwortlich?

A) Das Management/Geschäftsleitung

B) Das Emergency Committee (EC)

C) Das IT Service Continuity Management (ITSCM)

D) Das Financial Management

58 Was ist normalerweise keine Aktivität des Service Desk?

A) Abwicklung von Standard Changes

B) Reklamationsbearbeitung bezüglich der Dienstleistungen der IT-Organisation

C) Erforschung der zugrundeliegenden Ursache von Incidents

D) Bereitstellung von Informationen über Produkte und Serviceleistungen

59 Welches der folgenden Dokumente ist Teil eines taktischen Prozesses?

A) Benutzerhandbuch

B) Rundschreiben des Service Desk bezüglich einer Anwendung

C) Besprechungsprotokoll bezüglich einer Änderungsanfrage (RFC) vom Kunden

D) Vereinbarungen über den Verfügbarkeitsprozentsatz einer Anwendung

60 Welchen Status bekommt ein Problem, wenn die Ursache dieses Problems bekannt ist?

A) „Incident“

B) „Known Error“

C) „gelöst“

D) „Request for Change“

61 Der PC eines IT-Anwenders ist abgestürzt. Vor drei Monaten ist dies schon einmal vorgekommen. Der Anwender teilt den Absturz dem Service Desk mit.

Welche Art der Aufzeichnung sollte für diese Mitteilung des Anwenders gewählt werden?

A) Zwischenfall (Incident)

B) Bekannter Fehler (Known Error)

C) Problem

D) Request for Change (RFC)

62 Welcher ITIL-Prozess ist für die Inhalte des Service-Katalogs zuständig?

A) Das Service Level Management

B) Das Financial Management

C) Das IT Service Continuity Management (ITSCM)

D) Das Account Management

63 Welche Änderungen an der IT-Infrastruktur dürfen ohne Zustimmung des Change Managements durchgeführt werden?

A) Austausch zentraler Systemkomponenten

B) Erweiterung von Speicherkapazitäten

C) Änderungen an der lokalen Netzanbindung

D) Keine der genannten Änderungen

64 Welches Attribut in der CMDB gibt Auskunft, welche CIs sich zu einer bestimmten Zeit in Wartung befinden?

A) Kaufdatum

B) Eigentümer (Owner)

C) Standort

D) Status

65 Welche Aktivität gehört zum Availability Management?

A) Klassifizierung von RFCs

B) Bestimmung der Rangfolge von Auswirkungen für Zwischenfälle (Impact Classification)

C) Identifizierung von Problemen in Bezug auf die Verfügbarkeit (Availability) von IT-Services

D) Messung der Verfügbarkeit von IT-Services

66 Welcher ITIL-Prozess stellt eine Analyse über Gefährdungen und Abhängigkeiten bezüglich der IT-Services zur Verfügung, aufgrund derer dann geeignete Gegenmaßnahmen festgelegt werden?

A) Availability Management

B) IT Service Continuity Management

C) Problem Management

D) Service Level Management

67 Was ist IT Service Management?

A) Die effektive und effiziente Steuerung der Qualität von IT-Services

B) Die Organisation der Verwaltung der IT-Infrastruktur nach den Methoden von ITIL

C) Die prozessorientierte Verwaltung der IT-Infrastruktur, sodass die IT-Organisation dem Kunden IT-Services professionell liefern kann

D) Das Verständnis für die IT-Services einer größeren Öffentlichkeit zugänglich machen und fördern

68 Welche Attribute beschreiben im Availibility Management den Begriff Verfügbarkeit?

A) Sicherheit, Betreibbarkeit und Zuverlässigkeit

B) Ausfallsicherheit, Zuverlässigkeit, Wartbarkeit und Servicefähigkeit

C) Wartbarkeit, Servicefähigkeit, Wirtschaftlichkeit und Betreibbarkeit

D) Zuverlässigkeit, Wartbarkeit, Servicefähigkeit und Sicherheit

69 Wo werden im IT Service Continuity Prozess die Aufgaben der Führungsebenen im K-Fall festgelegt?

A) im Phasenmodell

B) im Rollenmodell

C) im Sicherheitshandbuch

D) im Operativplan

70 Zwei parallel arbeitende IT-Systeme haben eine Verfügbarkeit von jeweils 90 %.

Wie hoch ist die Gesamtverfügbarkeit des IT-Systems?

A) 99 %

B) 90 %

C) 81 %

D) 95 %

71 Was aus dem Folgenden ist Bestandteil eines Service Le-

vel Agreement (SLA) ?

A) Absprachen über die zu liefernden Services

B) Verfügbarkeitsstatistiken über den vergangenen Zeitraum

C) Aktionsplan zum Aufsetzen des Service Level Management Prozesses

D) Technische Detailbeschreibung eines Netzwerk-Protokolls

72 **Wo werden alle angebotenen Serviceleistungen vollständig aufgelistet und detailliert beschrieben?**

A) in den einzelnen Service Level Agreements

B) in den Leistungsbeschreibungen (Service Specifications)

C) im Service-Katalog

D) in den Ausschreibungsunterlagen

73 **Wie wird ein Datensatz im Incident Management bezeichnet, in dem die Daten eines Störfalls (Incident) enthalten sind?**

A) Incident Record

B) Problem Record

C) Störungs Record

D) Daten Record

74 Das Problem Management bemüht sich um die nachhaltige Lösung von Problemen.

Was versteht man in diesem Zusammenhang unter dem Begriff Workaround?

A) eine Arbeitsanweisung zur Bestimmung eines Problems

B) eine bestimmte Vorgehensweise zur Umgehung oder behelfsweisen Lösung eines Problems

C) eine generelle Lösungsbeschreibung

D) eine zeitlich begrenzte Lösungsmöglichkeit

75 **Welcher der nachfolgenden Begriffe ist kein ITIL-Prozess?**

A) Incident Management

B) IT Continuity Management

C) Financial Management

D) Service Desk

76 Bei einem Server haben sich zwei Zwischenfälle (Incidents) ereignet. Es scheint, dass der Server durch seine vielen Verbindungen überlastet ist.

Welche Aktion sollte ein Availability Manager in diesem Fall durchführen?

A) Er bittet den Capacity Manager, die Kapazität des Servers zu erhöhen

B) Er wendet sich an das Problem Management, das Problem schnellstens zu untersuchen

C) Er bittet den Security Manager zu untersuchen, ob zu viele Berechtigungen erteilt wurden

D) Er bittet den Service Level Manager, die Vereinbarungen in den Verträgen zu überprüfen

77 Das Incident Management und das Problem Management arbeiten sehr eng zusammen.

Wie erfolgt dabei die Bearbeitung von Incidents und Problems?

A) Das Incident Management bearbeitet Incidents und Problems

B) Das Problem Management bearbeitet alle Incidents als Problems weiter

C) Incident Management und Problem Management arbeiten parallel

D) Das Problem Management wird aktiv, nachdem das Incident Management Incidents aufgenommen hat

78 Welcher ITIL-Prozess enthält als eine seiner Aktivitäten, Zwischenfälle (Incidents) mit bekannten (dokumentierten) Lösungen zu vergleichen?

A) Change Management

B) Incident Management

C) Problem Management

D) Configuration Management

79 Wenn in einer Desktop- oder Client-/Server-Umgebung eine neue Version eines Softwarepakets installiert wird, kann sich dies auf andere bereits installierte Softwarepakete auswirken. Manchmal müssen diese dann ebenfalls neu installiert werden.

Welcher ITIL-Prozess überwacht, ob bestehende Softwarepakete neu installiert und getestet werden müssen, wenn völlig neue Software installiert wird?

A) Change Management

B) IT Service Continuity Management

C) Configuration Management

D) Service Level Management

80 IT-System A hat eine Verfügbarkeit von 80 % und IT-System B hat eine Verfügbarkeit von 90 %.

Wie hoch ist die Gesamtverfügbarkeit der beiden IT-Systeme, wenn diese in serieller Anordnung betrieben werden?

A) 92 %

B) 90 %

C) 85 %

D) 72 %

81 Worin besteht der Unterschied zwischen einem bekannten Fehler (Known Error) und einem Problem?

A) Bei einem bekannten Fehler (Known Error) ist die zugrundeliegende Ursache bekannt, bei einem Problem nicht

B) Bei einem bekannten Fehler (Known Error) ist die Rede von einem Fehler in der IT-Infrastruktur, bei einem Problem nicht

C) Ein bekannter Fehler (Known Error) ist immer die Folge eines Vorfalls (Incident), ein Problem nicht immer

D) Bei einem Problem wurden die relevanten CIs bereits bestimmt, bei einem bekannten Fehler (Known Error) nicht

82 Wer ist verantwortlich für die Pflege des Änderungszeitplanes?

A) Change Manager

B) Change Advisory Board (CAB)

C) Kunde

D) IT Management

83 Wie lautet die Beschreibung des Begriffs Vertraulichkeit (Confidentiality) als Teil des IT Security Management Prozesses?

A) Schutz von Daten vor unbefugtem Zugriff und deren Verwendung

B) Möglichkeit zum jederzeitigen Zugriff auf die Daten

C) Fähigkeit zur Kontrolle der Daten auf deren Richtigkeit

D) Korrektheit der Daten

84 Welche der Antworten spiegelt eine Aktivität im Rahmen des proaktiven Problem Management wieder?

A) Behandlung von RFCs

B) Trendanalyse und Identifizierung von möglichen Zwischenfällen (Incidents) und Problemen

C) Nachbehandlung aller Zwischenfälle (Incidents) und Unterbrechungen

D) Minimalisierung von Unterbrechungen von Services, die auf Veränderungen in der IT-Umgebung zurückzuführen sind

85 Welcher ITIL-Prozess oder ITIL-Funktion liefert die meisten inhaltlichen Beiträge, aufgrund derer die CIs in der CMDB aktualisiert werden müssen?

A) Change Management

B) Service Desk

C) Incident Management

D) Problem Management

86 Eine der Aktivitäten im Configuration Management bezeichnet man als Control.

Was beinhaltet diese Aktivität?

A) Update der CIs und deren Beziehungen in der CMDB

B) Prüfung, ob die CIs und deren Attribute richtig sind

C) Installation neuer CIs in der Betriebsumgebung

D) Inventarisierung der CIs

87 Welche der folgenden Anderungen (Changes) muss durch das Change Management autorisiert werden?

A) Dateneingabe in eine Datenbank durch Anwender

B) Änderung eines Kennworts

C) Hinzufügen eines neuen Anwenders in ein System

D) Umzug eines Druckers

88 Nachdem eine Änderung (Change) vorgenommen wurde, findet eine Bewertung statt.

Wie bezeichnet ITIL diese Bewertung?

A) Zeitplan für Änderungen (Forward Schedule Of Change,

FSC)

B) Review nach der Implementierung (Post Implementation Review, PIR)

C) Service-Verbesserungsplan (Service Improvement Program, SIP)

D) Service-Anforderungen (Service Level Requirements, SLR)

89 Welche Informationen liefert der Prozess Financial Management for IT Services dem Service Level Management?

A) Verfügbarkeitsinformationen

B) Kosteninformationen des Financial Management Systems

C) Gesamtkosten der Netzwerk-Administration

D) Ausgaben für IT Services pro Kunde

90 Welche Verantwortung hat der Security Manager bei der Abfassung eines neuen Service Level Agreements (SLA)?

A) Übersetzung der Service-Anforderungen im Sinne des Datenschutzes

B) Bestimmung der elementaren Sicherheitsanforderungen (Security Baselines) im Service-Katalog

C) Richtlinien für den Sicherheitsabschnitt im SLA zur Verfügung stellen

D) Berichterstattung über die technische Verfügbarkeit von Sicherheitskomponenten

Lösungsmatrix zu den Aufgaben

01 C	11 A	21 B	31 B	41 D	51 A	61 A	71 A	81 A
02 A	12 B	22 B	32 D	42 D	52 C	62 A	72 C	82 A
03 D	13 C	23 A	33 A	43 A	53 A	63 D	73 A	83 A
04 D	14 D	24 B	34 A	44 A	54 D	64 D	74 B	84 B
05 B	15 C	25 A	35 A	45 D	55 C	65 D	75 D	85 A
06 C	16 A	26 C	36 C	46 B	56 B	66 B	76 B	86 A
07 D	17 B	27 B	37 B	47 A	57 A	67 A	77 C	87 D
08 C	18 C	28 B	38 D	48 C	58 C	68 D	78 B	88 B
09 A	19 C	29 B	39 D	49 B	59 D	69 B	79 A	89 D
10 C	20 B	30 D	40 C	50 B	60 B	70 A	80 D	90 C

Jede richtig gelöste Aufgabe wird mit einem Punkt bewertet. Im ITIL-Foundation-Examen können maximal 40 Punkte erreicht werden. Die Prüfung ist bestanden, wenn mindestens 26 erreicht wurden. Die Anzahl der in der Prüfung erreichten Punkte wird im Zertifikat jedoch nicht angegeben.

Anhang

A ITIL-Literatur

Die meisten Bücher sind in englischer Sprache verfasst und werden in erster Linie von der OGC und anderen ITIL-nahen Organisationen vertrieben. Der deutschsprachige Buchmarkt ist mittlererweile aber auch recht gut ausgestattet.

Titel	Herausgeber	ISBN
ITIL Service Support	OGC	0-113-30015-8
ITIL Service Delivery	OGC	0-113-30017-4
ITIL Planing To Implement Service Management	OGC	0-11330877-9
ITIL Security Management	OGC	0-113-30014-X
ITIL ICT Infrastructure Management	OGC	0-113-30865-5
ITIL Application Management	OGC	0-113-30866-3
IT Service Management (Pocket Guide)	ITSMF	0-952-47062-4
IT Service Management (Pocket Guide)	ITSMF	0-95247069-1
IT Service Management – eine Einführung	ITSMF	9-080-67135-5
CMMI, Guidelines for Process Integration and Products Improvement	Chrissis, Konrad, Shrum	0-321-15496-7

B Nützliche Links und Kontakte im Internet

www.itil-online.de.vu

www.ogc.gov.uk

www.exin.nl

www.exin-exams.com

www.itil.org

www.itilbooks.com

www.itilpeople.com

www.itsmf.com

www.de.tuv.com

www.bsi.de

www.vieweg.de

Für die Inhalte der hier genannten Links wird keine Haftung übernommen.

C ITIL-Spezialisten

IT-CCS GmbH
63741 Aschaffenburg

eMail: office@it-ccs.de
Web: www.it-ccs.de

IT Service Management nach ITIL

- Analyse, Konzeption, Modellierung, Optimierung und praxisgerechte Umsetzung von Geschäftsprozessen nach ITIL:

  Incident Management, Problem Management, Change Management, Release Management, Configuration Management,
  Service Level Management, Availability Management, Capacity Management, Continuity Management und Security Management

- Kennzahlen (KPI), Systems- und Datenmanagement unter dem Fokus Configuration Management (CMDB)

- „Best Practice" bei der Prozesseinführung durch Coaching und Schulung

- ITIL Foundation-Schulung mit offiziellem TÜV-Zertifikat

IT Consulting

- Projektleitung, Projektmanagement, Coaching
- Projektplanung (Milestones, Kapazitäten, Budget)
- Fachkonzepte, Spezifikationen, Dokumentation
- Steuerung, Controlling
- Rolloutmanagement
- Strategie- und Machbarkeitsanalysen
- Ist-Aufnahme, Analyse, Optimierung, Produktevaluierung
- Rollen- und Organisationskonzepte, Workflow

Glossar

A

ABC-Analyse

Methode zur Ist-Stand-Ermittlung

Asset

(Materieller) Vermögenswert im Unternehmen

Assessment

Zielgerichtetes Befragungsverfahren zur Feststellung und zur Einschätzung bestimmter Sachverhalte

Attribut

Merkmal, Eigenschaft oder Zustand eines Objekts (CI) zu einem bestimmten Zeitpunkt

Availability

Die Verfügbarkeit einer Komponente oder eines Services

B

Balanced Scorecard (BSC)

1992, Kaplan & Norton. Bewertungsmethode anhand von differenzierten Leistungsindikatoren

Baseline

Getestete, standardisierte Grundkonfiguration von Hardware und Software

Build

Vollständig abgeschlossener Versionsstand über alle Software- und Hardwarekomponenten

Briefing

Darstellung/Vermittlung von Zielvorstellungen

Business Case

Ein Szenario zur betriebswirtschaftlichen Beurteilung einer Investition

C

CAB (Change Advisory Board)

Gremium innerhalb des Change Managements, das über wichtige Änderungsanträge entscheidet

Call Center

Einrichtung zur Annahme und Weiterleitung von Störungen, meist ohne weitere Betreuungsfunktion

CCTA (Central Computers and Telecommunications Agency)

Vorgänger der OGC

CEO (Chief Execution Officer)

Entscheidungsverantwortliche Position im Management

CDB (Capacity Database)

Datenbank im Prozess Capacity Management, zur Erfassung und Auswertung von Kapazitäts- und Performancedaten von CIs.

CFIA (Component Failure Impact Analysis)

Analyseverfahren zur Bestimmung der Auswirkungen bei Ausfall einer Komponente

Change

Ein Änderungsvorhaben an einer Komponente oder einem Service

Change Management

ITIL-Prozess zur Vereinheitlichung und Kontrolle von Änderungsvorgängen innerhalb der IT-Infrastruktur

Change Manager

Eine Person oder Rolle, die einfache Changes genehmigen kann und wichtige Changes an das CAB weiterleitet

Change Record

Standardisierter Datensatz mit Detailinformationen zu Änderungsvorgängen (Changes) an CIs

Charging

Leistungsverrechnung, Kostenweiterberechnung

CI (Configuraion Item)

Komponenten der IT-Infrastruktur. Dazu zählen Hardware, Software, Dokumente, Services und Daten

CIO (Chief Information Officer)

Umsetzungsverantwortliche Position im Management als Ideengeber und Innovator

CMDB (Configuration Management Database)

Datenbank, in der CIs und deren Beziehungen untereinander verwaltet werden

CMMI (Capability Maturity Model Integration)

Methode zur Reifegradbestimmung von Prozessen (früher CMM)

Configuration Management

ITIL-Prozess zur Identifizierung, Definition, Erfassung und Änderung von CIs

Confidentiality

Vertraulichkeit, hier im Umgang mit Daten und IT-Systemen

Contingency Planning

Eventualfall- Notfallplanung

Contract

Vertragswerk

Cost Unit

Kostenträger, kostenverantwortliche Stelle

CRAMM (CCTA Risk Analysis and Management Method)

Risikoanalyseverfahren

CSF (Critical Success Factor)

Kritische Erfolgsfaktoren zu einem betrachteten Prozess oder Verfahren

Customer

Kunde. Der Kunde wird bei ITIL unterschieden in User (Benutzer) und Sponsor (Entscheidungsträger, Budgetverantwortlicher)

D

Datenbank (Database)

Softwaresystem zur effizienten Verwaltung großer Datenmengen und eigenen Sicherheits- und Berechtigungskonzepten. Man unterscheidet im wesentlichen (objekt-) relationale, sequentielle und hierarchische Datenbanksysteme.

Delta Release

Softwarestand, der nur Änderungen seit der letzten Version enthält.

DHS (Definitive Hardware Store)

Hardware Vorratslager mit wichtigen Ersatzteilen.

Downtime

Tatsächliche Zeit, in der ein System nicht verfügbar ist

Dringlichkeit

Maß, wie lange ein störungsbehafteter Zustand akzeptabel ist, ohne spürbare Schäden zu erleiden

DSL (Definitive Software Library)

Bibliotheksdatenbanksystem mit Kopien aller genehmigten und verwendbaren Softwarekomponenten

E

EC (Emergency Committee)

Spezielles Notfallgremium des CAB zum Krisenmanagement

Error Control

Bereitstellung von Workarounds und Verfahren zur nachhaltigen Fehlerbehandlung von Known Errors

Eskalation

Geregeltes Reklamations-, Beschwerde- oder Mitteilungsverfahren zur Lösung von Problemsituationen, die die Standardmöglichkeiten überschreiten

EXIN (Examen Institute)

Zentrale autorisierte ITIL-Prüfungs- und Zertifizierungsstelle mit Sitz in den Niederlanden

F

Failure

Fehler, Störung

Forecast

Vorauswahl, Vorstudie

FSC (Forward Schedule of Change)

Planungskalender im Change Management

Full Release

Kompletter Versionsstand, der alle vorhergegangenen Versionen (Delta Releases) ersetzt.

Full Backup

Komplettsicherung eines Datenbestands.

G

Gap

Lücke, Defizit

Gap-Analyse

Strategisches Planungsinstrument zum Soll-Ist-Vergleich

H

Help Desk

Zentrale Kundenanlaufstelle. Wird unter ITIL als Service Desk bezeichnet

Human Ressources

Personalbereich, der sicherstellt, dass genügend qualifizierte Kräfte zur Verfügung stehen

I

ICT

Information and Communication Technology

Impact

Auswirkung. Messkriterium zur Risikobewertung

Incident

Vorfall, Störung. Ein Ereignis, das den ordnungsgemäßen Normalbetrieb be- oder verhindert.

Integrität (Integrity)

Unversehrtheit und Richtigkeit in Bezug auf Daten und IT-Systeme

ISO 9000

Industriestandard in der Qualitätssicherung

ITAMM (IT Availibility Metrics Model)

Modell zur Ermittlung und Festlegung von Verfügbarkeitsmesskriterien

ITIL (IT Infrastructure Library)

Dokumentationswerk über die "Best Practice"-Methoden und Verfahren für ein effizientes IT Service Management

ITSMF (IT Service Management Forum)

ITIL User Forum mit interessanten Beiträgen und Informationen rund um ITIL.

K

Key Indicator

Signifikante Parameter zur Messung und Bewertung eines Sachverhalts

Key Performance Indicators (KPI)

Kennzahlenmechanismus zur Bewertung der Leistungsfähigkeit eines Systems

K-Fall

Katastrophenfall, wenn eine unternehmensbedrohende Gefahr im Verzug ist

Known Error

Bekannter Fehler, zu dem ein Lösungsweg oder ein Workaround vorliegt. Alle Known Errors sind in der Known Error Database eingetragen.

KontraG

1998, Gesetz zur Kontrolle und Transparenz im Risikomanagement

KPI (Key Performance Indicator)

Leistungsindikator. Ein messbarer Parameter zur Steuerung und Überwachung.

M

Maintainability

Wartbarkeit. Möglichkeit zur Erhaltung und zur Pflege von Komponenten

Manager

Allgemeiner Begriff für eine führende, überwachende oder operative Funktion

MTBF (Mean Time Between Failure)

Durchnittliche Zeitspanne ab dem Zeitpunkt der Wiederherstellung nach einem Incident bis zum nächsten.

MTBSI (Mean Time Between Systems Incident)

Durchnittliche Zeitspanne zwischen zwei Incidents

MTTR (Mean Time To Repair)

Durchschnittliche Ausfallzeit

O

OGC (Office Of Government Commerce)

Nachfolgeorganisation der CCTA. Zuständig für Inhalte von ITIL

OLA (Operational Level Agreement)

Internes Vertragswerk für Leistungsvereinbarungen zwischen internen Abteilungen in den jeweiligen Rollen als Kunde und Dienstleister

Ownership

Begriff für die alleinige Verantwortlichkeit

P

Package Release

Zusammenhängend freigegebener Software-Versionsstand

Performance

Kenngröße der Leistungsfähigkeit

PKI (Process Critical Indicator)

Messbares, prozesskritisches Merkmal zur Analyse und Bewertung

PIR (Post Implementation Review)

Abschließendes Kontrollverfahren, ob ein Auftrag vollständig und einwandfrei ausgeführt wurde.

Policy Statement

Unternehmensweite Sicherheitsrichtlinie

Priorität

Bewertungskriterium, das aus der Summe von Auswirkung und Dringlichkeit gebildet wird

PRINCE2

Favorisierte Projektmanagement Methode der OGC

Problem

Fehlfunktion oder Störung, deren Ursache nicht ersichtlich ist.

Problem Control

Teilprozess zur Problembehandlung. Ursachenforschung. Probleme in Known Errors überführen

Produkt

Bezeichnet das Ergebnis einer Leistung oder einer Fertigung

Provider

Dienstleister (meist extern)

Prozess

Chronologische Abfolge aller Schritte zur Fertigstellung eines Produkts

Profit Center

Ein Geschäftsbereich, der auf eine Gewinnerzielung ausgerichtet ist

Q

Quick Wins

Kurzfristig erzielbarer Mehrwert (Benefit) oder Gewinn

R

Reliability

Die Zuverlässigkeit einer Komponente oder eines Services

Reporting

Zielgerichtete Auswertung/Darstellung von Ergebnissen für einen bestimmten Nutzerkreis

RFC (Request For Change)

Ein Antrag oder eine Aufforderung zur Durchführung von Änderungen innerhalb der IT-Infrastruktur

Resilience

Die Strapazierfähigkeit einer Komponente oder eines Services

Risiko-Analyse (Risk Analysis)

Verfahren zur Risikoanalyse. Identifizierung von Schwachstellen und potentiellen Bedrohungen in Bezug auf die Vermögenswerte des Unternehmens

Return On Invest (ROI)

Kennzahl zum Investitionsrückfluss

ROCE (Return on Capital Employed)

Kennzahl zur Finanzbetrachtung

Rollout

Vorgang der Auslieferung, Verteilung und Installation von Software und Hardware. Abbau und Rücknahme werden als Rollin bezeichnet

S

Scope

Abgegrenzter Bereich eines Aufgabengebiets

Security

Sicherheitsverständnis innerhalb eines Unternehmens

Service

Dienstleistung. Unter ITIL sind die IT-Diensleistungen (IT Services) gemeint

Service Desk

Einrichtung zur Störungsannahme, Soforthilfe bei Geringfügigkeiten und Problemweiterleitung von schwierigen Fällen

Service-Katalog

Ein Katalogwerk, in dem alle angebotenen Services vollständig aufgelistet und detailliert beschrieben sind

Service Level Agreement (SLA)

Vertragswerk zwischen einem Dienstleister und einem externen Kunden

Service Level Management (SLM)

ITIL-Prozess, der für die komplette Abwicklung von Vertragsangelegenheiten (SLAs, OLAs, UCs) zuständig ist

Service Level Requirement (SLR)

Die kundenseitig formulierten Anforderungen zu einer Serviceleistung. Ausgangspunkt für die SLA-Verhandlung

Service Management

Prozess zur Umsetzung der Kundenanforderungen

Service Quality Plan (SQP)

Planungsinstrument im Service Level Management zur Sicherung der Service-Qualität

SIP (Service Improvement Program)

Programm (Projekt) zur kontinuierlichen Verbesserung der IT-Services

Six Sigma

Eine Qualitätsmanagementmethode basierend auf der Gaußschen Normalverteilung

Soft Facts

Nichtmonetäre Kennzahlen

Sourcing

Ermittlungs- und Beschaffungsvorgang zur Deckung einer Bedarfslage

SPOC (Single Point of Contact)

Zentrale Kommunikationsschnittstelle zwischen den Geschäftspartnern

SPOF (Single Point of Failure)

Bezeichnung für Geräte und Funktionen, die im Störfall nicht durch Redundanzen abgesichert sind und somit ein hohes Risiko darstellen

Sponsor

Bezeichnung für die Seite (des Kunden), die die Kosten trägt

SQP (Service Quality Plan)

Zentrales Planungs- und Steuerungsinstrument im SLM

Standardprodukt

Am Markt erhältliches fertiges Produkt eines Herstellers, mit einem bestimmten Funktuionsumfang in einer bestimmten Qualität

Systems Management

Ganzheitliche strategische, organisatorische und operative Betrachtung der Hardware und Software einer IT-Infrastruktur

T

TCO (Total Cost of Ownership)

Gesamtkostenbetrachtung über die gesamte Lebensdauer von Services oder IT-Komponenten

Threats

Potentielle Bedrohungen

Tool

Werkzeug, Arbeitmittel

TQM

Total Quality Management – Methode zur Qualitätsverbesserung

TTR (Time to Repair)

Ausfallzeit. Die gesamte Zeit, die zur Fehlererkennung, zur Reparatur und zur Aufnahme des Normalbetriebs tatsächlich benötigt wird

U

UC (Underpinning Contract)

SLAs mit einem Lieferanten

UML (Unified Modelling Language)

Standardisierte Modellierungssprache für Prozess- und Rollenmodelle

Unit

(Geräte-) Einheit

Use Case

Anwendungsfall, zu dem Aktionen eines IT-Systems beschrieben werden, die ein Akteur nutzen kann

V

Verfügbarkeit

Zeitraum, in dem über eine Einheit in einem vereinbarten Maße verfügt werden kann

Vulnerability

Empfindlichkeit (Verwundbarkeit) eines (IT-)Systems

W

Workaround

Verfahrensanweisung zur behelfs- oder übergangsweisen Lösung/ Durchführung von Aufgaben

Z

Zuverlässigkeit (engl. reliability)

Maß bzgl. der Stabilität und der Ausfallsicherheit eines (IT-) Systems

Sachwortverzeichnis